Adolf von Harnack

Diodor von Tarsus

Vier pseudojustinische Schriften als Eigentum Diodors

Verlag
der
Wissenschaften

Adolf von Harnack

Diodor von Tarsus

Vier pseudojustinische Schriften als Eigentum Diodors

ISBN/EAN: 9783957005076

Auflage: 1

Erscheinungsjahr: 2015

Erscheinungsort: Norderstedt, Deutschland

Hergestellt in Europa, USA, Kanada, Australien, Japan

Verlag der Wissenschaften in Hansebooks GmbH, Norderstedt

Cover: Sandro Botticelli "Die Verleumdung des Apelles" (1495)

DIODOR VON TARSUS

VIER PSEUDOJUSTINISCHE SCHRIFTEN

ALS

EIGENTUM DIODORS

NACHGEWIESEN

VON

ADOLF HARNACK

LEIPZIG

J. C. HINRICHS'sche BUCHHANDLUNG

1901

TEXTE UND UNTERSUCHUNGEN

ZUR GESCHICHTE DER ALTCHRISTLICHEN LITERATUR

ARCHIV FÜR DIE VON DER KIRCHENVÄTER-COMMISSION
DER KGL. PREUSSISCHEN AKADEMIE DER WISSENSCHAFTEN UNTERNOMMENE
AUSGABE DER ÄLTEREN CHRISTLICHEN SCHRIFTSTELLER

HERAUSGEGEBEN VON

OSCAR v. GEBHARDT UND ADOLF HARNACK

NEUE FOLGE. VI. BAND, 4. HEFT.

Inhalt.

Und so heb' ich alte Schätze,
Wunderlichst in diesem Falle;
Wenn sie nicht zum Golde setze,
Sinds doch immerfort Metalle.
Man kann schmelzen, man kann scheiden,
Wird gediegen, lässt sich wägen;
Möge mancher Freund mit Freuden
Sichs nach seinem Bilde prägen.

Die vier pseudojustinischen Schriften, die im folgenden untersucht werden sollen, sind:

1) Die Ἀποκρίσεις πρὸς τοὺς ὀρθοδόξους περὶ τινῶν ἀναγκαίων ζητημάτων (vulgo: „Quaestiones et Responsiones ad orthodoxos“),

2) die Ἐρωτήσεις Ἑλληνικαὶ πρὸς τοὺς Χριστιανοὺς περὶ τοῦ ἀσωμάτου καὶ περὶ τοῦ θεοῦ καὶ περὶ τῆς ἀναστάσεως τῶν νεκρῶν samt den Ἀποκρίσεις χριστιανικαὶ πρὸς τὰς προρρηθείσας ἐρωτήσεις ἀπὸ τῆς εὐσεβείας τῶν φυσικῶν λογισμῶν (vulgo: „Quaestiones Gentilium ad Christianos“),

3) die Ἐρωτήσεις χριστιανικαὶ πρὸς τοὺς Ἕλληνας samt den Ἀποκρίσεις Ἑλληνικαί und den Ἔλεγχοι τῶν ἀποκρίσεων οὐκ ὀρθῶς γεγενημένων (vulgo: „Quaestiones Christianorum ad Gentiles“),

4) die Ἀνατροπὴ δογμάτων τινῶν Ἀριστοτελικῶν nebst den 19 Thesen πρὸς τοὺς Ἕλληνας (vulgo: „Confutatio dogmatum Aristotelis“).

Unter diesen vier Schriften ist die an erster Stelle genannte die umfangreichste und bedeutendste. Wir beginnen daher mit ihrer Untersuchung.

§ 1. Die Überlieferung der Quaestiones et Responsiones ad orthodoxos.

Bis zum Jahre 1894 wusste man in Bezug auf die Überlieferung dieser Schrift Folgendes:[1]

---

[1] Ediert wurde sie zuerst (unter den Werken Justins) von Stephanus, sodann von Sylburg, Maranus und Otto (Corp. Apol. Vol. IV et V, edit. III., 1880. 1881). Einer eingehenden Würdigung hat sie nur Gass unterzogen („Die unter Justins des Märtyrers Schriften befindlichen Fragen an die Rechtgläubigen“, Ztschr. f. d. hist. Theol. 1842 Heft 4 S. 35—154). Dazu sind die kurzen Bemerkungen von Sixtus v. Siena, Sylburg,

1) Die Schrift ist enthalten — und zwar an 10. Stelle — in dem grossen Corpus Justini = Cod. Paris. Gr. 450 (geschrieben i. J. 1364). Vorangehen an 8. und 9. Stelle die „Confutatio dogmatum quorundam Aristotelis" und die „Quaestiones Christianae ad Gentiles"; es folgen an 11. Stelle die „Quaest. Gent. ad Christianos". [1]

2) Die Schrift war wahrscheinlich schon dem Photius als justinisch bekannt; denn Biblioth. 125 bemerkt er, dass er in einem Bande, welcher die Werke Justins enthielt, „Ἀπορ ιῶν κατὰ τῆς εὐσεβείας κεφαλαιώδεις ἐπιλύσεις" gefunden habe, und zwar einer Schrift gegen Aristoteles folgend. Es ist die nächstliegende Annahme, dass Photius bereits das Corpus pseudo-justinischer Schriften vor sich gehabt hat, welches uns im Cod. Paris. 450 (s. o.) erhalten ist. Was er zusammenfassend „Ἀπορ ιῶν κτλ." genannt hat, sind die drei Quästionen-Schriften, die ihm somit als Werke Justins vorlagen.

3) Aus der Zeit vor Photius ist bisher kein Citat aus unseren Quästionen, ja nicht einmal die Kenntnis derselben nachgewiesen; denn die Annahme, dass Prokop von Gaza im Genesis-Commentar (Mai. Auct. e Vatic. Codd. edit. T. VI p. 204) Quaest. et Resp. 49 im Auge habe, wo er dem Justin eine bestimmte Meinung über Genes. 3, 21 beilegt, ist ganz unsicher.

4) Aus der zwischen Photius und dem Cod. Paris. vom J. 1364 liegenden Zeit ist ein Citat nachzuweisen, welches beweist, dass die Quaest. et Respons. damals als justinisch galten. Otto bemerkt nämlich zur 20. Responsio: „Citatur haec responsio etiam in Catena amplissima in evang. Lucae quae exstat in Cod.

Dodwell, Dupin, Grabe, Maranus, Mosheim, Münscher, Möhler, Otto, Ersch u. Gruber II. Sect. 30. Bd. S. 57 ff.) zu vergleichen. Über La Croze s. u.

[1] Vgl. meine Abhandlung: „Die Überlieferung der griech. Apologeten des 2. Jahrh." (Texte u. Unters. I, 1 S. 73 ff. 150 ff.) u. meine Altchristl. Litt.-Gesch. I S. 105 ff. — Die drei modernen Handschriften, welche Otto aufzählt, kommen nicht in Betracht; denn der Claromont. 82 ist eine Abschrift des Parisinus 450, der Bodlejanus Gr. Canonic. 61 ist eine Abschrift der Ausgabe des Stephanus und der Monac. Gr. 136 ist ein junger Miscellancodex, der nur 9 Stücke von den 146 unseres Buches enthält mit allen Fehlern des Parisinus. Die Auswahl derselben erklärt sich aus der Absicht des Excerpierenden, nur Stücke aufzunehmen, welche sich auf die Gotteslehre beziehen.

Vindob. theol. Gr. LXXI (olim XLII), membran. in fol. (foll. 424), saec. XI. aut XII., fol. 349ᵇ: *ἰουστίνου μάρτυρος.* eandem responsionem additamentis auctam Grabius, Spicil. SS. Patrum T. II p. 201 et minus accurate Cramerus Caten. in ev. S. Matth. et S. Marci (Oxon. 1840) p. 264 dederunt ex Macarii Chrysocephali Orat. XI in Matth. (Cod. Barocc. CLVI) fol. 131ᵇ· *ἰουστίνου.*“

5) Die Überlieferung der Schrift im Cod. Paris. 450 ist wie die Überlieferung fast aller Schriften, welche dieser Codex enthält, ausserordentlich schlecht und lückenhaft; dazu kommt noch, dass die 146 einzelnen Quästionen zum Teil so bunt durcheinander stehen, dass die Annahme, sie seien in Verwirrung geraten, nahe liegt; endlich vermisst man sowohl eine Einleitung als einen förmlichen Schluss. —

Im J. 1895 hat uns Papadopulos Kerameus mit einer neuen Ausgabe der Quaest. et Resp. überrascht auf Grund eines Fundes. Er entdeckte sie in dem Cod. 273 (olim 452) membr. saec. X. des *Μετόχιον τοῦ ἁγίου τάφου* zu Konstantinopel (olim Athous, ut vid.) unter dem Namen des Theodoret von Kyrrhos und publicierte sie mit einer griechischen und russischen Vorrede unter dem Titel: *Θεοδωρήτου ἐπισκόπου πόλεως Κύρρου πρὸς τὰς ἐπενεχθείσας αὐτῷ ἐπερωτήσεις παρά τινος τῶν ἐξ Ἀιγύπτου ἐπισκόπων ἀποκρίσεις, ἐκδιδόμεναι κατὰ κώδικα τῆς δεκάτης ἑκατονταετηρίδος,* in den „Zapiski“ (Abhandlungen) der Petersburger Universität, Bd. 36.[1]) Die genaue Beschreibung der umfangreichen Miscellan-Handschrift s. l. c. p. VI ff. Unsere Schrift steht in ihr an 2. Stelle (fol. 90ᵃ—170ᵃ). Vorangehen die Responsionen des antiochenischen Patriarchen Anastasius; es folgen *Ἐπαπορητικὰ κεφάλαια κατὰ Ἰουδαίων* (anonym), sodann vier weitere kleine Schriften des Anastasius (dazwischen eine kurze Schrift des Mönchs Maximus), u. s. w.

Die Eigentümlichkeit der neuen Handschrift gegenüber der bisher bekannten, um vier Jahrhunderte jüngeren, besteht in folgenden Stücken:

---

1) Vgl. dazu die Anzeige von Ehrhard i. d. Byzant. Zeitschr. Bd. VII (1898) S. 609—611. — Papadopulos hat leider eine befriedigende neue Textrecension nicht geliefert; denn er verzeichnet die LAA des Parisinus nicht vollständig und folgt fast überall ohne Besinnen dem neuentdeckten Codex. Dieser ist zwar bedeutend besser als der Parisinus; aber in nicht wenigen Fällen hat doch die jüngere Handschrift das Ursprüngliche bewahrt.

1) Sie umfasst 15 Quästionen mehr als die Pariser Handschrift (161 gegen 146),

2) sie enthält teilweise eine andere Reihenfolge der Quästionen als die Pariser Handschrift,

3) sie hat einen förmlichen Schluss,

4) sie lässt der Schrift einen „Pinax" vorhergehen, in welchem die einzelnen Quästionen der Reihe nach kurz charakterisiert sind, [1]

5) sie füllt nicht nur die zahlreichen Lücken aus, welche die Pariser Handschrift aufweist, sondern sie bietet auch an nicht wenigen Stellen einen wesentlich anderen bez. besseren Text,

6) sie schreibt die Schrift dem Theodoret zu.

Ad 1) — 3). Folgende Tabelle veranschaulicht das Verhältnis:

Cod. Paris. (P)		Cod. nunc detectus saec. X. (H)
Nr. 1— 10	=	Nr. 16— 25
Nr. 11. 12	=	Nr. 9. 10
Nr. 13— 15	=	Nr. 26— 28
Nr. 16	=	Nr. 6
Nr. 17. 18	=	Nr. 4. 5
Nr. 19— 33	=	Nr. 29— 43
Nr. 34. 35	=	Nr. 45. 46
Nr. 36— 59	=	Nr. 49— 72
Nr. 60— 65	=	Nr. 74— 79
Nr. 66	=	Nr. 11
Nr. 67	=	Nr. 15
Nr. 68— 88	=	Nr. 80—100
Nr. 89	=	Nr. 48
Nr. 90—121	=	Nr. 101—132
Nr. 122	=	Nr. 44
Nr. 123—126	=	Nr. 133—136
Nr. 127—128	=	Nr. 149. 150
Nr. 129	=	Nr. 3
Nr. 130	=	Nr. 73
Nr. 131—133	=	Nr. 12— 14
Nr. 134—138	=	Nr. 151—155
Nr. 139	=	Nr. 1

---

[1] Wohl nur durch Zufall fehlt im Pinax die letzte Quästio.

Cod. Paris (P)   Cod. nunc detectus saec. X. (H)
Nr. 140—143   =   Nr. 156—159
Nr. 144   =   Nr.   2
Nr. 145. 146 =   Nr. 160. 161.

Die Stücke Nr. 7. 8. 47. 137—148 (H) fehlen im Parisinus.

Auf den ersten Blick scheint die Verwirrung heillos, aber bei genauer Prüfung gewahrt man, dass die Unordnung doch nicht so gross ist. Unter der Voraussetzung, dass der neue Codex die ursprüngliche Reihenfolge bietet, der Parisinus aber die Stücke verstellt hat (s. darüber unten), folgen sich die Nrr. von H im Parisinus also:

16— 25

    9. 10

26— 28

    6. 4. 5 [7 u. 8 ausgelassen]

29— 43
45— 46

    [47 ausgelassen]

49— 72
74— 79

    11. 15

80—100

    48

101—132

    44

133—136

    [137—148 ausgelassen]

149. 150

    3. 73. 12. 13. 14

151—155

    1

156—159

    2

160—161.

Hieraus ergiebt sich, dass der Redactor doch nur 16 Stücke verstellt hat, nämlich die 15 ersten — aber ohne 7. 8. die er ausgelassen — und 44; 48; 73. Diese 16 Stücke hat er (freilich in einer undurchsichtigen Ordnung) in die übrigen eingeschoben.

Bereits diese Übersicht macht es wahrscheinlich — was ohnehin das näherliegende ist, da H so viel älter als P ist —, dass die richtige Reihenfolge in H bewahrt ist; denn bei der Annahme, P habe die ursprüngliche Aufeinanderfolge erhalten, müsste H die Nrr. 139. 144. 129. 17. 18. 16. 11. 12. 66. 131. 132. 133. 67 aus ihrer Reihe herausgenommen und in dieser Ordnung an den Anfang gestellt haben. Das ist um einen Grad unwahrscheinlicher als das Verfahren, nach welchem zunächst die 16 (14) ersten Stücke weggelassen, dann aber unter die folgenden verteilt worden sind.

Für die Ursprünglichkeit der Reihenfolge in H spricht aber weiter noch, dass die 15 Stücke, die H mehr bietet als P, durchaus denselben Stempel tragen (sachlich und stilistisch) wie alle die übrigen Stücke; sie sind also keine späteren Zusätze. Hat sie aber P willkürlich weggelassen, so werden ihm (und nicht H) auch die Umstellungen zur Last zu legen sein.

Ferner darf man sich auch auf den in P fehlenden Schluss berufen. Er lautet in H: Οὐκοῦν ἔχεις τῶν ζητημάτων τὰς λύσεις, κατὰ μὲν τὸ τῆς διανοίας ἡμῶν ἐφικτὸν ἀνελλιπεῖς. σκιὰν δὲ ὥσπερ καὶ εἰκόνα τυγχανούσας τῆς ἀληθείας· εἰ γὰρ ὁ μηδὲν ἑαυτῷ συνειδώς, ὁ τῶν ἀρρήτων μυστηρίων θεατής. Παῦλος ὁ ἀπόστολος, ἐκ μέρους γινώσκει καὶ ἐκ μέρους προφητεύει. τί θαυμαστὸν εἰ ἡμᾶς τοὺς πολὺ τῆς ἐκείνου ἀρετῆς τε καὶ πολιτείας ἀποδέοντας κατόπιν δεῆσοι τῆς ἀληθείας ὀφθῆναι; διόπερ ἐνταῦθα τὸν λόγον σφραγίσαντας μόνῃ τῇ ἀκαταλήπτῳ τριάδι πάντων ἀκριβῆ τὴν γνῶσιν κεκτῆσθαι συγχωρήσωμεν, αἰτούμενοι τῶν παρ᾽ αὐτῆς ἡμῖν ἐπηγγελμένων αἰωνίων ἀγαθῶν ἐπιτυχεῖν χάριτι καὶ φιλανθρωπίᾳ τοῦ κυρίου ἡμῶν Ἰησοῦ Χριστοῦ. ᾧ ἡ δόξα καὶ τὸ κράτος εἰς τοὺς αἰῶνας τῶν αἰώνων· ἀμήν. Dieser Schluss ist sachgemäss; es liegt daher kein Grund vor, ihn für einen späteren Zusatz zu halten. Also hat ihn P willkürlich weggelassen.[1] Ist dem so, dann wird die Vermutung verstärkt, dass auch bei den übrigen

---

1 P hat bereits die Einleitung zur letzten Frage weggelassen, durch welche dieselbe als die letzte charakterisiert ist. Sie lautet: „Καιρὸς τοῦ λαλῆσαι καὶ καιρὸς τοῦ σιγῆσαι" φησὶν ὁ Σολομών· ἐγὼ δέ, ὁρῶν ἐμαυτὸν ἔξω καὶ τοῦ καιροῦ καὶ τῶν λόγων φερόμενον, ὅμως ἐν ἔτι τοῖς ζητήμασι προσετείχας τοῦ ἐπερωτᾶν καταπαύσω. τὸ δέ ἐστιν. (Nun folgt die auch in P erhaltene Frage).

grossen Differenzen zwischen H und P jener Codex das Ursprüngliche bewahrt hat.

Der Hauptgrund aber für die Ursprünglichkeit der Reihenfolge der Stücke in H liegt darin, dass die Ordnung hier durchsichtiger ist als in P. H beginnt mit Fragen zur Trinitätslehre. zur Gotteslehre und Christologie (Nr. 1—15); diese 15 Nrr. sind als Nr. 139. 144. 129. 17. 18. 16. 11. 12. 66. 131—133. 67 in P durch das ganze Buch verteilt und so um allen inneren Zusammenhang gebracht.[1]) Ferner, in H folgen sich Nrr. 46—48 (Fragen über reine und unreine Tiere) sachgemäss; in P aber fehlt Nr. 47 und die zusammengehörigen Nrr. 46 und 48 sind dort als Nr. 35 und 89 weit voneinander getrennt. Weiter, in H folgt Nr. 44 sachgemäss auf Nr. 43 (Zeiten- und Stundenfragen); in P sind sie so getrennt, dass dieses Nr. 33, jenes Nr. 122 geworden ist. Endlich in H stehen die beiden astronomischen Fragen 72 und 73, wie billig, zusammen, in P sind sie auseinandergerissen und zu Nr. 59 und 130 geworden.

Einen vernünftigen Grund für das seltsame Umstellungsverfahren in P sowie für die Auslassungen[2]) habe ich nicht zu finden vermocht — vielleicht sind Andere glücklicher —, nur so viel ist gewiss, dass hier nicht bloss ein blinder Zufall gewaltet hat; denn in P sind bei Rückverweisungen die Ordnungsnummern in entsprechender Weise corrigiert. In Q. 161 wird auf Q. 17 verwiesen („$\tau \tilde{\omega} \nu\ \dot{\varepsilon} \nu\ \tau \tilde{\eta}\ \iota \zeta'\ \pi \varepsilon \dot{\upsilon} \sigma \varepsilon \iota$ $\varkappa \varepsilon \iota \mu \dot{\varepsilon} \nu \omega \nu$"), in P steht dafür „$\dot{\varepsilon} \nu\ \tau \tilde{\eta}\ \beta'\ \pi \varepsilon \dot{\upsilon} \sigma \varepsilon \iota$, weil P 2 = H 17 ist. In Q. 115 wird Q. 108 citiert, in P steht dafür Q. 97, weil P 97 = H 108 ist. Also ist P geradezu eine neue Redaction von H.

Ad 4). Ob der vorausgehende Pinax ursprünglich ist oder nicht, lässt sich nicht sicher ausmachen. Wenn der Ausgabe des Papadopulos zu trauen ist, so bietet der Pinax in der Handschrift dieselbe ausführliche Aufschrift wie die Quästionen selbst; aber daraus lässt sich nichts schliessen.

Ad 5). Die Textgestaltung in P weicht an so vielen Stellen

---

1) Zwei sind dabei verloren gegangen, s. o. Doch könnte man daran denken, dass P sie aus dogmatischen Gründen weggelassen hat (s. u.).

2) An dogmatische Gründe kann man bei Nr. 7 u. 8 denken (s. o.), aber nicht bei den Nrr. 137—148.

von der in H ab, dass sich auch von hier aus das Urteil ergiebt,
in P sei eine neue Ausgabe der Quästionen zu erkennen. In der
Mehrzahl der Fälle, aber keineswegs überall, bietet H den älteren.
bez. ursprünglichen Text. Übrigens finden sich auch nicht wenige
gemeinsame Fehler, ja selbst gemeinsame Lücken in H und P.

Ad 6). Während P die Quästionen dem Justin beilegt,
bietet H die Aufschrift: Θεοδωρήτου ἐπισκόπου πόλεως Κύρρου.
ἑνὸς τῶν ἐν Χαλκηδόνι χι´ ἁγίων πατέρων πρὸς τὰς ἐπενεχθείσας αὐτῷ ἐπερωτήσεις παρά τινος τῶν ἐξ Αἰγύπτου
ἐπισκόπων. Ist die Aufschrift „Justin“ sicher unecht (s. u.), so
erweckt doch auch die in H gegebene kein Zutrauen. Dass sie
nicht vom Verfasser selbst herrühren kann, liegt auf der Hand.
Einen Titel, wie einen solchen P in sachgemässer Weise bietet
(Ἀποκρίσεις πρὸς τοὺς ὀρθοδόξους περὶ τινῶν ἀναγκαίων
ζητημάτων), enthält sie überhaupt nicht. Die Behauptung, die
Schrift richte sich an einen einzelnen ägyptischen Bischof. der
dem Theodoret Fragen vorgelegt habe, wird durch den Inhalt
widerlegt; denn weder erscheint in der Schrift ein Bischof, noch
ein bestimmter Einzelner als der Fragende (s. u.). Somit erweckt
die Aufschrift den Verdacht, dass ihr Verfasser sein billiges
Wissen, Theodoret habe mit ägyptischen Bischöfen polemisch
zu thun gehabt, in übler Weise verwertet habe. Nur die Abfassung durch Theodoret hat Anspruch darauf, in Betracht gezogen zu werden, weil bereits ein flüchtiger Blick auf die
Quästionen lehrt, dass sie von einem antiochenischen Theologen stammen. Allein ob sie wirklich von Theodoret herrühren,
ist zu prüfen.

§ 2. Die bisher aufgestellten Ansichten über den Ursprung der Quaestiones et Responsiones ad orthodoxos.

Sixtus von Siena, Sylburg, Dupin: vielleicht Theodoret.
Dodwell: vielleicht von Justinus Siculus. [1]
Grabe: Verfasser unbekannt, vielleicht Theodoret oder Justinus
Siculus.
Maranus: Anfang des 5. Jahrh., in Syrien entstanden. aus
der Schule Theodors, aber nicht von Theodoret.

---

1) Tillemont hat, soviel ich sehe, ein Urteil nicht abgegeben.

Mosheim: später als Isidor Pelusiota, also nicht vor dem Jahre 450.

La Croze: Diodor von Tarsus, nicht lange nach Julians Tode.

Münscher: wahrscheinlich ein Schüler Theodors.

Möhler: in Syrien entstanden und zwar vor dem Ausbruch des nestorianischen Streites und nach der Erscheinung des Arianismus, also etwas früher als Theodorets Zeit und daher nicht von Theodoret stammend.

Gass (ihm folgend Otto): in der syrischen Kirche verfasst, aber nicht von Diodor (weder Gass noch Otto hat die Originalabhandlung La Crozes gelesen, sondern nur das kurze Referat bei Fabricius-Harless T. IV p. 380 f.), da dessen Wirksamkeit etwas früher fällt und ausserdem sachliche Bedenken obwalten, auch nicht von Theodoret, sondern ± 400 von einem Unbekannten.

Papadopulos Kerameus: Theodoret.

Dass, bevor eine Handschrift entdeckt worden war, welche die Quästionen dem Theodoret zuschreibt, mehrere Gelehrte ihn als Verfasser vermutet haben, scheint schwer ins Gewicht zu fallen; allein dass der Bischof von Kyrrus nicht der Verfasser sein kann, hat bereits Maranus (s. den Abdruck seiner Ausführungen bei Otto, Corp. Apol. T. IX p. 323 ff.) erwiesen. Nicht nur ist der Stil und die schriftstellerische Art Theodorets verschieden, sondern es finden sich auch grosse sachliche Differenzen zwischen seinen echten Werken und den Quästionen. Das schlagendste Gegenargument aber ist (vgl. Möhler und Gass), dass die Quästionen nicht später als ± 400 verfasst sein können, ja es wird sich zeigen, dass sie noch früher verfasst sein müssen. Keinem Zweifel aber unterliegt, dass sie ein Denkmal der antiochenischen Schule sind.

Unter solchen Umständen erhält die Hypothese La Crozes. Diodor sei der Verfasser unseres Werkes, erhöhte Bedeutung. Auffallender Weise ist die kurze aber gehaltvolle Abhandlung, die er der Frage gewidmet hat, so gut wie unbekannt. Und doch war La Croze einer der tüchtigsten Patristiker um das Jahr 1700, der u. a. seinen kritischen Scharfblick in Bezug auf den apokryphen Briefwechsel der Korinther mit Paulus glänzend bewährt hat. Über das hier vorliegende Problem hat er sich in Form eines offenen Briefes an Mosheim im Jahre 1721 geäussert.

Deu ersten Druck iu den „Bremischen Beiträgen“ kenne ich nicht: aber der Brief ist wieder abgedruckt in dem „Thesaurus epistolici Lacroziani“ T. III. (ed. Uhlius, Lips. 1736) p. 274 ff. Aus diesem sei er hier mit Weglassung von eiu paar überflüssigen Sätzen mitgeteilt:

...... Anno superiore in scripto quodam Gallice edito pollicitus eram, me aliquando demonstraturum scriptorem Quaestionum ad Orthodoxos, quae inter opera Justini Martyris edi solent, Diodorum esse Tarsensem episcopum. quem sub finem IV. saeculi decessisse eruditi norunt. Iam intelligis. quanam in re versetur dissensus noster: sive enim haec a me scripta non legeris, sive tamquam idoneis argumentis destituta neglexeris iu Apologetico tuo ad cl. Waechtlerum te illius auctoris aetatem nescire dixisti, certo tamen nosse, Isidoro Pelusiensi esse recentiorem. Ut primum de aetate loquar, vixit harum Quaestionum auctor, antequam pro ratione chronologica Graecorum sex annorum milia a creatione mundi effluxissent, qui anni si probatissimum apud eos calculum sequamur, ad CCCCLXXXII. a Christo nato annum sunt referendi. Numerare enim solent ad Christi nativitatem annos ƆƆIƆ VIII. Sic autem auctor Quaestionum. responsione ad quaest. LXXI: Ἔνεστι διὰ πολλῶν γραφικῶν φωνῶν τεκμήρασθαι ἀληθεύειν τοὺς λέγοντας ἑξακισχίλια ἔτη εἶναι τὸν χρόνον τῆς παρούσης τοῦ κόσμου συστάσεως. Qui sic loquitur, is profecto satis diu vixisse censendus est ante annum Christi CCCCLXXXXII, alioquin opportuno loco de vicino mundi fine aliquid subiecisset. Attamen ne sic quidem clare eum valde antiquiorem esse probatur Isidoro Pelusiensi, quem ex eius epistolis ad Cyrillum Alexandrinum anno Christi CCCCXXXI Ephesini concilii tempore floruisse novimus. Quaerendus est ergo nobis character alter chronologicus, quo scriptorem Quaestionum Isidoro vetustiorem esse demonstremus. Eum mihi invenisse videor in verbis responsionis ad quaestionem LXXIV., ubi cruciatuum meminit nuper contra Christianos ab ethnicismo adhibitorum ad instaurandum pristinum idolorum cultum, καὶ τῆς παλαιᾶς αὐτοῦ δυναστείας ἀνάκλησιν· ἀλλ’ αἱ βάσανοι αὗται, αἷς καὶ πρώην χρησάμενος ὁ Ἑλληνισμὸς προσδοκήσας δι’ αὐτῶν ἄλυτον φυλάττειν ἑαυτόν. τὸν μὲν Ἑλληνισμὸν κατέπαυσαν, τὸν δὲ Χριστιανισμὸν ἔστησαν παγιώτερον. Quae quidem verba ad

Juliani Apostatae imperium et vim ab eo contra Christianos adhibitam aut spectare debent, aut, quod nec tu, nec quisquam alius dixerit, temere et imprudenter ab auctore prolata censeri. Diodorum vero tum vixisse novimus cum ex aliis argumentis, tum ex epistola Juliani imperatoris scripta ad Photinum haeresiarcham, quam refert Facundus Hermianensis in Defensione Trium Capitulorum, libro IV p. 163 edit. Sirmondi. Id nunc mihi observasse sufficiat, mox de Diodoro ipso plura alia allaturo. Cum invalescerent post medium saeculi quarti impiae Apollinarii sententiae, qui Christum carnem humanam quidem, sed ἄνουν assumpsisse docebat affirmabatque praeterea unam tantummodo fuisse verbi incarnati naturam, plures ubique terrarum doctores et episcopi nefariis opinionibus obviam eundum esse iudicarunt..... Nemo tamen in eam haeresim vehementius insurrexit, quam discipuli Diodori Tarsensis ipseque Diodorus, cuius exstabant olim disputationes contra Synusiastas, quarum ob invidiam perperam subsequenti saeculo factam viro bono et simplici, quem Nestorianismi primum auctorem Monophysitae et quidam alii appellarunt, ne vestigium quidem aut vola hodie superesse putantur. Nimirum Diodorus ipse et discipulus eius Theodorus Mopsvestenus, quos etiam Theodoretus imitatus est, in explicanda domini nostri Jesu Christi incarnatione, ne unitatem naturae inducere viderentur, sedulo, vel etiam, si quibusdam fides habenda est, plus quam par erat, utramque Christi naturam distinguebant, ut si quando de Christo ut homine et infirmitatibus humanis obnoxio loquerentur, eum perpetuo τὸν δεσπότην Χριστὸν nuncuparent, ubi vero de Christo ut deo et homine mentio inicienda erat, eum appellarent τὸν κύριον Ἰησοῦν vel τὸν κύριον ἡμῶν Ἰησοῦν Χριστόν. Id ego primus omnium accurata observatione deprehendi in scriptis omnium eorum patrum IV. et V. saeculi, quorum scripta aetatem tulerunt. [1]) Itaque quando-

---

1) Drei Jahre später, in einem Briefe an J. A. Fabricius, schreibt La Croze (l. c. III p. 128 f.): „In editione Arabica Sikii quotiescumque Christi nomen solum occurrit, toties vocatur אל סיב משיחה ὁ δεσπότης Χριστός, ubi vero Jesu nomen vel additur vel solum profertur, tunc dicitur, אל רי במ ישור ὁ κύριος Ἰησοῦς, quod et observavi in homilia Arabica Eliae patriarchae Nestoriani edita a Golio ad calcem grammaticae Arabicae Erpenii p. 250. Fuit autem mos perpetuus Nestorianorum iam inde

cumque haec formula ὁ δεσπότης Χριστός in homiliis Chrysostomi nomen praeferentibus mihi observata est, toties aliis criteriis deprehendere licuit, eas sanctissimi illius patris nomen falso praeferre, quod et saepius ab aliis vi eorundem criteriorum ante me demonstratum est. Etsi enim in eadem fere disciplina ac superiores Chrysostomus adoleverit, Diodori nempe amicus et discipulus, numquam tamen, quod quidem observare potuerim, eo loquendi genere usus esse videtur. Nunc velim evolvas scripta Theodoreti · et paucula illa fragmenta Diodori et Theodori Mopsvesteni, quae in Catenis Patrum et alibi supersunt, nisi frequentem illius locutionis usum ibi inveneris, nihil intercedam, quin me causa cecidisse statim profitear. Praeterea consule Eutherii, Tyanorum episcopi, sermones a Joanne Garnerio editos in Auctorio Opp. Theodoreti, ibi eandem formulam invenies ex eadem disciplina. quemadmodum et in Nestorii ipsius fragmentis in Actis Concilii Ephesini et apud Marium Mercatorem a Garnerio editum. Uno verbo hac una observatione Diodori Tarsensis discipulos agnoscas et eos qui post synodum Ephesinam invidioso Nestorianorum nomine traducti sunt. Sic Cosmas ille Indico-Pleustes, certissimus Nestorianus . . . . tom. II. Collectionis novae Patrum ubique et singulis fere paginis. quotiescunque de Christo homine agit, nihil aliud crepat quam τὸν δεσπότην Χριστόν. Ita nullius umquam Nestoriani scripta aut fragmenta leges, quin, si quis locus id tulerit, in eam statim formulam incidas. An vero, inquies, nemo antiquorum eo loquendi genere praeter Nestorianos et Diodori discipulos usus est? Nemo quidem prisca illa aetate, IV. nimirum, V., et quantum quidem mihi constat, VI. saeculo. Posteriori veri aevo alii ex eorum genere, quos Orthodoxos vulgo vocare solemus, τὸν δεσπότην Χριστόν

---

ductus a Diodoro Tarsensi et Theodoro Mopsvesteno ad distinguendas contra Apollinarii discipulos domini nostri Jesu Christi naturas, ut quoties Christum solum dicerent, toties etiam δεσπότην Χριστόν appellarent, Jesu vero Christo reservarent denominationem τοῦ κυρίου: quam magni momenti observationem ego primus omnium erui illiusque fontes mihi feliciter deprehendere visus sum in epistola Athanasii ad Epictetum sub finem. De toto autem hoc negotio fuse egi in historia mea Christianorum orientalium, quae ut edatur, unam in praesenti limam exspectat et tranquilliorem rerum mearum statum".

dixerunt, ut passim recentiores Graeci et Nectarius ipse, patriarcha Hierosolymitanus, aetatis nostrae scriptor in ἀντιρρήσει contra Latinos, quin etiam Joannes Philoponus, philosophus insignis .... in libro περὶ κοσμοποιίας, quem contra Theodorum Mopsvestenum potissimum scripsit, hoc epitheto dominum nostrum Jesum Christum frequenter insignire solet. Diceres, eum id loquendi genus ex Diodori scriptis hausisse, nisi etiam eadem in disputatione de paschate uteretur. Nimirum homo sat remotus ab initio rixarum ignorabat, cui fuisset usui haec locutio apud Nestorianos, alias innoxia, ad quam neminem, ne heterodoxum quidem, ipsis obicere ausum esse, docet Theodoretus epistola CXXXXVI. tom. III. p. 103: ἀλλὰ γὰρ οὐδὲ οἱ τὴν μίαν φύσιν σαρκὸς καὶ θεότητος τοῖς ἐκκλησιαστικοῖς νῦν κακῶς κατασπείραντες δόγμασιν, ἀπηγόρευσαν τὸν δεσπότην ὑμνεῖσθαι Χριστόν. Hinc facile intelligi potest, cur Fridericus Sylburgius initio notarum ad Quaestiones ad Orthodoxos in suspicionem quandam adductus esse videatur, hunc librum Theodoreto esse tribuendum, in primis, ut alibi notavit, ob frequentem usum illius epitheti. Sed enim ea, quae superius dicta sunt de Juliani Apostatae temporibus, non patiuntur, ut hunc librum Theodoreti foetum esse sentiamus, cum alias rationes stili plane diversi sint, longeque maior sit orationis eius elegantia apud Theodoretum, quam apud hunc autorem, qui nihil fere ornati habet, et simplici genere scribendi perpetuo utitur, affini, si quid sentio, illi, quod exhibent Diodori fragmenta quaedam ab ipso Theodoreto relata in Quaestionibus ad Vetus Testamentum (Opp. Theodoreti tom. I. Quaest. in Genes. p. 19 et in Regum p. 233). Porro alia argumenta supersunt, de quibus velim, ut et de superioribus nihil gratiae et amicitiae dando iudicium feras. Monachum fuisse Diodorum, antequam episcopus Tarsensis a Meletio Antiocheno patriarcha ordinaretur, anno Christi CCCLXXV. ex Theodori Lectoris docet Suidas: eidem vitae generi se addictum fuisse innuit Quaestionum auctor quaest. XXI. Quae res, etiamsi et Theodoreto congruat, qui idem vitae genus ante episcopatum amplexus erat, non potest tamen conciliari cum iis, quae de utriusque aetate et stilo modo observata sunt. Synusiastis infensus fuit Diodorus, qui et eorum errores scriptis contra eos disputationibus refutavit; eosdem tangit et damnat non uno loco

Quaestionum auctor quaest. praecipue CV., quae tota contra eos est, qui Christum dominum negare audebant esse eiusdem nobiscum naturae: οἳ τολμῶσι λέγειν (τὸν δεσπότην Χριστόν) μὴ ὑπάρχειν τῆς ἡμετέρας φύσεως. Cod. 223 p. 667 sphaeram damnavit Diodorus apud Photium, ut sacrae scripturae contrariam, quem secuti sunt, iisdem argumentis usi, Theodorus Mopsvestenus et Cosmas Indico-Pleustes. Eadem est auctoris Quaestionum opinio qq. LIX. et CXX., ubi eas ipsas sententias habet, quae a Joanne Philopono contra Theodorum Mopsvestenum compluribus argumentis, etiam e sacra scriptura ductis, falsi sunt convictae. Abhorrebant ante Nestorium Diodorus et Theodorus ab hac voce θεοτόκος, ubi ipsis de b. virgine mentio facienda occurrebat: sic Quaestionum auctor responsione ad quaest. CXXXVI. beatam Mariam nudis verbis matrem Christi appellat: ἐπειδὴ οὐ τὴν τυχοῦσαν γυναῖκα ἐπελέξατο ὁ θεὸς γενέσθαι μητέρα τοῦ Χριστοῦ. Nolo putes me aliis argumentis destitui. Certe plura afferrem, nisi haec sufficere arbitrarer. Itaque nihil fere dubito, quin hae Quaestiones restituendae sint vero auctori suo Diodoro Tarsensi, quas si forte obieceris in operum eius catalogo, quem unus Suidas nobis ex Theodoro Lectore servavit, minime recenseri, mihi respondere promtum erit, easdem esse forte Quaestiones, quae his vocibus ibi memorantur: Πρὸς Εὐφρόνιον φιλόσοφον κατὰ πεῦσιν καὶ ἀπόκρισιν. Unum sane hominem auctor noster in responsionibus suis alloquitur, ut in ea quae sequitur quaestione XXXI. et forte in aliis, quas nunc excutere supervacuum puto. Nec forte absurdum erit suspicari, idem illud scriptum esse, cuius cum alio quodam ad se a Diodoro missi meminit Basilius Magnus Caesareae Cappadociae archiepiscopus, cuius verba subiciam ex epistola CLXVII. [jetzt 135] ad Diodorum (Opp. tom. II. p. 951): Ἐνέτυχον τοῖς ἀποσταλεῖσι βιβλίοις παρὰ τῆς τιμιότητός σου καὶ τῷ μὲν δευτέρῳ ὑπερήσθην, οὐ διὰ τὴν βραχύτητα μόνον, ὡς εἰκὸς ἦν τὸν ἀργῶς πρὸς πάντα καὶ ἀσθενῶς λοιπὸν διακείμενον, ἀλλ᾽ ὅτι πυκνόν τε ἅμα ἐστὶ ταῖς ἐννοίαις καὶ εὐκρινῶς ἐν αὐτῷ ἔχουσιν αἵ τε ἀναθέσεις τῶν ὑπεναντίων καὶ τὸ τῆς λέξεως ἁπλοῦν καὶ ἀκατάσκευον, πρέπον ἔδοξέ μοι προθέσει Χριστιανοῦ, οὐ πρὸς ἐπίδειξιν μᾶλλον ἢ κοινὴν ὠφέλειαν γράφοντος. Haud puto graviter feres, si Graecorum Basilii versionem

Facundi Hermianensis hic adscripsero. barbaram quidem, sed antiquitate sua venerabilem. Ita ille lib. IV. p. 152 et 153: „Legi libros tuos a tua honorabilitate transmissos, et secundo quidem admodum institi, non solum propter brevitatem, utpote qui sim circa omnia debilis, sed etiam, quia variatur sententiis, et facile eo discernuntur e contrario oppositiones et ad eas responsiones, et est oratio simplex et sine ullo sermonis cothurno, quod convenire mihi visum est Christiano stylo. non ad ostentationem, sed ad utilitatem hominum conscribenti". Vides hic omnia convenire, oppositiones et responsiones, simplicitatem orationis brevitatemque, quae dotes in Diodori scripto a Basilio Magno commendatae ita hic eminent, ut Quaestiones ipsae ad Orthodoxos hic significari videantur. Pauca quaedam alia mihi supererant addenda de Diodoro, quem plurimi factum ab Athanasio, Epiphanio, Meletio, Basilio, Joanne Chrysostomo et pluribus aliis, dolendum est post notam ei a Cyrillo in epistola I. ad Succensum impressam male apud posteros audivisse, oblitterata fere eius scriptorum memoria, aliis etiam nominibus praefixis iis operibus, quae invito adversariorum eius odio ad nostram usque aetatem pervenerunt. Alia enim superesse novi, de quibus alibi forsitan acturus sum, si haec tibi et eruditis non omnino improbari intellexero. Vale.

Dabam Berolini pridie Nonas Dec. 1721.

Diese Ausführungen La Crozes sind grundlegend, aber sie sind aphoristisch und haben wohl eben deshalb nicht den Eindruck gemacht. der ihnen bei grösserer Ausführlichkeit nicht gefehlt hätte. Wir werden daher die Untersuchung neu aufnehmen.

§ 3. Die Einheit und Integrität der Quästiones und Responsiones. [1])

In der Gestalt, in der unsere Schrift in P vorlag, erschien sie in grossen Particen als eine form- und structurlose Masse und erweckte bei flüchtiger Betrachtung den Verdacht, dass sie nicht einheitlich concipiert, sondern durch den Zufall zusammengeführt sei. Allein nicht nur ist eine Reihe der schwersten

---

1) Ich citiere fortan die Quästionen in der Reihenfolge von H und setze die Nrr. von P in eckigen Klammern hinzu.

Anstösse durch die Ordnung, wie sie in H vorliegt, beseitigt.
sondern eine nähere Prüfung zeigt auch schon in Bezug auf die
Recension P. dass sie ein einheitliches Werk ist, dessen einzelne
Teile nur verstellt worden sind. Dass Trinitarisches, Apolo-
getisches. Kosmologisches, Psychologisches, Polemisches, Exe-
getisches in dem Werke wechselt. ist in Ansehung der Natur
solcher Quästionen-Werke nicht auffallend. Der Stil, der theo-
logische und philosophische Standpunkt, sowie die Form und
Methode der Problemlösungen sind in allen Teilen des Werkes
dieselben. Ja, trotz der Verschiedenheit der Stoffe ist der Eindruck der Einheitlichkeit ein so grosser, dass man fast von
Einförmigkeit sprechen kann. Jeder, der das Buch gründlich
studiert hat. wird den Gedanken, dass es ein Conglomerat aus
Arbeiten verschiedener Verfasser sei, ohne Bedenken fallen
lassen.[1]) Dazu kommt, dass von Anfang an und immer wieder
grössere Gruppen zusammengehöriger Quästionen sich finden und
dass Rückverweisungen nicht selten sind. In Q. 161 [146] (der
letzten) werden die Ausführungen in Q. 17 [2] mit ausdrücklicher
Rückverweisung (Ordinalzahl) citiert; in Q. 77 [63] heisst es:
εἴπομεν ἐν τοῖς ἀνωτέρω, gemeint ist Q. 70 [57]. Die Antwort
auf Q. 24 [9] beginnt mit den Worten: εἰ τὰ προλεχθέντα,
gemeint ist Q. 23 [S]. In Q. 115 [104] wird auf Q. 108 [97]
zurückgeblickt und sie mit der Ordinalzahl citiert. In Q. 136
[126] bezieht sich καθάπερ εἴρηται auf Q. 134 [124]. In Q. 150
[12S] bezieht sich der Ausdruck ἡ προλεχθεῖσα φαυλότης auf
Q. 149 [127], und in Q. 14 [133] der Ausdruck ὁ προλεχθεὶς
νόμος auf Q. 13 [132]. Der Verfasser hat also seine Quästionen

1) Sachliche, formelle, bez. wörtliche Übereinstimmungen findet man
nicht selten, z. B. den durchgehenden Gebrauch von ὁ δεσπότης Χριστός,
ferner οἶδα = εἴωθα (67 [54]; 77 [63]; 131 [120]; 155 [13S]; 156 [140]);
vgl. auch Q. 59 [46] mit S5 [73]; Q. S7. SS [75. 76] mit 106 [95]; Q. 104 [93]
mit 106 [95]; Q. 119 [10S] mit 156 [140]; Q. 124 [113] mit 125 [114];
Q. 159 [143] mit 161 [146]. Beispiele für andere durchgehende Eigen-
tümlichkeiten werden unten folgen. Richtig Gass (a. a. O. S. 3S): Man
erkennt denselben Schreiber nicht undeutlich wieder, nicht bloss in der
durchgängigen Ähnlichkeit der Schreibart und der Wiederkehr mancher
Wörter, sondern auch in der Willkür, mit der zuweilen die Fragen den
Antworten angepasst, oder gar zwei wenig zusammenhängende Punkte
ökonomisch zu einer Frage verschmolzen werden, weil der Verfasser sich
in seiner Erwiderung auf beide zugleich zu beziehen im Sinne hatte."

selbst mit den Ordinalzahlen ausgestattet. Allerdings wäre es denkbar, dass, wie P die Ordinalzahlen geändert hat, so schon H nicht mehr die ursprüngliche Reihenfolge aufweist, trotz der vermittelst der Ordinalzahlen ausgeführten Rückbeziehungen. Allein ein Grund zu dieser Annahme liegt ebensowenig vor wie zu der Annahme von grösseren Interpolationen. Übrigens weist auch P gegenüber H nirgends ein Plus auf, sondern nur ein Minus.

Nachdem wir in H auch den förmlichen Schluss des Werkes erhalten haben (s. o.), der in P fehlt, erübrigt nur die Frage, ob nicht der Anfang des Werkes verloren gegangen ist. Gewiss ist in H der Titel des Werkes geändert worden, und es mag sein, dass sowohl in P als in H ein Proömium weggelassen ist; aber notwendig ist diese Annahme nicht. Quästionen-Werke beginnen sogar in der Regel ohne ein solches. (Näheres s. im nächsten Paragraphen).

Was endlich die Integrität des Textes im einzelnen betrifft, so ist P öfters corrigiert und stark verwahrlost, und daher ist in der Regel H dem P in der Mehrzahl der Fälle (auch H hat viele Fehler) vorzuziehen; aber in einer Hinsicht ist P dem H überlegen. In P lassen sich nämlich trotz aller Freiheit, die sich der Redactor genommen, dogmatische Correcturen nicht sicher nachweisen. Dagegen begegnen schon bei flüchtiger Lectüre drei böse dogmatische Correcturen in H und eine historische.

<table>
<tr><td>

P (q. 67)

ἐκ πνεύματος ἁγίου καὶ τῆς παρθένου Μαρίας.

</td><td>

H (q. 15)

ἐκ πνεύματος ἁγίου καὶ ἐκ τῆς ἁγίας θεοτόκου καὶ ἀειπαρθένου Μαρίας.

</td></tr>
<tr><td>

P (q. 88)

ὁ δὲ Χριστὸς ἐκ πνεύματος ἁγίου καὶ τῆς ἁγίας ἐγεννήθη παρθένου.

</td><td>

H (q. 100)

ὁ δὲ Χριστὸς ἐκ πνεύματος ἁγίου καὶ ἐκ τῆς ἁγίας καὶ θεοτόκου ἐγεννήθη Μαρίας.

</td></tr>
<tr><td>

P (q. 44)

τὴν ἁγίαν καὶ ὁμότιμον τριάδα.

</td><td>

H (q. 57)

τὴν ἁγίαν καὶ ὁμοούσιον τριάδα.

</td></tr>
</table>

P (q. 48)

'Ο κύριος ἔλεγε πρὸς τὴν μητέρα[1]) Μαριὰμ μετὰ τὴν ἔγερσιν· μή μου ἅπτου.

=

H. (q. 61)

'Ο κύριος ἔλεγε πρὸς τὴν Μαρίαν μετὰ τὴν ἔγερσιν· μή μου ἅπτου.

Wer sich diese Correcturen erlaubte, ist verdächtig, auch sonst bei dogmatischen Aussagen geändert zu haben.

§ 4. Der Interlocutor und der Verfasser.

Wer die 161 Fragen überschaut, überzeugt sich leicht von einem Doppelten: erstlich, dass diese Fragen ihrer Form nach sehr nahe verwandt sind, zweitens, dass sie unmöglich einem Interlocutor angehören können. Letzteres ergiebt sich daraus, dass der Fragende in den verschiedenen Fragen eine ganz verschiedene Haltung einnimmt. Bald ist er ein Christ, der von den ἄπιστοι spricht (Q. 11 [66]), bald ein lernbegieriger Katechumen, bald ein bildungseifriger und versierter christlicher Gelehrter. Aber andererseits erscheint er auch in manchen Quästionen als ein Mann, der entweder noch im Hellenismus befangen ist oder doch noch nicht alle Argumente, die für denselben sprechen, überwunden hat. In Q. 72 [59] citiert er den Ausspruch eines Gelehrten, den er als ὁ ἀπὸ φιλοσόφων ὅσιος [P sogar θεῖος] ἀνήρ bezeichnet. Dieser Gelehrte ist schwerlich Aristoteles,[2]) aber wahrscheinlich ein heidnischer Philosoph. In einer anderen Quästio (21 [31]) begehrt der Fragende über eine sehr intime Mönchsfrage Auskunft. In dieser Quästio richtet er sich mit einem δίδαξον an den Verfasser als den Lehrer, und dieses δίδαξον findet sich auch noch Q. 77 [63], 97 [85], 103 [92]; andererseits findet sich aber auch der Plural μάθωμεν (Q. 37 [27] und 83 [71]); dagegen an anderen Stellen οὐκ οἶμαι (Q. 115 [104]). Der Verfasser bezeichnet dementsprechend den Fragenden an einigen Stellen deutlich mit der Einzahl (s. Q. 41 [31]; 98 [86]; 1 [139]); er behandelt ihn bald wie einen gleichgeordneten neutralen Gelehrten, bald wie einen Schüler (einen christlichen), dem er auch leichte Zurechtweisungen in Bezug auf seine Fragen

---

1) S. über diese merkwürdige LA unten.

2) So hat man vermutet; der Ausspruch lautet: ὥσπερ σικύα σώματι, οὕτως ὁ οὐρανὸς ἐπίκειται τῇ γῇ, καὶ ὃ μὲν διὰ τὸ κοῦφον ἀνωφερής, ἣ δὲ διὰ τὸ βαρύ ἐστι κατωφερής. In P ist der Text verdorben.

erteilt. In Q. 41 [31] sagt er ihm: „Deine Frage stammt nicht aus eigener Beobachtung, sondern vom Hörensagen“; in Q. 95 [86]: „Wenn du des Origenes Auslegung hebräischer Worte liest, wirst du Aufschluss über deine Fragen erhalten“; in Q. 112 [101]: „In der Frage steckt ein Sophisma“; in Q. 159 [143]: „Diese Frage ziemt weder einem Christen noch einem Hellenen; denn man muss nicht aufs neue als Frage stellen, was allgemein anerkannt ist, sondern muss aus dem Amphibolischen die Aporie gestalten“; in Q. 120 [109]: „Man muss der heil. Schrift einfach aufs Wort glauben $\varkappa\alpha\grave{\iota}\ \mu\grave{\eta}\ \grave{\alpha}\pi o\varrho\varepsilon\tilde{\iota}\nu\ \tau\grave{\eta}\nu\ \check{\alpha}\lambda o\gamma o\nu\ \grave{\alpha}\pi o\varrho\acute{\iota}\alpha\nu$.“

Das Ergebnis dieser Übersicht, zusammengehalten mit der formellen Gleichartigkeit aller Fragen bei grösster Differenz ihres Inhalts, kann nur dieses sein: ein hervorragender christlicher Lehrer, der von den verschiedensten Seiten — von Christen und Katechumenen, von persönlichen Schülern, von Collegen und von Mönchen — befragt zu werden gewohnt war und der als Autorität in der Apologetik, der Theologie, der Theodice, der Kosmologie, der Ethik und der Bibelwissenschaft galt, hat wichtige Fragen, die ihm wirklich gestellt waren, aufgezeichnet, redigiert und dann mit seinen Antworten herausgegeben. Er mag dabei einen Teil der Fragen selbst aufgeworfen, bez. im Unterricht gestellt haben.[1]) Natürlich waren ihm dabei die Antworten die Hauptsache. Deshalb hat er fast alle charakteristischen, aus der Situation stammenden Details in Bezug auf die Fragenden verwischt. Wer gefragt hat, war ihm — wenigstens in Hinsicht auf die Publication seines Werkes — ganz gleichgültig, und auch seinen Lesern sollte es gleichgültig sein. Die Fragen, wie sie ja augenscheinlich gleichartig redigiert sind, sollten lediglich als Grundlage für die allein wertvollen Antworten dienen. Wahrscheinlich deshalb trägt das Werk lediglich den Titel: $\,'A\pi o\varkappa\varrho\acute{\iota}\sigma\varepsilon\iota\varsigma$, nicht aber $\,'E\varrho\omega\tau\acute{\eta}\sigma\varepsilon\iota\varsigma\ \varkappa\alpha\grave{\iota}\ \,'A\pi o\varkappa\varrho\acute{\iota}\sigma\varepsilon\iota\varsigma$.

---

1) Dies kann man nach Quäst. 161 [146] init. (dieses Initium fehlt in P) direkt vermuten, wenn man annimmt, der Verfasser falle hier aus der Rolle und bezeichne sich selbst als den, der die Fragen aufgeworfen habe ($\,'E\gamma\grave{\omega}\ \delta\grave{\varepsilon}\ \acute{o}\varrho\tilde{\omega}\nu\ \grave{\varepsilon}\mu\alpha\iota\tau\grave{o}\nu\ \check{\varepsilon}\xi\omega\ \varkappa\alpha\grave{\iota}\ \tau o\tilde{\upsilon}\ \varkappa\alpha\iota\varrho o\tilde{\upsilon}\ \varkappa\alpha\grave{\iota}\ \tau\tilde{\omega}\nu\ \lambda\acute{o}\gamma\omega\nu\ \varphi\varepsilon\varrho\acute{o}\mu\varepsilon\nu o\nu\ \check{o}\mu\omega\varsigma\ \grave{\varepsilon}\nu\ \check{\varepsilon}\tau\iota\ \tauo\tilde{\iota}\varsigma\ \zeta\eta\tau\acute{\eta}\mu\alpha\sigma\iota\ \pi\varrho o\sigma\varepsilon\nu\varepsilon\acute{\iota}\varkappa\alpha\varsigma\ \tau o\tilde{\upsilon}\ \grave{\varepsilon}\pi\varepsilon\varrho\omega\tau\tilde{\alpha}\nu\ \varkappa\alpha\tau\alpha\pi\alpha\acute{\upsilon}\sigma\omega$). Doch ist diese Annahme nicht notwendig; vielmehr besteht die schriftstellerische Fiktion darin, dass er dem ganzen Werk die Form gegeben hat, als spräche ein Interlocutor.

Doch ist auf den Titel (P) nicht viel zu geben, da seine Ursprünglichkeit zweifelhaft ist.

Hat man sich von diesem eigentümlichen Charakter der
Sammlung überzeugt, so vermisst man ein Proömium, welches
über den Interlocutor Aufschluss gebe, nicht mehr. Ein solches
Proömium kann nie vorhanden gewesen sein, weil hinter den
Fragen überhaupt kein einzelner und kein eindeutiger Interlocutor steht. Eben deshalb aber ist auch der an sich schon
verdächtige Titel in H ($\pi\varrho\grave{o}\varsigma$ $\tau\grave{\alpha}\varsigma$ $\grave{\epsilon}\pi\epsilon\nu\epsilon\chi\vartheta\epsilon\acute{\iota}\sigma\alpha\varsigma$ $\alpha\grave{\upsilon}\tau\tilde{\wp}$ $\grave{\epsilon}\tau\epsilon\varrho\omega$-
$\tau\acute{\eta}\sigma\epsilon\iota\varsigma$ $\pi\alpha\varrho\acute{\alpha}$ $\tau\iota\nu o\varsigma$ $\tau\tilde{\omega}\nu$ $\grave{\epsilon}\xi$ $A\grave{\iota}\gamma\acute{\upsilon}\pi\tau o\upsilon$ $\grave{\epsilon}\pi\iota\sigma\varkappa\acute{o}\pi\omega\nu$) zu verwerfen. [1]
Dass am Anfang des Buches überhaupt nichts weggefallen ist,
kann natürlich nicht sicher behauptet werden. Ist doch der
Name des wahren Verfassers getilgt worden.

Die Geschichte des Buches in der Kirche lehrt — und das
ist nahezu das Einzige, was sie lehrt —, dass es von einem
Manne herrührt, dessen Autorität man später (d. h. in der Zeit
zwischen dem 5. und 9. Jahrh.) nicht mehr gelten lassen wollte.
Deshalb hat man seinen Namen unterdrückt und durch einen
anderen bez. durch andere ersetzt. Dass der wirkliche Verfasser
aber ein ungewöhnlich gebildeter und vielseitiger christlicher
Gelehrter war und eine Autorität für weite Kreise, zeigt sein
Buch. Wann lebte er? wo lebte er? wer ist er?

§ 5. Die Abfassungszeit des Buches.

Die direkten und indirekten Angaben, welche das Buch
über die Zeit seiner Entstehung selbst giebt, sind zum Glück so
genaue, dass man es in engen Grenzen zu datieren vermag. Ich
stelle das Ergebnis an die Spitze: Dieses Werk kann nicht
vor dem J. 365 und nicht nach dem J. 378 geschrieben
sein; es ist sogar wahrscheinlich, dass man beide
Grenzen noch näher zu rücken hat.

1) Die Erwähnung von Manichäern als einer längst bekannten
Erscheinung (Q. 149 [127]) und von Mönchen (Q. 29 [19]: $\acute{o}$ $\beta\iota\omega$-

---

1) Der, welcher dem Buch den Titel „Theodoret“ gab, fügte diese
Worte aus billiger Kenntnis der Lebens- und Kampfesgeschichte Theodorets
hinzu. Der Interlocutor ist sicher kein Bischof, und dass er ein Ägypter
gewesen ist, ist auch unwahrscheinlich. Auch hört jeder aus der unbe-
stimmt bestimmten Adresse die Fiction heraus.

τικὸς ἄνθρωπος — ὁ ἀσκητής, Q. 31 [21]: οἱ μόναχοι. Q. 121 [110: οἱ ἀναχωρήσαντες [P: ἀναχωρηταί]), noch mehr die Thatsache, dass Q. 31 [21] die Frage der unfreiwilligen Pollutionen und der Gedankenunzucht im Traume bei den Mönchen behandelt wird,[1] stellen es sicher, dass unsere Schrift jedenfalls nicht vor der Mitte des 4. Jahrh. verfasst ist. Dazu kommt, dass es in Q. 121 [110] heisst: Πόθεν δὲ πλούσιοι ἄνδρες [τε][2] καὶ γυναῖκες τὰς ἑαυτῶν ὑπάρξεις ἐπιφερόμενοι ἐν τῇ ἐρήμῳ τοὺς ἐκεῖσε διὰ Χριστὸν ἀναχωρήσαντας [ἀναχωρητὰς sine διὰ Χρ.] ἐζήτησαν καὶ τούτων τὰ ὑστερήματα ἀνεπλήρωσαν [ἐπλήρωσαν], καθὰ ἔγνωμεν ἐκ τῆς ἱστορίας τῶν ἁγίων ἀρχομένων [ἀρχαίων][3] ἀνδρῶν; Diese Stelle legt es an sich nahe, mit der Abfassung unserer Schrift sogar bis an die Grenze des 4. Jahrh. zu gehen: denn sie scheint so verstanden werden zu müssen, als verweise der Verfasser auf ein bekanntes Buch über die alten Mönche. Allein erstlich ist es keineswegs sicher, dass er an ein Buch denkt, zweitens könnte ein solches bereits um 360 vorhanden gewesen sein, auch wenn wir es nicht kennen. Auch die Bezeichnung als „heilige alte" Männer, wenn so zu lesen ist, weist nicht notwendig in eine spätere Zeit; denn z. B. der früheste syrische Kalender bezeichnet die Märtyrer der diocletianischen Zeit als „alte" Märtyrer. Indessen soviel ist gewiss, dass es unratsam ist, aufwärts über das J. c. 360 hinaufzusteigen.

2) Zu diesem Datum fügt sich die Beobachtung, dass die Epoche Konstantins geraume Zeit hinter dem Verfasser liegt: das Christentum ist zum Siege gekommen. Die Beweise dafür finden sich in vielen Quästionen.

3) Aber nicht nur die Zeit Konstantins, sondern auch die Julians liegt hinter dem Verfasser. Dies folgt aus seinem Sprachgebrauch bezüglich des Wortes Ἕλληνες (Ἑλληνισμός). Der Verfasser bezeichnet mit diesem Worte regelmässig das Heidentum in seinem ganzen Umfange, also auch die im A. T.

---

1) Hinzugefügt wird, dass bei den Mönchen selbst über die Behandlung der unfreiwilligen Unzuchtsünden πολλὴ ζήτησις herrsche. Man zweifelte, ob ein also Befleckter an den Mysterien Teil nehmen dürfe.

2) Die eingeklammerten Worte sind die Lesarten von P.

3) Ἀρχαίων ist schwerlich die richtige LA, ἀρχομένων aber unerträglich; die Conjectur ἀναχωρητῶν oder ἠσκημένων [Papadopulos] ist unbefriedigend.

vorkommenden Heiden, z. B. die Babylonier und Assyrier
(s. Q. 16 [1], 17 [2], 18 [3], 34 [24], 38 [28], 55 [42], 86 [74],
91 [79], 110 [99], 121 [110], 136 [126], 161 [146]); nur selten
finden sich die Bezeichnungen οἱ ἔξωϑεν (Q. 17 [2]), οἱ ἐκτός
(Q. 43 [33]), τὰ ἔϑνη (Q. 48 [89]) und οἱ ἄπιστοι (Q. 118 [107]).
Dieser merkwürdige Sprachgebrauch lässt sich in der vor-
julianischen Zeit nicht nachweisen; er ist im Zusammenhang mit
der neuplatonisch-julianischen Action gegen das Christentum entstanden. Dass aber die Epoche Julians hinter der Zeit unseres
Verfassers liegt, ist auch sonst deutlich. Wir lesen in Q. 86 [74]:
Δῆλον ὅτι οὐδεμίαν ἀνακλήσεως ἔχει ὁ Ἑλληνισμὸς ἐλπίδα.
ἄλλως τε εἰ καϑ᾽ ἥν ἐκράτει ποτὲ [P om.] δυναστείαν ὁ Ἑλληνισμὸς τὸν λαὸν τοῦ ϑεοῦ...., λυϑείσης ταύτης, οὐδαμῶς
πάλιν ταύτην [P om.] ἀνέλαβε, πῶς οὐ μάτην νῦν προσδοκᾷ
τὴν ἀνάκλησιν τῆς παλαιᾶς αὐτοῦ δυναστείας; τίνος δὲ ἕνεκεν
καὶ [P om.] προσδοκᾷ ταύτην [P om.] ὁ Ἑλληνισμός [P add. τῆς
παλαιᾶς αὐτοῦ δυναστείας τὴν ἀνάκλησιν]; πάντως ἵνα βασάνοις
ἀναγκάσῃ τοὺς Χριστιανοὺς ἀφίστασϑαι μὲν τῆς τοῦ Χριστοῦ
ἀγάπης [P τῆς τοῦ υἱοῦ τοῦ ϑεοῦ λατρείας] τε καὶ πίστεως,
προσέχειν δὲ ταῖς λατρείαις τῶν δαιμόνων [P προσέχοντες δὲ
ἕπεσϑαι τῇ ϑρησκείᾳ τῶν δαιμόνων]. ἀλλ᾽ αἱ βάσανοι αὗται,
αἷς πάλαι [P καὶ πρώην ἥν pro πάλαι] χρησάμενος ὁ Ἑλληνισμὸς καὶ [P om.] προσδοκήσας ἐν αὐταῖς [P δι᾽ αὐτῶν] ἄλυτον
φυλάττειν ἑαυτόν, τὸν μὲν Ἑλληνισμὸν ἔλυσαν [P κατέπαυσαν],
τὸν δὲ Χριστιανισμὸν ἔστησαν κατὰ κράτος [P παγιώτερον
pro κατὰ κρ.]. Die bestimmte Zuversicht, dass alle Anstrengungen
des Hellenismus, das Christentum niederzuzwingen, vergeblich
sind, ist erst nach Julians Zeit entstanden.[1]) Dies gilt, auch
wenn man Bedenken tragen sollte, die Worte εἰ καϑ᾽ ἥν ἐκράτει
ποτὲ δυναστείαν ὁ Ἑλληνισμὸς κτλ. auf Julians Regierung zu
beziehen.[2]) Die Controversen, welche Julians Politik und seine

---

[1] Man vgl. vor allem auch die Ausführungen in Q. 55 (42): ὅτι οὐκ
ἔστι τοῖς δαίμοσιν ἰσχὶς ἀμυντικὴ τῶν ἀνηκόων δείκνυται ἐκ τῆς καταλύσεως,
ἥν ὑπέμεινεν ὁ Ἑλληνισμὸς ὑπὸ τοῦ Χριστιανισμοῦ, und das Folgende,
wo gesagt wird, der Hellenismus habe nur über Fäuste und Schwerter
verfügt und die hätten weder ihn noch seine Götter zu schützen vermocht.

2) Umgekehrt ist es für die Bestimmung des terminus ad quem von
Wichtigkeit, dass die Heiden noch mit solcher Bestimmtheit den Untergang
des Christentums und den erneuten Sieg des Hellenismus erwarten.

Schrift gegen die Christen hervorgerufen haben, sind aber auch
sonst nicht selten in unserem Werke ersichtlich. Hierher gehören die Abschnitte über die Mantik, über die heidnischen
Wunder, über Apollonius von Tyana (Q. 34 [24 und über die
Verehrung der Märtyrergebeine (Q. 38 [25). In den Worten:
Εἰ νεκρὰ μὲν καὶ ταῦτα [das Fleisch und die Felle der Tiere,
die wir benutzen], *οὐ μυσαττόμενα δὲ διὰ τὴν ἐξ αὐτῶν χρείαν.
πῶς οὐκ ἔστι τῶν ἀτοπωτάτων τὸ καθαρὰ μὲν ἡγεῖσθαι ταῦτα
διὰ τὴν ἐξ αὐτῶν χρείαν. μυσάττεσθαι δὲ τῶν ἁγίων μαρτύρων
τὰ σώματα καὶ τοὺς τάφους ὑπὸ Ἑλλήνων, φυλακτικὰ ὄντα
ἀνθρώπων τῆς τῶν δαιμόνων ἐπιβουλῆς καὶ ἰαματικὰ νοσημάτων τῶν κατὰ τὴν τῶν ἰατρῶν τέχνην ὄντων ἀνιάτων;*[1] —
glaube ich eine directe Polemik gegen Julians Spott sehen zu
müssen. Man beachte auch die Controverse, warum man nicht
die Engel Götter nennen solle (Q. 158 [142), und ähnliche und
vgl. damit Julians Ausführungen. Vor allem aber ist die breite
Darlegung in Bezug auf Opfer, Menschenopfer und die Tochter
Jephthas (Q. 110 [99]) gegen einen heidnischen Apologeten gerichtet, und wer dieser Apologet ist, erkennt man aus Cyrill.
Alex. c. Julian. (Neumann p. 216 ff.). Dabei ist aus der ganzen
Haltung der Schrift gewiss, dass Julians Politik bereits ge-
scheitert ist und das Christentum das Feld siegreich behauptet
hat. Auch kann die Katastrophe Julians nicht erst gestern eingetreten sein, sondern der wiederhergestellte Zustand ist bereits
mindestens seit einigen Jahren wieder gesichert. Also ist unsere
Schrift gewiss nicht vor dem J. c. 365 verfasst. Das aber ist
auch der äusserste terminus a quo, der sich zunächst erreichen
lässt.

4) Auf denselben terminus a quo führt der dogmatische
Standpunkt und Sprachgebrauch des Verfassers. Ich werde später
ausführlicher auf ihn eingehen. Hier sei nur soviel bemerkt,
dass der Verfasser entschiedener Nicäner ist (Q. 1 [139] findet
sich sogar der Ausdruck *ἡ ταὐτότης τῆς τῶν προσώπων
οὐσίας*), dass ihm der terminus *οἱ τῆς ὑπάρξεως τρόποι* zur
Bezeichnung der Unterschiede der göttlichen Hypostasen ganz
geläufig ist, und dass er die Bezeichnungen *ὑποστάσεις* und

---

1) Die Frage im Eingang dieses Stückes lautete: *τί ἄτοπον ἐργάζονται
Ἕλληνες τοὺς νεκροὺς καὶ τοὺς τούτων μυσαττόμενοι τάφους;*

πρόσωπα als identisch verwertet, aber ὑποστάσεις bevorzugt. Es
bedarf nicht vieler Worte, um zu beweisen, dass die trinitarischen
„Antworten“ in unserem Werke nicht vor der Synode von
Alexandrien (362) geschrieben sein können, und dass sie von
einem Manne stammen, der der sog. „kappadokischen“ Orthodoxie,
d. h. der Neuorthodoxie angehört. Diese Neuorthodoxie fühlt
sich aber durchaus als die wahre Orthodoxie. Man erwäge nur
folgende Sätze:

Q. 1 [139]: *Εἷς ἐστιν ὁ θεὸς τῇ συνυπάρξει τῶν θείων
τριῶν ὑποστάσεων, τῶν διαφερουσῶν ἀλλήλων οὐ τῇ οὐσίᾳ,
ἀλλὰ τοῖς τῆς ὑπάρξεως τρόποις· ἡ διαφορὰ δὲ τῶν τῆς
ὑπάρξεως τρόπων οὐ διαιρεῖ τὸ ἓν τῆς οὐσίας.* Oder:

Q. 17 [4]: *Εἰ τῶν θείων ὑποστάσεων ἡ ἕνωσίς ἐστιν
ἀδιαίρετος, πῶς δύνανται τρεῖς ὑποστάσεις καὶ τρία ὀνομά-
ζεσθαι πρόσωπα καὶ οὐχὶ μᾶλλον μία ὑπόστασις τριώνυμος,
[P add. καὶ] τριπρόσωπος;* Antwort: *Τῶν θείων ὑποστάσεων
τὸ μὲν τῆς οὐσίας ἕν ἐστιν ἀδιαίρετον, τὸ δὲ αὐτῶν τρεῖς ἐστι
διαιρετόν. διὸ αἱ τρεῖς ὑποστάσεις ἰδιάζουσιν ὀνόμασίν εἰσι
τρεῖς .... διὸ εἷς ἐστιν ὁ θεὸς τῷ ἑνὶ καὶ ἀδιαιρέτῳ τῆς
οὐσίας, τρία δὲ τὰ πρόσωπα τῇ διαιρέσει τῶν ὑποστάσεων.*

Vor ± 365 wird kein Kenner diese und ähnliche Ausführungen verlegen wollen. Also bleibt es dabei: unsere Schrift
ist frühestens ein paar Jahre nach Julians Tod geschrieben.

Was nun den terminus ad quem der Abfassung betrifft, so
kommen drei Gruppen von Beobachtungen in Betracht, die sich
gegenseitig stützen.

1) Unser Verfasser schreibt in einer Zeit, in welcher zwar
der Sieg über das Heidentum erstritten war, in der aber dieses
noch sehr stark erscheint. Der Sieg ist sozusagen erst im Cen-
trum erfochten; in der Peripherie herrscht noch das Heidentum.
Numerisch sind die Heiden (auch die Häretiker; s. darüber sub 2)
noch stärker als die orthodoxen Christen. Schwere Probleme
in Bezug auf die göttliche Weltleitung ergeben sich daraus;
auch denken die Heiden noch immer daran, die Herrschaft
demnächst wieder zurückzuerobern. Die Orakelstätten, die
heidnischen Wunder, die Mantik — all das ist für unseren Verfasser noch lebendige und höchst wirksame Gegenwart (s. Q. 34
[24]; 41 [31]; 68 [55]; 110 [99]; 136 [126] und die von den
Dämonen handelnden Quästionen). Er atmet noch rings um sich

die Luft des Hellenismus und sieht die Dämonen noch an den heidnischen Cultstätten wirksam. Das Christentum ist augenscheinlich in einer ihm noch fremden Welt zum Siege gekommen. So empfand und schrieb man nicht mehr um das J. 430 (vgl. die Haltung des Sokrates und Sozomenos), ja auch nicht mehr um das J. 400, nachdem die gratianisch-theodosianische Gesetzgebung zwanzig Jahre gewirkt hatte.

2) Der Verfasser schreibt zu einer Zeit, in welcher das Christentum gesiegt hat; aber nicht nur numerisch ist die Häresie bez. eine bestimmte häretische Gruppe die stärkere, sondern sie ist auch die herrschende Partei und sie hat zahlreiche orthodoxe Kirchen in Besitz genommen. Man vergleiche folgende Quästionen:

Q. 16 [1]: *Εἰ τὴν ἀρχαίαν μὲν λατρείαν ἀνεῖλεν ὁ θεός, ὡς αὐτῷ μὴ ἀρεσκόμενος, τὴν δὲ τῶν Χριστιανῶν ὡς ἀρεστὴν αὐτῷ ἀντεισήγαγεν, οἱ δὲ ὀρθόδοξοι μόνοι θεῷ ἀρέσκοντες Ἑλλήνων τε καὶ Ἰουδαίων καὶ πάντων αἱρετικῶν κατὰ τὸν ἀριθμὸν ὑπάρχουσιν. ἥσσονες, τίς ἡ ἀπόδειξις κτλ.* In der Antwort heisst es, Gott habe einstweilen den Judaismus und Hellenismus aufgehoben, später werde er auch die Häresie ausrotten. Ausdrücklich wird dabei die *ὀλιγότης τῶν ὀρθοδόξων*, wie sie jetzt besteht, constatiert.

Q. 32 [22] fragt der Verfasser, wie Gott es zulassen könne, dass *τὰ μὲν ζιζάνια* (nämlich die Häresie) *πεπλήθυνται, σχεδὸν δὲ ὁ σῖτος* (die Orthodoxie) *ἐξέλιπε.* So traurig steht es also, dass die Orthodoxie fast ganz zurückgedrängt ist und im Aussterben zu sein scheint.

Q. 20 [5]: Hier quält den Verfasser das Problem, dass in den Kirchen der Häretiker Zeichen und Wunder geschehen, sodass diese Kirchen von Gott legitimiert zu sein scheinen (*Εἰ ἐν ταῖς ἐκκλησίαις τῶν αἱρετικῶν δυνάμεις ἐνεργοῦνται, οἷον νοσημάτων ἰάσεις καὶ πνευμάτων διωγμοὶ ἀκαθάρτων, καρπῶν γῆς τε φορὰ καὶ ἐλαίου ἀνάβλυσις, πῶς οὐκ ἀνάγκη ἐκ τούτων ἐν τῇ πλάνῃ βεβαιοῦσθαι ἐκείνους;*). Q. 111 (100) kommt er noch einmal auf diese Thatsache und tröstet sich damit, dass die Kirchen ursprünglich orthodoxe waren, dass sie den Orthodoxen von den Häretikern weggenommen sind, und dass es die Heiligen (Apostel, Propheten und Märtyrer) sind, die

dort noch immer Wunder verrichten, weil ihre Gebeine daselbst
liegen. [1])

Aus Q. 143 [sie fehlt in P] endlich geht deutlich hervor,
dass die Häretiker zur Zeit im Staate am Ruder sind. [2])
Wie kann es Gott, der doch die Juden den Christen unterworfen
hat, zulassen — ruft der Verfasser aus —, dass die Häretiker
nicht nur über die Juden, sondern auch über die wahren Christen
herrschen und ihnen unzähliges Unheil anthun, während doch
die wahren Christen herrschen sollten! *Εἰ δὲ τὸ δεσπόζειν
ὀφεῖλον ὑπὸ τῆς πλάνης δεσπόζεται, πῶς τὴν δουλείαν τῶν
Ἰουδαίων τῇ εἰς Χριστὸν ἀπειθείᾳ ἐπιγράφομεν;* Die Antwort
ist lehrreich: erst in der zukünftigen Katastase wird das wahre
Christentum herrschen; in dieser Zeitlichkeit muss die äussere
Herrschaft noch zwischen Christen, Häretikern und Hellenen
wechseln. [3]) Der Verfasser schreibt also in einer Zeit, in der
der Gedanke, die Weltherrschaft müsse mit der Orthodoxie verbunden sein, durch Thatsachen noch nicht sichergestellt war,
und in welcher ein häretischer Kaiser herrschte.

---

1) Die Frage lautet: *Εἰ πρὸς σύστασιν τοῦ ἀληθῆ εἶναι τὴν παρὰ
τῶν ὀρθοδόξων γενομένην λατρείαν τὴν τῶν θαυμάτων χάριν ἐν ταῖς
αὐτῶν ἐκκλησίαις κατ᾽ ἀρχὰς ὁ δεσπότης δεδώρηται Χριστός, διατί, ἡνίκα
αἱρετικοὶ ἐν αὐταῖς λατρεύσαντες ἀπ᾽ αὐτῶν τῶν ὀρθοδόξων ἀπέστησαν,
οὐ συναπέστη τοῖς ὀρθοδόξοις ἀπὸ τῶν ἐκκλησιῶν καὶ τὰ θεῖα χαρίσματα,
ἀλλ᾽ ἡ μὲν τῆς πλάνης λατρεία ταῖς ἐκκλησίαις ἐπεισέφρησε, τὰ δὲ πρὸς
τὴν αὔξησιν τῆς ὀρθοδοξίας ὑπὸ τοῦ θεοῦ δωρηθέντα καὶ ἐπὶ τῶν αἱρετικῶν τὴν αὐτὴν ἐν ταῖς ἐκκλησίαις εἶχεν ἐνέργειαν;* Antwort: *Εἰ μὲν τῶν
αἱρετικῶν ζώντων ἢ ἀποθανόντων ἡ θεία χάρις ἐνήργει τὰ χαρίσματα,
εἶχεν ἂν τὸ γιγνόμενον εὔλογον ἀπορίαν· εἰ δὲ οἱ τὰ θεῖα θαύματα ἐν
ταῖς ἐκκλησίαις ἐνεργοῦντες ἅγιοί εἰσιν ἀπόστολοι, προφῆται καὶ μάρτυρες,
ὧν τὰ λείψανα κεῖνται ἐν ταῖς ἐκκλησίαις, δῆλον ὅτι καὶ νῦν οἱ ὀρθόδοξοι
ἐνεργοῦσι τὰ θαύματα· ὀρθόδοξοι γάρ εἰσιν οἱ ἀπόστολοι, προφῆταί τε
καὶ μάρτυρες, ὧν τοῖς θείοις ἔργοις διαμαρτύρεται τῷ κόσμῳ ὁ θεὸς
ἐκείνων εἶναι τὰς ἐκκλησίας, δι᾽ ὧν τὰ θαύματα ἐκτελεῖται, τουτέστιν τῶν
ὀρθοδόξων.*

2) Nach Q. 139 [1] erwartet der Verf. zunächst keine Änderung dieses
trüben Zustandes; er macht sich vielmehr darauf gefasst, dass er sehr
lange dauern wird.

3) *Τὸ γὰρ ἐπὶ τοῦ παρόντος δεσποτικῶς ἄρχειν τῶν ὑλικῶν πραγμάτων οὐκ ἔστιν ἀμοιβὴ τῆς τῶν Χριστιανῶν πίστεως, ἀλλὰ λειτουργία
τις, κατὰ τὴν τοῦ θεοῦ διάταξιν πρὸς τὴν συγκρότησιν τῆς τῶν ἀνθρώπων
εὐνόμου πολιτείας ἐγχειριζομένη ἀνθρώποις, ποτὲ μὲν Χριστιανοῖς, ποτὲ
δὲ αἱρετικοῖς, ποτὲ δὲ Ἕλλησιν.*

Um welche Zeit es sich handelte, kann nun nicht mehr zweifelhaft sein. Nur die Arianer können gemeint sein und ein arianischer Kaiser, da die Zeiten nach 451 ausgeschlossen sind. Wiederum aber kann unter den beiden häretischen Kaisern Konstantius und Valens nur an den letzteren gedacht werden; denn Konstantius fällt zu früh, und der Thatbestand, dass der grösste Teil der orthodoxen Kirchen den Arianern ausgeliefert war, fügt sich auch besser zur Zeit des Valens. Wir gewinnen hier zugleich mit dem sicheren terminus ad quem, dem Todesjahr des Valens (378), auch eine neue Bestätigung des terminus a quo. Unser Werk ist nach dem Edict von 365 verfasst, welches die Verjagung aller der orthodoxen Bischöfe anbefohlen hatte, die unter Julian wieder ihre Sitze eingenommen hatten. Nach dem J. 378 kann das Werk aber nicht geschrieben sein; denn die Häresie herrscht noch ungebrochen auf dem Throne und in dem Staate.

3) Zu dieser Zeitbestimmung fügt sich aufs beste der dogmatische Standpunkt des Verfassers. Wir haben oben gesehen, dass er der (kappadokischen) Neuorthodoxie angehörte. Diese Neuorthodoxie vertritt er aber in einer Form, wie sie im Zeitalter Theodosius I. bez. nach 380/1 nicht mehr ausgeprägt werden durfte. Also ergiebt sich auch von hier aus, dass der Verfasser unter Valens schrieb. Entscheidend für diesen Ansatz ist seine Stellung in der Lehre vom h. Geiste. Er spricht nämlich in der Regel zwar von drei Hypostasen und drei Prosopen, aber daneben hält er eine Betrachtungsweise fest, nach welcher der h. Geist dem Vater und Sohne doch nicht so nahe steht, wie diese sich zu einander verhalten. Q. 3 [129] schreibt er: *Πῶς ὁ θεὸς ἀσύνθετος λέγεται, τὴν ἐκ δύο προσώπων ὁμοουσίων νοουμένων (πατρὸς λέγω καὶ υἱοῦ) καὶ ἑνὸς προσώπου ἰδιαζούσης οὐσίας ἐκ τοῦ προχείρου ὑπόνοιαν διδόντος (τοῦ πνεύματος φημὶ τοῦ ἁγίου) τὴν σύνθεσιν ἔχων, καὶ εἷς καλεῖται καὶ ἀπερίγραφος. τοσαύτης καὶ τοιαύτης οὔσης τῆς τῶν ὑποστάσεων αὐτοῦ, εἴτουν τῶν προσώπων, διακρίσεώς τε καὶ διαιρέσεως;* Hier ist nur Vater und Sohn das Prädicat *ὁμοούσιος* gegegeben und der Geist in einer merkwürdig unsicheren Formel etwas von ihnen abgerückt. [1]

----

1) In Q. 7 [fehlt in Γ] findet sich allerdings der Ausdruck *ἡ ὁμοούσιος*

Noch schärfer als in diesem einen Satze tritt aber die relative Zurückstellung des Geistes in der ganzen Quästio hervor. Die h. Trinität wird hier nämlich mit dem Buchstaben $\pi = \Pi I$ verglichen. Die beiden Striche des Π sind Vater und Sohn, I ist der Geist. „Τὸ I καὶ τὸ Π κατ᾽ οὐσίαν ἀλλήλων οὐδὲν διαφέρουσι· γραμμὴ γὰρ ὑπάρχει ἑκάτερον, γραμμὴ δὲ γραμμῆς οὐδὲν διαφέρει. διαφέρει δὲ τὸ I τοῦ Π τῇ τοιᾷδε θέσει, καθ᾽ ἣν ἐκεῖνο μὲν I, τοῦτο δὲ Π ὑπάρχει. καὶ τὸ μὲν ΠI, εἰ γραμμή ἐστιν, ἕν ἐστιν· εἰ δὲ ΠI ἐστι, τριάς ἐστι κτλ. Unzweifelhaft stehen sich die Hypostasen des Vaters und Sohnes nach dem Verfasser um einen Grad näher als die Hypostase des Geistes. [1]

Steht somit fest, dass unsere Schrift zwischen 365 und 378 geschrieben ist, so lässt sich m. E. dieser Zeitraum noch um ein paar Jahre verengen. Erstlich nämlich schreibt der Verfasser in einer Friedenszeit. Q. 136 (126) gesteht er zu, dass die wirtschaftlichen Verhältnisse im Reich z. Z. der Herrschaft des Christentums gegenüber der früheren Zeit zurückgegangen sind, aber er bemerkt: „Doch auch in dieser Hinsicht zeigt sich das Christentum überlegen, sofern, seitdem es zum Siege gekommen, die Kriege in der Welt minder zahlreich geworden sind als zur Zeit der Herrschaft des Hellenismus.“ So konnte man im J. 377, als bereits die Gotennot das Reich in Aufregung versetzt hatte, schwerlich schreiben. Wir werden also das J. 376/7 als den terminus ad quem ansetzen müssen. Zweitens ist in Ansehung der trinitarischen Lehre, die unser Verfasser sicher und plerophorisch vertritt, der terminus a quo 365 höchst wahrscheinlich zu früh gesetzt. Die Formeln, die er Q. 1 [139], 2 [144], 3 [129] etc. entwickelt, sind nicht seine eigenen, sondern die der grossen

---

τριάς, aber da er sonst im ganzen Buch nicht vorkommt, H ihn Q. 57 [44] aber für ὁμότιμος gefälscht hat (s. o. S. 17), so ist es fraglich, ob man ihn Q. 7 stehen lassen darf. Q. 161 findet sich ἡ ἀκατάληπτος τριάς.

1) Man beachte auch die Vergleichung in Q. 1 (139), wo der Vater und der Sohn mit Adam und Eva, der h. Geist aber mit Seth zusammengestellt werden. Den eigentümlichen Standpunkt der Neuorthodoxie kann man nicht charakteristischer ausgeprägt wünschen, als in diesem Bilde, mit dem sich (in derselben Quästio) die Formel ἡ ταυτότης τῆς οὐσίας verträgt. Endlich ist zu beachten, dass bei der Frage der Zusammensetzung Gottes (Q. 2 [144]) zwar vom Sohn und vom Willen, nicht aber vom h. Geist die Rede ist.

Kappadokier. Nun haben diese zwar schon um 365, ja schon etwas vor 365 mit ihrer epochemachenden dogmatischen Arbeit begonnen, aber frühestens in der zweiten Hälfte der sechziger Jahre erscheint sie entwickelt, und es ist nicht glaublich, dass ein Dritter ihre Formeln vor dem J. c. 370 so sicher und zuversichtlich als die allgemein anerkannten orthodoxen entwickelt und vorgetragen hat, wie unser Verfasser es thut. Man wird daher mit einer nicht geringen Wahrscheinlichkeit behaupten dürfen, dass unsere Schrift in die JJ. c. 370—376/7 fällt[1]; ein sehr Vorsichtiger mag bei den JJ. c. 365—377/8 stehen bleiben.

§ 6. Der Abfassungsort des Buches.

Dass unser Buch der griechisch-syrischen Kirche angehört, ist von fast allen Gelehrten, die sich mit ihm befasst haben, erkannt worden, und auch die neugefundene Handschrift verweist es nach Syrien. Die ganze wissenschaftliche Methode, die Hermeneutik (vgl. z. B. die technische Unterscheidung von $\varepsilon i\varkappa\dot\omega\nu$, $\pi\alpha\rho\alpha\beta o\lambda\acute\eta$ und $i\sigma\tau o\rho i\alpha$)[2], die Vorliebe für Definitionen und Syllogismen, die starke Verwertung der aristotelischen Philosophie, die (indirecte) Ablehnung des Platonismus, die klare Verständigkeit und der nüchterne Sinn[3], der die „Antworten" durchwaltet, die Ablehnung der allegorischen Exegese und die teils historische, teils typische Erklärung der Schriftstellen (ein besonders schönes Beispiel Q. 57 [44]) — alle diese Merkmale lassen in dem Verfasser einen Anhänger der antiochenischen Schule erkennen.[4] Dazu kommt noch eine Reihe von Einzel-

---

1) La Croze hat behauptet, die Schrift sei auch antiapollinaristisch, m. E. mit Recht; denn die Polemik Q. 116 [105] — s. auch die Polemik Q. 8 — geht schwerlich auf eine andere Partei als auf die Apollinaristen.

2) Hier ist namentlich der schöne Nachweis in Q. 74 [60] lehrreich, die Perikope von Lazarus und dem Reichen sei weder eine „Parabel" noch eine „Historie", sondern eine $\dot v\pi o\tau\dot v\pi\omega\sigma\iota\varsigma$ $\lambda\acute o\gamma o v$ $\delta\iota\delta\alpha\sigma\varkappa\alpha\lambda\acute\iota\alpha v$ $\ddot\varepsilon\chi o\nu\tau o\varsigma$.

3) Wie nüchtern der Verfasser zu denken vermag, darüber s. z. B. Q. 66 [53].

4) Die Grundzüge der die antiochenische Theologie bestimmenden Metaphysik findet man in Q. 84 [72], wo der Verf. die Frage erörtert, ob Gott nicht entweder als missgünstig oder als neidisch erscheine, weil er die Menschen nicht als Götter geschaffen habe. Aus der Antwort sei Folgendes hervorgehoben: $\ddot E\tau\iota\ \delta\acute\varepsilon,\ \varepsilon i\ \tau\tilde\omega\nu\ \dot\alpha\delta v v\acute\alpha\tau\omega\nu\ \gamma\acute\iota\nu\varepsilon\tau\alpha\iota\ o v\delta\acute\varepsilon v,\ \dot\alpha\delta\dot v v\alpha$-

beobachtungen. 1) Maria heisst nie „Gottesgebärerin“, sondern einfach „die heilige Jungfrau“ (s. Q. 15 [67], 100 [88], 153 [136]¹), und wie nüchtern und ohne Überschwenglichkeit der Verfasser von ihr spricht und schreibt, kann man an der 153. [136.] Quästio studieren. 2) Der Verfasser ist angelegentlich darauf bedacht, die Menschwerdung lediglich der zweiten Person der Gottheit, nicht aber der ganzen Gottheit beizulegen und spricht von der „ἐνοίκησις“ (Q. 7, fehlt in P); auch jenes prononcierte Interesse und dieser Terminus sind antiochenisch. 3) Der Verfasser lehrt, dass Jesus Christus zwei streng zu unterscheidende Naturen habe, deren jeder „διῃρημένως ἁρμόττοντα“ zukomme (Q. 7 fin.)²), und er unterscheidet in dem Erlöser nachdrücklich den υἱὸν ἄθετον und den υἱὸν θετόν (den ἀληθῶς καὶ κυρίως καὶ ὄντως ὄντα υἱόν und den μὴ ἀληθῶς μηδὲ κυρίως μηδὲ ὄντως ὄντα υἱόν) — also zwei ἑτεροούσια πρόσωπα, von denen das zweite „auch Sohn heisst“: ὁ εἷς κύριος Ἰησοῦς Χριστὸς κατ’ ἄλλην φύσιν υἱὸς ἄθετος καὶ κατ’ ἄλλην θετός· ἀδιάβλητος ἄρα ἡ τῶν φύσεων ἀντιδιαστολὴ ἐπὶ τῇ δυάδι αὐτῶν (Q. 8, fehlt in P); das ist echt antiochenische Lehre. Man vgl. auch, mit welchem Interesse und mit welchem Nachdruck der Verf. auf dem Satze besteht, dass der Erlöser eine volle und wirkliche Menschennatur mit allen Eigenschaften derselben gehabt habe, s. Q. 116 [105]. 4) Der Ausdruck ὁ δεσπότης

τον δὲ γενέσθαι θεόν — ἄκτιστος γὰρ καὶ ἀποίητος ὁ θεός —, πῶς οὐκ ἔστιν ἄλογον τότε λέγειν τὸν θεὸν ἄφθονον, ὅτι τὰ μὴ ἐνδεχόμενα ποιεῖ; ἔτι δὲ καλόν ἐστιν ὁ θεός, ὅτε ἄκτιστός ἐστι καὶ κτίστης. οὐδὲν δὲ τῶν κτιστῶν κατ’ οὐσίαν δύναται γενέσθαι ἄκτιστον, τουτέστι θεός. Ebenso ist in Q. 85 [73] in entschiedenster Form die platonische Annahme eines „Μὴ ὄν“, als wäre es doch irgendwie ein Seiendes, abgelehnt.

1) Über die Fälschungen in H s. oben S. 17.

2) Zweimal kommt in dieser Quästio der Ausdruck κατὰ τὸν τρόπον (λόγον) τῆς ἀντιδείξεως vor. Dies muss ein philosophischer Kunstausdruck sein; ich habe mich aber vergeblich bemüht, ihn zu belegen. Nach dem Zusammenhang (διὰ τοῦτο ἀκολούθως προσάπτομεν τῷ θεῷ λόγῳ κατὰ τὸν τρόπον τῆς ἀντιδείξεως τὰ τῆς οἰκονομίας und εἰς τὸν θεον λόγον καὶ εἰς τὴν οἰκονομίαν οὐδαμῶς ποιεῖ [scil. ἡ γραφὴ] τὴν τοιαύτην διαίρεσιν [nämlich die Unterscheidung der Gottheit und der Gottheit im Fleisch], ἀλλὰ κατὰ τὸν λόγον τῆς ἀντιδείξεως περὶ ἑνὸς καὶ τοῦ αὐτοῦ προσώπου ποιεῖ ἀδιαιρέτως τὴν διήγησιν τῶν ἑκάστῃ φύσει διῃρημένως ἁρμοττόντων) — vermutet man, dass der terminus soviel bedeutet wie „begriffliche Übertragung“.

Χριστός ist dem Verf. der geläufigste (vgl. z. B. Q. 30 20 ; 32 [22]; 52 [39]; 15 [67]; 90 [78]; 94 [82]; 97 [85]; 113 [102 ; 116 105]; 121 110]; 127 [116]; 128 117]; 14 [133]; 153 136]; 111 ; 143 ; La Croze hat ihn mit Recht als specifisch antiochenisch in Anspruch genommen ¹). 5) Der für die antiochenische Theologie so charakteristische Terminus ἡ κατάστασις begegnet ebenfalls sehr oft (s. z. B. Q. 86 [74]; 87 [75]; 95 [83]; 105 [94]; 123 112 ; 139; 143; 147). 6) Der Verfasser verweist zwar für die Erklärung hebräischer Worte, d. h. termini technici auf das (verlorene Werk des Origenes Ἑρμηνεία τῶν ἑβραϊκῶν ὀνομάτων (Q. 94 [82] und 98 [86]; aber in Bezug auf den syrischen Bibeltext hat er selbständige Kenntnisse; denn er citiert ihn in griechischer Übersetzung (Q. 77 [63]): Ἡ γὰρ ἐκ τῆς τῶν Ἑβραίων γλώττης εἰς τὴν τῶν Σύρων γλῶτταν μεταγωγὴ τῆς λέξεως οὕτω γεγένηται· „Ἐν αὐτοῖς ἔθετο τοῦ ἡλίου τὸ σκήνωμα (Ps. 18, 6).²) Dass diese Textgestalt mit der der Peschittho nicht stimmt, mag hier auf sich beruhen bleiben — jedenfalls citiert unser Verfasser eine syrische Übersetzung (und zwar so, als wüsste er von keiner anderen). Die beiläufige Weise, in der er das thut, zeigt, dass er innerhalb der syrischen Kirche und zunächst für griechisch-syrische Christen, die um solch eine Übersetzung wussten, geschrieben hat. 7) Der griechische Bibeltext, den der Verfasser benutzt, zeigt die frappierendsten Übereinstimmungen mit den in Syrien verbreiteten Texten. Ich werde diese Übereinstimmungen in dem dem Bibeltext des Verfassers gewidmeten Paragraphen kenntlich machen; hier aber seien die beiden wichtigsten hervorgehoben. In Q. 61 [48] heisst es, der Herr habe zu „der Mutter Maria“ gesagt: „Rühre mich nicht an“ (Joh. 20, 17).³) Nur in dem Diatessaron Tatians, so-

———

1 Der Fleischgewordene heisst ὁ δεσπότης; so wird auch Q. 57 [44] von der δεσποτικὴ σάρξ gesprochen (im Abendmahl).

2) Vermochte der Verfasser den syrischen Bibeltext zu lesen, so natürlich auch den hebräischen Grundtext.

3) In H ist (s. oben S. 18) „die Mutter“ getilgt. In P findet sich die Marginalnote: Ὅρα τί φησὶν ἐνταῦθα. οὐ γὰρ τὴν τοῦ κυρίου μητέρα φησὶ τὸ παρ’ ἡμῖν ἱερὸν εὐαγγέλιον, ἀλλὰ τὴν μαγδαληνὴν μαριὰμ λέγει. μήποτε οὖν οὐ τοῦ διδασκάλου ἐστὶ τοῦτο, ἀλλὰ τῶν μεταγραφόντων προσθήκη [das ist natürlich eine ganz unwahrscheinliche Annahme · καὶ διὰ τοῦτο οὐδὲ ἐν τῇ λύσει ταύτῃ τοῦ ζητήματος πρόσκειται ↄes war aber

weit unsere heutige Kunde der Geschichte des Bibeltextes reicht,
hat ἡ Μαγδαληνή bei „Maria“ (Joh. 20) gefehlt, und
deshalb hat Ephraem die Perikope auf die Mutter Jesu bezogen
(s. Ephraems Comment. z. Diatess., hrsgeg. von Mösinger p. 29.
54. 267—270). Zweitens: in Luk. 5, 10 las unser Verfasser den
Zusatz „εἰς ζωήν“ (Q. 39 [29]). So liest kein einziger griechischer Zeuge sonst noch, wohl aber der sinaitische Syrer, Syr[sch]
und Syr[hieros]. Bereits diese beiden Zeugnisse werden genügen,
um es sicher zu stellen: unser Werk ist innerhalb der griechisch-
syrischen Kirche verfasst.

Aber lässt sich nicht auch der Ort innerhalb des griechischen
Syriens, an welchem unser Verfasser geschrieben hat, näher bestimmen? Auch dies scheint mir möglich. Erstlich, in Q. 144
[fehlt in P] liest man: *Εἰ ὅριον ἔθετο τῇ θαλάττῃ τὴν ψάμ-
μον ἐξ ἀρχῆς ὁ θεός .... πῶς ὑπερβαίνουσα ἐν διαφόροις τόποις τὸ τοιοῦτον ὅριον ἡ θάλαττα δείκνυται; ἐν γὰρ τῇ
διοικήσει ταύτῃ τινῶν μὲν τόπων ἀπέδρα. τινὰς δὲ τόπους
τῆς ξηρᾶς ἀπέδειξε θάλατταν.* Der Verfasser schrieb also in
einer **an der Meeresküste** gelegenen Provinz, die von Über-
schwemmungen zu leiden hatte (*τὸ δὲ ἐν μερικοῖς τόποις διὰ
τὴν εὐεργεσίαν ἢ παιδείαν τῶν ἀνθρώπων ποιεῖν τῶν θαλατ-
τῶν ἢ ποταμιαίων ὑδάτων τὴν μετάστασιν, τοῦτο οὐ δυνατὸν
λογισθῆναι εἰς παράβασιν τοῦ θείου ὅρου*). Zweitens, in Q. 34
(24) heisst es: *Εἰ ὁ θεός ἐστι δημιουργὸς καὶ δεσπότης τῆς
κτίσεως, πῶς τὰ Ἀπολλωνίου τελέσματα ἐν τοῖς μέρεσι τῆς
κτίσεως δύνανται; καὶ γὰρ θαλάττης ὁρμὰς*[1]*) καὶ ἀνέμων
φορὰς καὶ μυῶν καὶ θηρίων ἐπιδρομάς, ὡς ὁρῶμεν, κωλύουσι.
καὶ εἰ τὰ ὑπὸ τοῦ κυρίου μὲν γεγονότα θαύματα ἐν μόνῃ τῇ
διηγήσει φέρεται, τὰ δὲ παρ᾽ ἐκείνου πλεῖστα καὶ ἐπ᾽ αὐτῶν
δεικνύμενα τῶν πραγμάτων, πῶς οὐκ ἀπατᾷ τοὺς ὁρῶντας;*
in der Antwort heisst es dann u. a.: *Τὰ μὲν ὑπὸ τοῦ Ἀπολλωνίου γεγονότα τελέσματα, ἐπειδὴ κατὰ τὴν ἐπιστήμην γε-
γένηνται τῶν φυσικῶν δυνάμεων πρὸς τὴν σωματικὴν τῶν
ἀνθρώπων εὐεργεσίαν, οὐκ ἀνέτρεψεν ὁ κύριος· αὐτὸν δὲ τὸν*

---

kein Grund vorhanden, die Maria noch einmal ausdrücklich als Mutter
Jesu zu bezeichnen].

1) Man beachte, dass auch hier wieder der Schutz gegen die Gewalten
des Meeres voransteht.

δαίμονα τὸν ἐν τῷ ἐκείνου ἀγάλματι ἱδρυμένον, τὸν ἐν ταῖς
μαντείαις ἀπατήσαντα τοὺς ἀνθρώπους ὡς θεὸν σέβειν καὶ
τιμᾶν τὸν Ἀπολλώνιον ἐφίμωσε, καταργήσας αὐτοῦ τὰς
μαντείας, σὺν αὐτῷ δὲ καὶ τῶν λοιπῶν δαιμόνων τῶν ἐν τῷ
θεῶν ὀνόματι ὑπὸ τῶν Ἑλλήνων τιμωμένων καθεῖλε τὴν δυναστείαν, καθὼς ὁρᾶται τὰ πράγματα. Die Stelle lehrt, dass
unsere Schrift an einem Ort geschrieben ist, wo man stetig mit
den eigenen Augen und Ohren die Wunder constatierte, welche
die „Telesmata" (Schutzvorrichtungen) des Apollonius thaten,
und zwar bezogen sich diese Wunder auf die Stillung der
Meeresfluten und der Stürme, sowie auf Mäusefrass und den
durch böse Tiere verursachten Schaden. Also lag die syrische
Stadt, die wir suchen, in der Nähe des Meeres. Nun erzählt
aber Malalas (p. 264), Apollonius habe zu Antiochia ein
„Telesma" gegen den Nordwind, und zwar an dem östlichen
Stadtthor, errichtet und ein anderes Telesma gegen die Skor-
pione. Es ist daher sehr wahrscheinlich, dass Antiochia — die
Stadt, die auch noch Jahrhunderte später durch ihre Apollonius-
Wunder berühmt gewesen ist — der Ort ist, an welchem der
Verfasser unserer Schrift gelebt hat.[1) Er bezweifelt die Wun-
dererfolge jener Telesmata durchaus nicht — eben weil er sich
selbst immer wieder durch den Augenschein von ihnen überzeugt hat —, aber er führt sie auf die wissenschaftlichen Kenntnisse des Apollonius zurück, die ihn in den Stand gesetzt haben,
der Natur ihre Geheimnisse abzulauschen. Ob aus dem ἐφίμωσε zu schliessen ist, dass in der Stadt, in der der Verfasser
schrieb, eine Bildsäule des Apollonius von den Christen gestürzt
worden ist, ist fraglich, aber nicht unwahrscheinlich. Jedenfalls
blieben die Telesmata des Apollonius in Antiochia noch Genera-
tionen hindurch ungefährdet, wie ein spätes Zeugnis beweist.

§ 7. Der Verfasser des Buchs.

Über folgende Beobachtungen verfügen wir zur Charakteri-
sierung bez. zur Identificierung des Verfassers:

1) Er schrieb zwischen 365 und 378, wahrscheinlich zwischen
370 und 377.

---

1) Man beachte, dass er nur von den Apollonius-Wundern spricht.

2) Er schrieb im griechischen Syrien, sehr wahrscheinlich in Antiochien und las auch die syrische Bibel.

3) Nichts deutet darauf hin, dass er Bischof gewesen ist, dagegen folgt aus Q. 31 [21], dass er ein Mönch (Asket) war; denn solch eine delikate Frage, wie die ihm hier vorgelegte (s. o. S. 21), konnte nur an jemanden gerichtet werden, der selbst Mönch war. Ferner zeigt Q. 146, dass der Verfasser eine sehr herbe mönchische Gesinnung hatte; denn diese Ausführung kommt der grundsätzlichen Verwerfung der Ehe sehr nahe, ja schliesst sie fast ein.

4) Er war orthodox und zwar neuorthodox — stand also in Antiochien auf der Seite des Meletius — und war mit den schwierigen Formeln der Trinitätslehre der grossen Kappadokier vollkommen vertraut.

5) Er kannte die Polemik Julians gegen das Christentum und widerlegte einige Partieen aus dem Werke des Kaisers in seiner Schrift.

6) Er war ein vielseitig gebildeter und für seine Zeit höchst gelehrter Mann, und zwar war er a) ein Philosoph, der die Methode und Philosophie des Aristoteles nicht nur studiert, sondern sich auch bis zu einem gewissen Grad angeeignet hat; sein Hauptinteresse ist dabei auf die Gotteslehre im Zusammenhang mit der Kosmologie gerichtet gewesen. b) Er war ein in der Geschichte der Bibelwissenschaft gründlich bewanderter Patristiker; er citiert nicht nur den Josephus (Q. 119 [108]), den II. Clemensbrief (Q. 86 [74]), den Irenäus (Q. 126 [115]: περὶ τοῦ πάσχα) und den Origenes (Q. 94 [82]; 98 [86]; 129 [118]), sondern er weist auch an nicht wenigen Stellen seines Buchs, ohne Namen zu nennen, auf die älteren Exegeten und auf wichtige exegetische Controversen hin [1]. c) Er war vor allem Exeget;

---

1) Q. 51 [38]: *Εἰ πιστώσασθαι τοὺς μαθητὰς ὁ Ἰωάννης περὶ τοῦ Χριστοῦ ὅτι αὐτός ἐστιν ἠβούλετο, ὅτε ἀπέστειλεν αὐτοὺς πρὸς αὐτόν (τοῦτο γάρ τινες εἰρήκασι), διατί κτλ. .... εἰ δὲ αὐτὸς διὰ τὸ τῇ εἱρκτῇ ἑαυτὸν ἐμβεβλῆσθαι ἐκ τῶν λεγομένων ποικίλως εἰς τὴν περὶ αὐτοῦ ἀμφιβολίαν κατέστη (καὶ γὰρ τοῦτο εἰρήκασιν ἕτεροι), διατί κτλ.*

Q. 62 [49]: *Τίς ἡ ἀπόδειξις τοῦ μόνα δύο θηρία τε καὶ κτήνη, ἄρρεν καὶ θῆλυ, ἐν τῇ κοσμοποιίᾳ παρῆχθαι; ἐπειδὴ τοῦτό τινες τῶν εὐσεβῶν εἰρήκασι κτλ.*

Q. 74 [60]: *Εἰ δὲ λέγοιέν τινες, ὡς γνῶσίς τις ἐδόθη αὐ-*

die Probleme. welche die Bibel stellt, stehen ihm im Vordergrunde, und in gewissem Sinn ist seine ganze Wissenschaft, wie die des Origenes, Bibelwissenschaft. [1])

7) Er war ein begeisterter Anhänger der kirchlichen Musik und hat sie in den höchsten Tönen gepriesen. [2])

τῷ [dem reichen Mann] πρὸς τὴν τοῖ Λαζάρου καὶ τοῦ Ἀβραὰμ ἐπίγνωσιν.

Q. 77 [63]: Ἐπειδὴ διαφόρως τινὲς ἡρμήνευσαν καὶ ἀσαφῶς τὸ „Ἐν τῷ ἡλίῳ ἔθετο τὸ σκήνωμα αὐτοῖ“, τὴν ἀσάφειαν αὐτοῦ δίδαξον.

Q. 79 [65]: Ἐπειδή τινες τὴν τοῦ κυρίου παράδοσιν τῇ τετράδι λέγουσι γεγονέναι κτλ.

Q. 83 [71]: Ἐπειδή τινες περὶ τῆς τοῦ κόσμου συστάσεως ἔφασαν στοχαζόμενοι ὡς ἑπτακισχίλια κτλ.

Q. 104 [93]: Εἰ τὰ νῶτα τοῦ οὐρανοῦ πεφόρτωται ὕδασι, καθώς φησιν ἡ γραφή, ὅπερ τινὲς ἔφασαν γεγονέναι διὰ τὴν πυρώδη τῶν φωστήρων οὐσίαν κτλ.

Q. 116 [105]. Q. 130 [119]: Εἰ μήτε τοὺς ἐκ τῶν δένδρων καρποὺς μήτε τῆς τῶν κρεῶν ἐδωδῆς οἱ πρὸ τοῦ κατακλυσμοῦ μετελάμβανον, καθώς τινες τῶν πατέρων ἐδίδαξαν. Dann in der Antwort: ὁ μακάριος ἀπόστολος, ὁ τῶν πατέρων πατήρ κτλ.

Q. 131 [120]: Εἰ βασιλείαν τοῦ θεοῦ τὴν ἀνάστασίν τινες ὑπειλήφασι κτλ.

Q. 149 [127]: Εἰ ἡ ἀναίρεσις τῶν αἱρουμένων ἐπ᾽ ἀγαθῷ τινι γίνεται, καθὼς τοῦτο παρ᾽ ἐνίοις ὑπείληπται κτλ.

1) Die Hälfte der Quästionen beschäftigt sich mit Problemen, die bestimmte Bibelstellen bieten.

2) Der Verfasser hat den schönsten Hymnus auf die Kirchenmusik verfasst (Q. 118 [107]): Οὐ τὸ ᾆσαι ἁπλῶς ἐστι τοῖς νηπίοις ἁρμόδιον, ἀλλὰ τὸ μετὰ τῶν ἀψύχων ὀργάνων ᾆσαι καὶ μετὰ ὀρχήσεως καὶ κροτάλων· διὸ ἐν ταῖς ἐκκλησίαις περιαίρεται ἐκ τῶν ᾀσμάτων ἡ χρῆσις τῶν τοιούτων ὀργάνων καὶ τῶν ἄλλων τῶν νηπίοις ὄντων ἁρμοδίων, καὶ ὑπολέλειπται τὸ ᾆσαι ἁπλῶς. ἡδύνει γὰρ τὴν ψυχὴν πρὸς ζέοντα πόθον τοῦ ἐν τοῖς ᾄσμασιν ᾀδομένου, κοιμίζει τὰ ἐκ τῆς σαρκὸς ἐπανιστάμενα πάθη, τοὺς ὑπὸ τῶν ἀοράτων ἐχθρῶν ἐμβαλλομένους ἡμῖν λογισμοὺς πονηροὺς ἀπωθεῖται, ἀρδεύει τὴν ψυχὴν πρὸς καρποφορίαν παντοίων ἀγαθῶν, γενναίους πρὸς τὴν ἐν τοῖς δεινοῖς καρτερίαν τοὺς ἀγωνιστὰς ἐργάζεται τῆς εὐσεβείας, πάντων τῶν ἐν τοῖς βιωτικοῖς λυπηρῶν ἰαματικὸν γίνεται τοῖς εὐσεβέσι. μάχαιραν τοῦ πνεύματος τοῦτο ὁ Παῦλος ὀνομάζει, ἐν ᾧ κατὰ τῶν ἀοράτων πολεμίων ὁπλίζει τοὺς ὁπλίτας τῆς εὐσεβείας· ῥῆμα γάρ ἐστι τοῦ θεοῦ τὸ καὶ ἐνθυμούμενον καὶ ᾀδόμενον καὶ ἀναγιγνωσκόμενον, δαιμόνων γίνεται ἀπελατικόν. ἅπερ ἐστὶν ἅπαντα τελειωτικὰ τῆς ψυχῆς ἐν ταῖς κατ᾽ εὐσέβειαν ἀρεταῖς, διὰ τῶν ἐκκλησιαστικῶν ᾀσμάτων τοῖς εὐσεβέσι προσγινόμενα. Man vgl. auch Q. 67 [54], wo er

8) Er hatte eine sehr angesehene Stellung, und zahlreiche Schüler umgaben ihn.[1])

9) Der Verfasser unseres Werkes muss zwischen dem 5. und 9. Jahrhundert in Misscredit gekommen sein: denn man hat ihm sein Buch, welches man noch immer brauchbar fand, entzogen und dem Werke den gefeierten Namen des Justin, bez. den Namen Theodorets, vorgesetzt.

Diese Merkmale passen sämtlich nur auf einen Mann, nämlich auf den Theologen, den schon La Croze mit Bestimmtheit als den Verfasser genannt hat — Diodor von Tarsus. Dass die Merkmale 1. 2, 6 [a. b. c], 8 dem Diodor zukommen, darüber braucht kein Wort verloren zu werden.[2]) Aber auch in Bezug auf die anderen Merkmale genügt ein kurzer Nachweis. Was das dritte betrifft, so wissen wir, dass Diodor erst im Jahre 378 Bischof von Tarsus geworden ist; bis dahin war er erst Mönch, dann Mönch und Presbyter. Die Herbheit aber der mönchischen Beurteilung, die in Q. 146 hervortritt, stimmt trefflich mit dem zusammen, was wir über den asketischen Eifer Diodors hören. Das vierte Merkmal anlangend, so ist aus Theodoret h. e. II, 19 und IV, 22 hinreichend bekannt, dass Diodor die Säule der Orthodoxie in Syrien und speciell in Antiochien z. Z. des Konstantius, namentlich aber des Valens, gewesen ist, und zwar stand er auf Seiten der Neu-Orthodoxie und hielt enge zu Meletius — so enge, dass er nach dem Tode desselben nicht den Paulinus anerkannte, sondern die Wahl des Flavian durchsetzen half. Zugleich war er mit Basilius befreundet, ist mit Meletius

---

sich die Frage bringen lässt, warum Moses in Form eines Gedichtes dem Volk Übertretung und Strafe angekündigt habe, da Gesänge die Menschen zu verweichlichen pflegten. Er antwortet: *Κατὰ τὰ ἐν ταῖς ᾠδαῖς ἐμφερόμενα διηγήματα ἁρμοδίως καὶ οἱ ῥυθμοὶ τῶν μελῶν ἐγένοντο, ἄγοντες τὰς ψυχὰς εἰς τὴν πρέπουσαν τοῖς ᾀδομένοις αἴσθησιν· ἢ γὰρ γοερῶς ἢ θρηνῳδῶς ἢ κατανυκτικῶς ἢ τρόποις ἑτέροις ᾔδοντο, ἐξοριστικοῖς χαυνώσεως ἐκ τῆς διανοίας τῶν ᾀδόντων.*

1) Die ganze Haltung, die der Verf. in der Schrift einnimmt, ist nur verständlich, wenn er ein Lehrer von grosser Autorität gewesen ist.

2) Bei 6a hat man sich noch besonders zu erinnern, dass Diodor (s. Photius cod. 223) als der Vater des kosmologischen Gottesbeweises in der Dogmengeschichte bekannt ist.

zusammen eine Zeitlang bei ihm gewesen und hat nachher Briefe von ihm empfangen (s. Basil. ep. 135. 160; vom Aufenthalt des Diodor bei Basilius erfährt man ep. 99 c. 3, s. auch ep. 244: Διόδωρον δὲ ὡς θρέμμα τοῦ μακαρίου Σιλοανοῦ τὸ ἐξ ἀρχῆς ὑπεδεξάμεθα. νῦν δὲ καὶ ἀγαπῶμεν καὶ περιέπομεν διὰ τὴν προσοῦσαν αὐτῷ τοῦ λόγου χάριν, δι' ἧς πολλοὶ τῶν ἐντυγχανόντων βελτίους γίγνονται). Ist Diodor der Verfasser unserer Schrift, so erklärt sich die Beobachtung vortrefflich, dass er in die Trinitätslehre der Kappadocier eingeweiht ist und ihr zustimmt. Was das fünfte Merkmal anlangt, so braucht man nur auf die Stelle im Brief des Julian an Photinus bei Facundus Hermianensis, Defensio trium capp. IV, 2, zu verweisen (abgedruckt bei Hertlein, Juliani Imp. quae supersunt II p. 605 f.). Sie zeigt, dass Julian einen besonderen Hass gegen Diodor als einen seiner grössten Gegner unter den Christen gehegt hat. Diodor muss seine Zirkel kräftig gestört haben. Daraus folgt aber, dass Diodor, wie unser Verfasser, den Hellenismus gerade in der Form bekämpft hat, die Julian vertrat.[1) Ganz besonders frappierend aber ist, dass auch das siebente Merkmal auf Diodor zutrifft. Von ihm und

---

1) Julian schreibt: „Diodorus Nazaraei magus. eius pigmentalibus manganes acuens irrationabilitatem, acutus apparuit sophista religionis agrestis .... Quod si nobis opitulati fuerint dii et deae et musae omnes et fortuna, ostendemus infirmum et corruptorem legum et rationum et mysteriorum paganorum et deorum infernorum. et illum novum eius deum Galilaeum, quem aeternum fabulose praedicat indigna morte et sepultura, denudatum confictae a Diodoro deitatis ..... Iste enim malo communis utilitatis Athenas navigans et philosophans imprudenter musicorum participatus est rationem, et rhetoris confectionibus odibilem adarmavit linguam adversus caelestes deos. usque adeo ignorans paganorum mysteria, omnemque imbibens, ut aiunt, degenerum et imperitorum eius theologorum piscatorum errorem. propter quod iam diu est quod ab ipsis punitur diis. iam enim per multos annos in periculum conversus et in corruptionem thoracis incidens ad summum pervenit supplicium. omne eius corpus consumptum est. nam malae eius conciderunt, rugae vero in altitudinem corporis descenderunt. quod non est philosophicae conversationis indicio, sicut videri vult a se deceptis, sed iustitiae pro certo deorumque poenae, qua percutitur competenti ratione, usque ad novissimum vitae suae finem asperam et amaram vitam vivens et faciem pallore confectam“.

Flavian schreibt nämlich Theodoret, h. e. 11, 19: οὗτοι — obgleich noch Laien — πρῶτοι διχῇ διελόντες τοὺς τῶν ψαλλόντων χοροὺς ἐκ διαδοχῆς ᾄδειν τὴν δαυιδικὴν ἐδίδαξαν μελῳδίαν. καὶ τοῦτο ἐν Ἀντιοχείᾳ πρῶτον ἀρξάμενον [z. Z. des Bischofs Leontius] πάντοσε διέδραμε καὶ κατέλαβε τῆς οἰκουμένης τὰ τέρματα· οὗτοι τῶν θείων τοὺς ἐραστὰς εἰς τοὺς τῶν μαρτύρων σηκοὺς συναγείροντες πάννυχοι διετέλουν σὺν ἐκείνοις τὸν θεὸν ἀνυμνοῦντες.[1] Niemand wird das Zusammentreffen dieser Nachricht mit der höchst auffallenden und singulären Q. 118 [107] unseres Werks für zufällig halten wollen. Was endlich das neunte Merkmal anlangt, so ist bekannt, dass, seitdem der alexandrinische Cyrill (um d. J. 438) gegen Diodor geschrieben hat, die Versuche. seine Theologie zu discreditieren, nicht mehr geruht haben (vgl. Theodoret, ep. 16). Auf einer constantinopolitanischen Synode v. J. 499 wurde er sogar verdammt (s. Victor Tunun. bei Gallandi T. XII p. 226). Zwar hat sich Photius wahrscheinlich geirrt, wenn er behauptet, auch das 5. Concil habe ihn verurteilt; aber wenn seine Werke auch nicht ausdrücklich in „die drei Capitel“ aufgenommen worden sind, so wurden sie doch implicite mit ihnen verdammt. Der beste Beweis dafür ist, dass sich wohl eine lange Liste dieser Werke bei Suidas erhalten hat, aber die Werke selbst verschwunden oder. wenn unsre Schrift ihm gebührt, unter einen anderen Namen gestellt sind. Ist unsere Schrift Eigentum des Diodor, so erklärt sich also die Umnamung vortrefflich.[2] Wie die Werke des Apollinaris teils unterdrückt, teils verschiedenen angesehenen Vätern untergeschoben worden sind (um sie zu erhalten), ebenso ist es den Werken des Diodor ergangen.

Man kann einwenden, dass kein einziges der 9 Argumente ausschliesslich auf Diodor gedeutet werden muss. Ich gebe das zu; aber in ihrer Zusammenfassung sind sie zwingend. Wenn in neun verschiedenen Gleichungen, von denen jede mehrere

---

1) Semisch (Art. „Diodor“ in der Theol. REncykl.) hat dazu eine Nachricht des Theodor von Mopsveste (bei Nicetas Akominatas, Thesaur. orthod. 5, 30) verglichen.

2) Wir wissen, dass die Nestorianer die Werke Diodors mit Unterdrückung seines Namens verbreitet haben (s. Loofs, Leontius S. 28 f.).

Lösungen zulässt. eine Grösse immer wieder auftaucht, so ist
sie die gesuchte. In unserem Falle müsste Diodor in der Zeit
um 370 in der griechisch-syrischen Kirche einen Doppelgänger
gehabt haben, wenn wir von ihm absehen wollten. Von solch
einem Doppelgänger ist aber nichts bekannt. Also ist Diodor
der Verfasser unserer Schrift.

Wir sind jedoch noch nicht am Ende unserer Untersuchungen. Wir haben oben das Zeitalter unserer Schrift auf die
JJ. 365—378 festgesetzt und zugleich darauf hingewiesen, dass
ihr Verfasser sich mit der kappadokischen Trinitätslehre vertraut
zeigt. Über das Verhältnis nun des Diodor zu Basilius, von dem
wir bereits gesprochen haben. ist uns folgendes näher bekannt:
vor dem J. 372 sind keine Beziehungen zwischen den beiden
Männern nachweisbar; in diesem Jahre aber, und zwar im
Sommer, befindet sich Diodor bei Basilius, und auch der
geflüchtete Meletius hält sich bei ihm auf.[1]

Damals also hat Diodor die kappadokische Trinitätslehre, speciell die Lehre des Basilius, im persönlichen Verkehr kennen gelernt. Ein Jahr darauf (373)
schickt Diodor dem Basilius zwei von ihm verfasste Werke zu,
und dieser beantwortete die Übersendung mit dem Briefe 135,
der einen guten Einblick in das nahe Verhältnis der beiden
Männer gewährt; denn Basilius darf sich die freimütigste Kritik
an dem einen der beiden Werke gestatten, ohne befürchten zu
müssen, dass die Freundschaft in die Brüche geht. Dieses Werk
schickt er zurück, da er keinen Gebrauch von ihm machen kann;
das andere aber bittet er behalten zu dürfen, bis er einen Schnell-
schreiber, der ihm eine Abschrift anfertigen soll, gefunden habe;
bisher habe er keinen bekommen, „so ärmlich sind unsere Verhältnisse in Kappadokien geworden.“ Basilius hat dann später
noch hin und her des Diodor gedacht. Doch mag das auf
sich beruhen.

Ist der Verfasser unserer Schrift mit Diodor identisch, so bietet
sich die Folgerung ungezwungen. dass sie nach dem Aufenthalt des
Diodor bei Basilius fällt. also nicht früher als Herbst 372. weil

---

1) S. Tillemont T. VIII p. 560 und Loofs, Eustathius v. Sebaste
und die Chronologie der Basiliusbriefe S. 27. 52. Der 99. Brief des Basilius
kommt in Betracht.

sie die Lehre des Basilius so treu wiedergiebt. Diese Folgerung
fügt sich vortrefflich zu dem auf anderem Wege gefundenen
Ergebnis, dass unser Werk wahrscheinlich zwischen 370 und
377 verfasst ist.

Aber ist unsere Schrift nicht gradezu eines der beiden, von
Diodor dem Basilius übersandten Werke, und zwar das zweite,
das Basilius im Gegensatz zum ersten sehr gelobt hat? Das hat
La Croze behauptet (s. o.), und man wird diese Behauptung für
verlockend halten müssen. Ich setze die Charakteristik, die Basilius von diesem Werke gegeben hat, noch einmal hierher:
Ἐνέτυχον τοῖς ἀποσταλεῖσι βιβλίοις παρὰ τῆς τιμιότητός σου
καὶ τῷ μὲν δευτέρῳ ὑπερήσθην. οὐ διὰ τὴν βραχύτητα μόνον, ὡς εἰκὸς ἦν τὸν ἀργῶς πρὸς πάντα καὶ ἀσθενῶς λοιπὸν
διακείμενον. ἀλλ' ὅτι πυκνόν τε ἅμα ἐστὶ ταῖς ἐννοίαις
καὶ εὐκρινῶς ἐν αὐτῷ ἔχουσιν αἵ τε ἀντιθέσεις τῶν
ὑπεναντίων καὶ τὸ τῆς λέξεως ἁπλοῦν καὶ ἀκατάσκευον, πρέπον ἔδοξέ μοι προθέσει Χριστιανοῦ. οὐ πρὸς ἐπίδειξιν μᾶλλον ἢ κοινὴν ὠφέλειαν γράφοντος. Diese Beschreibung kann Zug um Zug auf unser Werk gedeutet werden,
und auch die Kürze trifft zu, wenn man die 161 Quästionen
einzeln ins Auge fasst. Allein Sicherheit in Bezug auf die
Identificierung ist doch nicht vorhanden; Diodor kann sehr wohl
mehrere ähnliche Werke verfasst haben. Sehr wahrscheinlich
ist nur, dass auch unser Werk, wie das hier charakterisierte,
nach dem Sommer 372, d. h. nach der persönlichen Bekannt-
schaft des Diodor mit Basilius, verfasst ist.

Aber es giebt noch eine Beobachtung, die zu Erwägungen
auffordert. In der langen Liste der (verlorenen) Werke des Diodor bei Suidas, d. h. bei Theodorus Lector (vgl. Fabricius-Harless T. IX, p. 277 sq. und Bernhardy, Suidas I, 1, p. 1379) findet
sich auch der Titel: Πρὸς Εὐφρόνιον φιλόσοφον κατὰ πεῦσιν
καὶ ἀπόκρισιν. Fabricius hat daran gedacht (p. 280), dieses
Werk mit dem an Basilius übersandten zu identificieren; man
kann aber auch an Identificierung mit unsrem Werk denken,
das ja vielleicht einst ein Proömium bez. eine Zueignung gehabt
hat (s. o. S. 20), und in welchem nach Q. 161 die einzelnen
Stücke als »πεῦσις« (neben ἐρώτησις) bezeichnet werden. Allein
es fehlt doch jedes Hülfsmittel, um hier weiter zu kommen.
Unser Werk, die dem Basilius übersandte Schrift und das Buch

πρὸς Εὐφρόνιον — sämtlich in Rede und Gegenrede abgefasst
— können ein und dasselbe Werk sein, sie können aber auch
zwei oder drei verschiedene Werke Diodors sein. Wir besitzen
keine Hülfsmittel, um dies zu entscheiden. [1])

Es kommt aber auch auf die Entscheidung wenig an; denn
wir kennen ja weder die Schrift πρὸς Εὐφρόνιον näher, noch
das dem Basilius übersandte Buch. Es muss genügen, dass wir
unsere Schrift sicher als ein Werk Diodors erkannt und sie auf
die Zeit 372—377 datiert haben.

Diese Erkenntnis wird noch verstärkt, wenn wir den Inhalt
unsrer Schrift mit den Titeln der verlorenen Schriften des Diodor zusammenhalten; denn es ergiebt sich sofort die frappanteste
Übereinstimmung im Umfang des Interessenkreises. Ich lasse
die Titel hier folgen und bezeichne diejenigen, zu welchen sich
Parallelen in den Quästionen finden, mit einem Kreuz:

† Κατὰ εἱμαρμένης (oder: κατὰ ἀστρονόμων καὶ ἀστρο-
λόγων καὶ εἱμαρμένης) lib. VIII vel capp. LIII, s. Q.
43 [33] [2]) u. a. Auch Ebed Jesu erwähnt das Werk; um-
fangreiche Auszüge bei Photius c. 223 (Migne, Bd. 103
p. 829—877).

---

1) Nach dem Philosophen Euphronius habe ich überall vergeblich
gesucht. Ist nicht vielleicht ein Schreibfehler anzunehmen und „Euphra-
sius“ zu setzen? Für diese Annahme spricht ein Doppeltes; erstlich giebt
es im Zeitalter des Diodor einen hervorragenden Schüler des Jamblichus,
Euphrasius, zweitens citiert Maximus Confessor eine untergeschobene
Schrift des Justin — man beachte, wiederum des Justin — mit der
Formel: Τοῦ ἀγίου Ἰουστίνου φιλοσόφου καὶ τέλος μάρτυρος ἐκ τοῦ
πρὸς Εὐφράσιον σοφιστὴν Περὶ προνοίας καὶ πίστεως λόγου, οὗ ἡ ἀρχή·
„Ἄχραντος ὁ λόγος“ (Div. Definit. SS. PP. de duabus operationibus,
Iesu Christi: Opp. ed. Combefis. 1675 T. II p. 154, cf. Otto, Apolog. V
p. 372 sq.). Es ist nicht unmöglich, dass die Titel bei Suidas und bei
Maximus auf dieselbe Schrift Diodors gehen, die z. Z. des Maximus be-
reits für eine Schrift des Justin — wie die unsrige — galt. In diesem
Falle aber ist unsre Schrift und die πρὸς Εὐφράσιον nicht zu identificieren, denn unsre Schrift kann nicht als λόγος περὶ προνοίας κτλ. bezeichnet werden.

2) Hier wird die Frage aufgeworfen: Εἰ τῶν ἀνθρώπων ἡ φύσις ὡς
θνητὴ μὲν τὸ οἰκεῖον ἐπιγινώσκει πέρας, ὁ δὲ ἑκάστου χρόνος οὐ κατά
τινά ἐστιν ὅρον, ὅπερ καλοῦσιν οἱ ἐκτὸς εἱμαρμένην, πῶς τῷ
Ἐζεκίᾳ προσετέθησαν χρόνοι;

† *Κατὰ Πλάτωνος περὶ θεοῦ καὶ θείου*, s. Q. 25 [10]; 85
[73]; 110 [99]; 158 [142] u. a. [1])

Adversus Photinum, Malchionem, Sabellium et Marcellum.

† *Χρονικὸν διορθούμενον τὸ σφάλμα Εὐσεβίου τοῦ Παμφίλου περὶ τῶν χρόνων*, s. Q. 83 [71]. [2])

† *Περὶ τοῦ Εἷς θεὸς ἐν τριάδι*, s. Q. 1 [139]; 2 [144]; 3 [129];
6 [16]; 4 [17]; 5 [18]: 7; 8.

Κατὰ Μελχισεδεκιτῶν.

† *Κατὰ Ἰουδαίων*, s. Q. 119 [108]; 156 [140].

† *Περὶ νεκρῶν ἀναστάσεως*, s. Q. 21 [6]; 22 [7]; 26 [13];
66 [53]; 69 [56]; 74 [60]; 87 [75]; 88 [76]; 89 [77]; 106 [95];
121 [110]; 122 [111].

† *Περὶ ψυχῆς. κατὰ διαφόρων περὶ αὐτῆς αἱρέσεων*, s. Q.
80 [68]: 89 [77]; 117 [106]; 159 [143].

Πρὸς Γρατιανὸν κεφάλαια.

† { *Περὶ σφαίρας καὶ τῶν ε΄ ζωνῶν καὶ τῆς ἐναντίας τῶν*
ἀστέρων πορείας.
Περὶ τῆς Ἱππάρχου σφαίρας, s. Q. 72 [59]; 73 [130]; 104 [93].

† *Περὶ προνοίας*. ein in unserer Schrift öfters ex professo
behandeltes Thema, s. z. B. Q. 13 [132]; 44 [122]; 133 [123];
134 [124]; 136 [126]; 149 [127].

† { *Περὶ φύσεως καὶ ὕλης.*
Περὶ θεοῦ καὶ ὕλης Ἑλληνικῆς, man beachte den Ausdruck *Ἑλληνικός* u. vgl. die Quästionen über die Theodice und die Auferstehung.

Ὅτι αἱ ἀόρατοι φύσεις οὐκ ἐκ τῶν στοιχείων ἀλλ' ἐκ μηδενὸς μετὰ τῶν στοιχείων ἐδημιουργήθησαν.

Πρὸς Εὐφρόνιον φιλόσοφον, κατὰ πεῦσιν καὶ ἀπόκρισιν. [3])
† *Κατὰ Ἀριστοτέλους περὶ σώματος οὐρανίου. Πῶς θερ-*

---

1) Q. 25 [10]: *Εἰ τὰ σωματικώτερον περί τε θεῶν παρὰ τῶν
ποιητῶν καὶ περὶ τοῦ θεοῦ παρὰ τῶν προφητῶν εἰρημένα κατὰ ἀλληγορίαν ἑτέραν ἔχει τὴν νόησιν κτλ.* In Q. 85 [73] wird gegen Platos Lehre
vom Bösen polemisiert.

2) Hier hat der Verf. sein Interesse an chronologischen Fragen und
seine Kenntnis der Ansichten älterer Chronologen bewiesen: *Ἐπειδή τινες
περὶ τῆς τοῦ κόσμου συστάσεως ἔφασαν στοχαζόμενοι ὡς ἑξακισχίλια
ἔτη μόνα συστήσεται κτλ.*

3) Vielleicht ist dieser Titel mit dem voranstehenden zusammenzufassen.

μὸς ὁ ἥλιος. Κατὰ τῶν λεγόντων ζῶον τὸν οὐρανόν.
s. Q. 72 [59]; 104 [93] u. a.

† Περὶ τοῦ πῶς ἀεὶ μὲν ὁ δημιουργός, οὐκ ἀεὶ δὲ τὰ δη-
μιουργήματα, s. Q. 106 [95].

† Πῶς τὸ θέλειν καὶ τὸ μὴ θέλειν ἐπὶ θεοῦ ἀϊδίου ὄντος,
s. Q. 2 [144]; 9 [11]; 125 [114].

† Κατὰ Πορφυρίου περὶ ζώων καὶ θυσιῶν. s. Q. 110 [99].

† Κατὰ Μανιχαίων, s. Q. 149 [127]. Die Schrift fehlt bei
Suidas, aber Photius, cod. 85. p. 288. erwähnt sie.

† Περὶ τοῦ ἁγίου πνεύματος διάφορα ἐπιχειρήματα, s. Q.
1 [139]; 3 [129].

† Πρὸς τοὺς Συνουσιαστάς. s. Q. 8 u. 116 [105] die Ausführungen gegen die Apollinaristen. Aus der Schrift hat
Leontius einige Auszüge gegeben (s. Migne, Bd. 86,
p. 1385 ff.).

Adversus contentiosum nescio quem.

† Commentare zu vielen biblischen Büchern, s. die Hälfte
der Quästionen.[1])

Wie diese Übersicht zeigt, kann unsere Schrift geradezu
als ein Compendium der ganzen Schriftstellerei Diodors betrachtet werden, und somit erhärtet sie das Ergebnis, dass die
Quästionen wirklich von Diodor herrühren.

Kehren wir nach dieser Erkenntnis noch einmal zur Überlieferung zurück. Unsere vier Schriften sind in beiden Über-
lieferungszweigen (H einerseits, P, Photius und die Katene
andererseits) dem Diodor entzogen worden, und zwar reichen
beide so verschiedene Überlieferungen bis in das 9. bez. 10. Jahrh.
zurück. Hieraus wird zu folgern sein, dass die Löschung des
Namens Diodors in das 5. oder das 6. Jahrh. fällt und aus dem
Dreicapitelstreit, bez. seiner Vorgeschichte zu erklären ist. Die

---

1) Beiläufig sei erwähnt, dass des Hieronymus' Bericht über Diodor
(De vir. inl. 119) — er lebte damals noch — von ausgesuchter Bosheit und
lügenhaft ist: „Diodorus, Tarsensis episcopus, dum Antiochiae esset presbyter, magis (!) claruit. extant eius in apostolum commentarii et multa
alia (!) ad Eusebii magis Emiseni characterem pertinentia (!), cuius cum
sensum secutus sit (!), eloquentiam imitari non potuit propter ignorantiam
saecularium litterarum (!)“. So behandelt Hieronymus den Diodor, denn
er ist sein Rivale und er hasst ihn zugleich als Anhänger des Meletius
und neuorthodoxen Theologen.

Substituierung Theodorets als Verfasser ist natürlich eine absichtliche und wohl verständliche. Ist er doch der einzige unter den antiochenischen Theologen, der ὡς διὰ πυρός der kirchlichen Verurteilung entronnen ist. Sein Name bot sich also sofort dar, und er besagt, dass die vier Schriften zwar antiochenisch sind, aber kirchlich zulässig. Schwieriger ist es festzustellen, wie die vier Bücher dem Justin beigelegt worden sind. Es bieten sich hier zwei Möglichkeiten an. Man kann entweder annehmen, die Schriften seien nach Tilgung des Namens Diodors (durch die „Nestorianer“, s. o. S. 38 not. 2) in einem und dem anderen Exemplar namenlos gewesen und dann von einem gelehrten Mann auf Grund von Justin, II. Apol. 3 bona fide als justinisch bezeichnet worden. Oder man kann annehmen, dass jemand, dem die Bücher imponierten und der sie schützen wollte, wider besseres Wissen den Namen Diodors mit dem gefeierten Namen Justins vertauscht hat.

§ 8. Vergleichung der „Quästiones“ mit den sonst bekannten Fragmenten Diodors.

Was wir von Diodor bisher besassen, war nicht viel (s. die nicht ganz vollständige Sammlung bei Migne, Patrol. Gr. 33, p. 1545—1628, dazu 23 lateinische Scholien zum Exodus bei Pitra, Spicil. Sol. I p. 269 ff., vgl. auch Lagarde, Anal. Syr. 1858 p. 91 ff.). Im folgenden mache ich auf einige Übereinstimmungen zwischen diesen Resten und unseren Quästionen aufmerksam (dass die Dogmatik Diodors, soweit sie bekannt ist, sich in den Quästionen widerspiegelt, ist bereits gezeigt worden):

1) Wir haben oben (S. 31) gesehen, dass der Verf. der Quästionen den syrischen Bibeltext citiert und damit implicite bekundet hat, dass er auch den hebräischen Text zu lesen vermochte. In den Commentaren nun hat Diodor wiederholt (neben Aquila, Theodotion und Symmachus, bez. der 5. und 6. Ekdosis, s. in Bezug auf letzteres Migne p. 1627) den syrischen und den hebräischen Text angeführt. Migne p. 1563 zu Genes. 1, 2: Ὡς „σφενδονίτης“ ἢ „τοξότης“ παρ’ ἡμῖν μὲν διὰ μιᾶς λέξεως σημαίνεται, παρὰ Σύροις δὲ διὰ δύο, οὕτω καὶ τὸ „ἐπεφέρετο“ μία μέν ἐστι λέξις παρ’ Ἑβραίοις, παρ’ ἡμῖν δὲ διὰ μιᾶς λέξεως οὐκ ἂν παρασταίη. βούλεται γὰρ ἡ Ἑβραϊκὴ λέξις. ἡ τοῦ »ἐπε-

φέρετο", σημαίνειν, ὅτι καθάπερ ὄρνις ᾠὰ θάλπει ταῖς πτέ-
ρυξιν ἁπαλῶς ἐφαπτομένη εἰς τὸ ζωογονεῖν, οὕτω καὶ τὸ
πνεῦμα ἐπεφέρετο τοῖς ὕδασι ζωοθαλποῦν. P. 1573 zu Gen.
17, 14: Ἀλλ' ὁ Σύρος οὕτως ἔχει· πᾶς ὃς οὐ περιτέμνει ἐξολο-
θρευθήσεται. καὶ ὁ Ἑβραῖος· πᾶς ὁ μὴ περιτέμνων. P. 1575
zu Gen. 22, 14: Ἄλλοι δέ φασι τὸ „νῦν ἔγνων" ἐν τῇ Ἑβραΐδι
ἐπαμφοτερίζειν. P. 1575 zu Gen. 22, 15: Τὸ „ἐν φυτῷ" οὐκ
ἔχει ὁ Σύρος, μόνον δὲ τὸ „Σαβέκ". τοῦτο δὲ τὸ ὄνομα τοῦ
φυτοῦ εἶναι νομίζω. τοῖς δὲ Ἑβραίοις δοκεῖ τὸ „Σαβέκ" ἄφεσιν
σημαίνειν. P. 1575 zu Gen. 24, 2: Τινές φασι τὸν Σύρον καὶ
τὸν Ἑβραῖον μὴ οὕτως ἔχειν τὸ „θὲς τὴν χεῖρά σου ἐπὶ τὸν
μηρόν μου". ἀλλ' εἰς αὐτὸ τὸ παιδογόνον ὄργανον. P. 1577
zu Gen. 36, 24: Ὁ Σύρος καὶ ὁ Ἑβραῖος τὸν Ἰαμεὶν ὕδωρ βού-
λονται λέγειν ἀντὶ τοῦ „εὗρε πηγὴν ἐν τῇ ἐρήμῳ." οἱ δὲ ἑρ-
μηνεύσαντες αὐτὴν πῶς τὴν λέξιν τὴν Ἑβαϊκὴν τεθείκασι. P.
1577 zu Gen. 38, 18: Τὸν ὁρμίσκον. ὃν δέδωκεν ὁ Ἰούδας τῇ
Θάμαρ, ὁ Σύρος ὡράριον λέγεσθαί φησι. καὶ οὐχ ὁρμίσκον.
P. 1577 zu Gen. 38, 27 ff.: Ὁ δὲ Σύρος καὶ ὁ Ἑβραῖός φασι
„Τίς διεκόπη ἐπὶ σὲ διακοπή;" ὃ μᾶλλον ἂν εἰκότως τῷ Ζαρὰ
λέγοιτο. P. 1577 zu Gen. 39, 2: Ἦν γάρ. φησίν. ἀνὴρ „ἐπιτυγ-
χάνων". ἢ κατὰ τὸν Σύρον „κατευοδούμενος". P. 1578 zu Gen.
49, 3: Ὁ Σύρος ἔχει· „Ρουβὶμ" πρωτότοκός μου. ἡ δύναμίς
μου κτλ.

2) Wir haben festgestellt, dass der Verfasser der Quästionen
häufig ältere Exegeten citiert, bez. sich mit ihnen auseinander-
setzt. ohne ihren Namen zu nennen; er führt sie als „τινές" ein.
Genau so verfährt Diodor in den Commentaren, s. Migne p. 1564:
1575 (bis); 1576; 1578; 1579: 1580; 1581.

3) Die Construction εἰ—πως; und die Constructionen mit
ἐπειδή bez. ἐπειδή—διὰ τοῦτο sind dem Verf. der Quästionen
besonders geläufig (s. den folgenden Paragraphen. Sie finden
sich auch in den Commentaren: speciell zu ἐπειδή—διὰ τοῦτο
s. P. 1581 zu Exod. 3, 5.

4) Die ganze Art der exegetischen Darlegung ist in ihrer
klaren Nüchternheit und wohlthuenden Verständigkeit in den
Quästionen und den Commentaren dieselbe. Was der Verf. einmal (P. 1580 zu Gen. 49, 11) bemerkt: Τοῦ ἀλληγορικοῦ τὸ
ἱστορικὸν πλεῖστον ὅσον προτιμῶμεν. könnte man als Motto
über den exegetischen Teil der Quästionen setzen.

5) In vielen Einzelheiten lassen sich noch Übereinstimmungen zwischen den Quästionen und den Commentaren nachweisen: z. B. den term. $\dot{o}$ $\vartheta\varepsilon\grave{o}\varsigma$ $\lambda\acute{o}\gamma o\varsigma$. Im Commentar zu Gen. 3, 22 heisst es, die Felle habe Gott den ersten Menschen gegeben $\dot{\varepsilon}x$ $\tau\tilde{\omega}\nu$ $\dot{\alpha}\varrho\varrho\acute{\eta}\tau\omega\nu$ $\alpha\dot{v}\tau o\tilde{v}$ $\vartheta\eta\sigma\alpha\upsilon\varrho\tilde{\omega}\nu$ $x\alpha\tau\alpha\sigma x\varepsilon\upsilon\acute{\alpha}\sigma\alpha\varsigma$ [er hat also nicht Tiere zu diesem Zweck geschlachtet]; Q. 62 [49] liest man ebenso: $Xi\tau\tilde{\omega}\nu\alpha\varsigma$ $\delta\varepsilon\varrho\mu\alpha\tau\acute{i}\nu o\upsilon\varsigma$ $\dot{\varepsilon}\pi o\acute{i}\eta\sigma\varepsilon\nu$ $\dot{o}$ $\vartheta\varepsilon\grave{o}\varsigma$ $o\dot{v}x$ $\dot{\alpha}\nu\vartheta\varrho\omega\pi\acute{i}\nu\omega\varsigma$, $\dot{\alpha}\lambda\lambda\grave{\alpha}$ $\delta\eta\mu\iota o\upsilon\varrho\gamma\iota x\tilde{\omega}\varsigma$· $o\dot{v}$ $\gamma\grave{\alpha}\varrho$ $\zeta\tilde{\omega}\alpha$ $\sigma\varphi\acute{\alpha}\xi\alpha\varsigma$ $x\alpha\grave{i}$ $\tauo\acute{v}\tau\omega\nu$ $\tau\grave{\alpha}$ $\delta\acute{\varepsilon}\varrho\mu\alpha\tau\alpha$ $\sigma\upsilon\varrho\varrho\acute{\alpha}\psi\alpha\varsigma$ $\chi\iota\tau\tilde{\omega}\nu\alpha\varsigma$ $\dot{\varepsilon}\pi o\acute{i}\eta\sigma\varepsilon\nu$, $\dot{\alpha}\lambda\lambda$' $\alpha\dot{v}\tauo\grave{v}\varsigma$ $\chi\iota\tau\tilde{\omega}\nu\alpha\varsigma$ $\tauo\grave{v}\varsigma$ $\delta\varepsilon\varrho\mu\alpha\tau\acute{i}\nu o\upsilon\varsigma$ $\dot{\varepsilon}\delta\eta\mu\iota o\acute{v}\varrho\gamma\eta\sigma\varepsilon\nu$. S. auch $\varepsilon\emph{i}\omega\vartheta\varepsilon\nu$ = $o\emph{i}\delta\varepsilon\nu$ etc.

6) Auch die lateinischen Diodor-Scholien (bei Pitra) zeigen frappierende Übereinstimmungen: Schol. 3 „tradunt aliqui"; Schol. 5 über die „ossa Josephi" ganz wie Q. 37 [27] („fortiora sunt licita pietatis"); Schol. 9 die ägyptischen Zauberer haben „phantastice" gehandelt, Moses „veraciter", wörtlich so auch Q. 36 [26]; Schol. 16 „caelum istum aerem appellat, ut ‚volucres caeli' dicuntur, qui tamen in hoc aere superferuntur", genau wie Q. 70 [57].

§ 9. Die „Quaestiones Gentilium ad Christianos" und die „Quaestiones Christianorum ad Gentiles".

Maranus und Otto, die beiden Gelehrten, die sich eingehender mit den beiden vorstehenden Schriften beschäftigt haben, haben übereinstimmend geurteilt, dass sie von demselben Verfasser herrühren, der die „Quaestiones et Responsiones" geschrieben hat: aber ein förmlicher Beweis dafür ist bisher nicht geliefert worden. Doch findet man bereits in den Noten Ottos hinreichendes Material für einen solchen. Er lässt sich in der That mit ausreichender Wahrscheinlichkeit führen:

1) Die drei Schriften haben dieselbe handschriftliche Überlieferung, d. h. wir kennen sie als pseudojustinische Schriften, und sie stehen als solche im Cod. Paris. 450 vom J. 1364 zusammen. [1]

---

[1] Dass sich beide Schriften ausserdem noch im Vat. Gr. 1097 saec. XV. und einige Stücke der Quaest. Gent. im Monac. Gr. 136 saec. XV. finden, ist ohne Belang. Auch dort sind sie übrigens als justinische bezeichnet. — Nur ein Citat ist bisher aus beiden Schriften nachgewiesen, nämlich bei Johannes Sapiens Cyparissa. Da dieser im letzten Drittel des 14. Jahrhunderts schrieb, so ist das Citat von geringem Interesse.

2) Bei beiden Schriften lässt sich fragen — aber auch bei den „Quaestiones et Responsiones“ —, ob wir die ursprünglichen Titel besitzen.[1] Nun aber hat bereits Photius (Cod. 125, s. o. S. 2) unter den Justinschriften verzeichnet: Ἀποριῶν κατὰ τῆς εὐσεβείας κεφαλαιώδεις ἐπιλύσεις. Es ist wahrscheinlich, dass unter dieser formlosen Bezeichnung unsere drei Schriften zu verstehen sind; es ist dies um so wahrscheinlicher, als Photius vor dieser Angabe eine Schrift Justins also verzeichnet hat: πραγματεία κατὰ τοῦ πρώτου καὶ δευτέρου τῆς φυσικῆς ἀκροάσεως ἤτοι κατὰ εἴδους καὶ ὕλης καὶ στερήσεως ἐπιχειρηματικοὶ καὶ βίαιοι καὶ χρειώδεις λόγοι καὶ κατὰ τοῦ πέμπτου σώματος ὁμοίως καὶ κατὰ τῆς ἀϊδίου κινήσεως, ἣν Ἀριστοτέλης δεινότητι λογισμῶν ἐναπέτεκεν. Nun aber findet sich auch im Cod. Paris. 450 vor den drei Quästionen-Schriften eine solche gegen Aristoteles. Also hat bereits Photius das kleine Corpus von vier pseudojustinischen Schriften, das uns im Cod.

---

1) Der Titel mitsamt einem Proömium ist jedenfalls bei den Quaest. Christ. weggeschnitten; es fehlt ein wirklicher Titel; die Aufschrift lautet einfach: τοῦ αὐτοῦ ἁγ. Ἰουστίνου. πρώτη ἐρώτησις χριστιανικὴ πρὸς τοὺς Ἕλληνας. Ausserdem liest man I refut. c. 1 plötzlich: Ἀλλ' ἐπειδὴ ἔδοξε τῇ σῇ θεοσεβείᾳ τὸ καὶ παρ' ἡμῶν ἐγγράφως ἐλεγχθῆναι τοῦ λόγου τὸ ἀσύστατον, διὰ τοῦτο ἐν συντόμῳ γράφω τὰ ὑποτεταγμένα. τὸ γὰρ διὰ πλειόνων ἐλέγξαι πρόδηλον ψεῦδος ναρκῶδες καὶ τῷ γράφοντι καὶ τῷ ἀναγιγνώσκοντι. Es ist also etwas weggefallen. Der Verf. schreibt im Auftrag eines höheren Geistlichen, bez. eines Bischofs, der im Eingang genannt war. Eine Fiction anzunehmen, ist nicht angezeigt; dann aber lagen ihm auch die Antworten des Responsors schriftlich vor, wie er das ja ausdrücklich bemerkt. Wir besitzen in unserer Schrift also eine wirkliche Discussion zwischen einem hellenischen Philosophen und einem christlichen Gelehrten. Somit liegt es nahe, unsre Schrift mit dem im Verzeichnis der Diodor-Schriften aufgeführten Tractat: Πρὸς Εὐφρόνιον φιλόσοφον κατὰ πεῦσιν κ. ἀπόκρισιν (s. o.) zu identificieren. Die andere Schrift führt in der Handschrift (Paris. 450) fol. 418ᵇ die Aufschrift: Ἐρωτήσεις ἑλληνικαὶ πρὸς τοὺς χριστιανοὺς περὶ τοῦ ἀσωμάτου καὶ περὶ τοῦ θεοῦ καὶ περὶ τῆς ἀναστάσεως τῶν νεκρῶν, fol. 420ᵃ fehlt dann die zweite Aufschrift: Ἀποκρίσεις χριστιανικαὶ πρὸς τὰς προρρηθείσας ἐρωτήσεις ἀπὸ τῆς εὐσεβείας τῶν φυσικῶν λογισμῶν. Die Schrift mündet in einen Tractat über die Auferstehung, der 48 kurze Paragraphen umfasst. Eine wirkliche Unterredung scheint auch hier zu Grunde zu liegen. In den Handschriften ist die Reihenfolge der behandelten Themata (in den Responsionen) in Unordnung geraten.

Paris. 450 vorliegt, gekannt; anders ausgedrückt: die 4 Schriften sind nicht erst im 14. Jahrhundert verbunden worden, sondern sie tauchen bereits im 9. gemeinsam auf und zwar unter falschem Namen. Somit legt sich die Vermutung nahe, dass ihr gemeinsames Schicksal auf gemeinsamen Ursprung zurückweist. Diese Vermutung — doch lassen wir zunächst noch die „Confutatio dogmatum Aristotelis" aus dem Spiel — bestätigt sich; denn

3) die Ähnlichkeit der Schreibart und der Einrichtung, ferner des philosophisch-theologischen Standpunktes ist sehr gross: der Verfasser der Quaest. Gent. und der Quaest. Christ. ist ein orthodoxer, aber, in der Gedanken- und Stilbildung sehr stark von Aristoteles beeinflusster Christ, der eben deshalb den Aristoteles, den er gründlich kennt, scharf bekämpft. Augenscheinlich ist ihm der Aristotelismus die Philosophie: in und mit der Widerlegung des Aristoteles durch das Christentum ist die Philosophie überhaupt widerlegt. Das aber ist auch der Standpunkt des Verfassers der Quaest. et Respons., wenn dieser Standpunkt auch in ihnen — ihres bunten Inhalts wegen — nicht so stark hervortritt. [1])

4) Es finden sich eine Reihe sachlicher und lexikalischer Übereinstimmungen zwischen den drei Schriften:

a) In Quaest. Gent. (s. XI, 2. 10. 13. 15. 20. 21. 45. 47. 48) ist derselbe Gebrauch von Ἕλληνες wie in den Quaest. et Resp. zu constatieren. ebenso in den Quaest. Christ. Vom 5. Jahrh. an ist dieser Gebrauch häufig, früher aber m. W. nicht.

b) In den Quaest. Christ. (resp. gent., cf. I refut. Christ. c. 2. 5) citiert der Verf. die Manichäer, cf. Quaest. et Resp.

---

1) Die klassische Bildung des Verfassers zeigt sich auch sonst noch; so citiert er ausser Plato auch den Euripides (s. Quaest. Gent. XI, 5). — Noch sei bemerkt, dass die Zeitlage der Quaest. Gent. dieselbe ist wie die der Quaest. et Resp.: das Buch ist nach dem politischen und intellectuellen Siege des Christentums über den Hellenismus geschrieben, aber die Zeit des Kampfes zittert noch nach, und der Gegner liegt keineswegs schon völlig besiegt am Boden; man vgl. besonders die Schlussthesen des Verfassers über die Auferstehung der Toten. — Dass die Quaest. Christ. und die Quaest. Gent. von demselben Verfasser sind, zeigt jede Seite und das z. T. recht eigenartige Vocabular. Auch sind nicht wenige Sätze dort und hier wörtlich identisch. Oben sind nur wenige Proben dieses Thatbestandes mitgeteilt.

c) In den Quaest. Christ. (I resp. Gent., cf. I refut. Christ. c. 3 [bis]. 5 u. V refut. Christ. c. 2) findet sich derselbe Gebrauch von οἱ ὀρθόδοξοι (ἡ πίστις τῶν ὀρθοδόξων) wie in Quaest. et Resp.

d) In den Quaest. Gent. XI, 4 steht das apokryphe Citat: Διενοήθης, φησί, καὶ πάρεστιν. In der ganzen patristischen Litteratur, soweit sie mir bekannt ist, kommt dieses Citat nur noch einmal vor, nämlich Quaest. et Resp. 125 [114]: Διενοήθης, φησί, καὶ πάντα σοι πάρεστιν.

e) In den Quaest. Gent. III resp. steht die Phrase: λόγοις θείαις δυνάμεσι μεμαρτυρημένοις, sie findet sich auch Quaest. et Resp. 16 [1] u. 161 [146].

f) In den Quaest. Gent. I resp. heisst es: Δύο εἰσὶν ἐν ἡμῖν καταληπτικαὶ τῶν πραγμάτων δυνάμεις, ἥ τε αἴσθησις καὶ ἡ νόησις, in den Quaest. et Resp. 89 [77] liest man: Πᾶσαι αἱ κτισταί τε καὶ λογικαὶ οὐσίαι διπλᾶς ἔχουσι καταληπτικὰς δυνάμεις, αἰσθητικήν τε καὶ νοητικήν.

g) In den Quaest. Gent. III resp. ist der 2. Petrusbrief stillschweigend benutzt (1, 11; 2, 20; 3, 18), auch der Verfasser der Quaest. et Resp. (c. 105 [94]) benutzt diesen Brief (seine Benutzung ist auch noch im 4. Jahrh. in Syrien nicht häufig).

h) In den Quaest. Gent. IX resp. heisst es: ὅτι ἐκ τῆς οἰκείας φύσεως καὶ οὐκ ἐκ τῆς ἑτέρου βουλῆς πρόσεστιν αὐτῷ ταῦτα (scil. τῷ θεῷ ἡ ἀθανασία), cf. Quaest. et Resp. 75 [61]: Μόνος ἔχων τὴν ἀθανασίαν λέγεται ὁ θεός, ὅτι οὐκ ἐκ θελήματος ἄλλου ταύτην ἔχει, ἀλλ᾽ ἐκ τῆς οἰκείας οὐσίας.

i) In Quaest. Gent. XI, 1 (s. auch p. 330) wird dasselbe Thema behandelt wie in Quaest. et Resp. 122 [111]. (Wie ist eine leibliche Auferstehung solcher möglich, deren Körper gewaltsam zerstört und vernichtet worden sind?).

k) Quaest. Gent. I resp.: ἐπὶ παντὸς γὰρ ἀληθῆ τὴν κατάφασιν εἶναι δεῖ ἢ τὴν ἀπόφασιν, ebenderselbe Satz findet sich Quaest. Christ. IV refut. 2 und Quaest. Christ. II refut. 2 u. 3, cf. Quaest. et Resp. 148.

l) Beachte bei der Durchführung des Gedankens der ἀνάκτισις die sachliche Übereinstimmung von Quaest. Gent. IV u. XI, 11 mit Quaest. Christ. I refut. 3. 7 u. V refut. 2; cf. πεποίηκε. ποιεῖ. ποιήσει Quaest. Christ. II resp. u. Quaest. Gent. IV.

m) Vgl. die Übereinstimmung des Themas und der Ansichten in Quaest. Genti XI, 21—27 mit Quaest. Christ. III.

n) Die Quaest. Christ. beginnen mit dem Begriff ἡ τοῦ παρόντος βίου κατάστασις (cf. I resp. c. 5); dieser antiochenische
Begriff findet sich auch in den Quaest. et Resp. häufig, sowie
in den Quaest. Gent. IV u. XI, 11. 20. und zwar werden stets
zwei Katastasen unterschieden, die jetzige und die durch eine
ἀνάκτισις (ἐνάλλαξις) heraufzuführende. Die jetzige Katastase
heisst sowohl Quaest. et Resp. S6 [74] wie Quaest. Christ. I ref. 5:
ἡ παροῦσα κατάστασις. Dass Quaest. Gent. XI, 15 beide Katastasen als ὑπὲρ φύσιν bezeichnet werden, ist echt antiochenisch.

o) Quaest. Christ. I refut. Christ. c. 5 (Alles Geschaffene
ist gut), vgl. mit Quaest. et Resp. 59 [46].

p) Quaest. Christ. II refut. Christ. c. 7 (προΰπαρξίς τε καὶ
μεθύπαρξις), s. Quaest. et Resp. 6 [16]: μεθύπαρξις οὐδὲ προΰπ-
αρξις).

q) Quaest. Christ. I resp. Gent. und refut. 5: κατηγόρημα
θεοῦ (= incusatio dei): derselbe Ausdruck findet sich Quaest. et
Resp. 16 [1].

r) In Quaest. Christ. und in Quaest. et Resp. findet sich der
sonst m. W. nicht häufige Gebrauch (doch s. Reichardt, Joh.
Philoponi de opificio mundi, Index) von παράγειν im Sinne von
„producere", „creare" (der Mittelbegriff ist „auf die Bühne führen"),
s. Quaest. et Resp. 62 [49], Quaest. Christ. II refut. 7. S, III resp.
Gent., III refut. 5 etc. (vgl. auch die Bedeutung des Begriffs
πρόνοια in den Quaest. et Resp. und Quaest. Gent. IV., Quaest.
Christ. 1 refut. 7.

s) Quaest. Christ. III refut. 3: ἡ ποίησις ἐνέργειά ἐστι τοῦ
ποιοῦντος. cf. den Gebrauch von ποίησις in Quaest. et Resp.
16 [1] und 122 [111].

t) Quaest. Christ. I refut. 7: μεταποίησις (cf. V refut. 2: εἰς
τὸ κρεῖττον μεταποιήσεως). cf. Quaest. Gent. XI, 29: ἡ μεταποίησις τῶν φθαρέντων.

u) Quaest. Christ. V refut. 1: εἴδησις (= Kenntnis), cf. Quaest.
et Resp. 29 [19]; 35 [25].

v) Quaest. Gent. III: ἡ τῶν ὄντων σύστασίς τε καὶ διαμονή.
IX: ἡ σύστασις τῶν φθαρτῶν, cf. Quaest. et Resp. 62. S0. 111. 122.

w) Quaest. Christ. IV refut. 1: κατὰ τὴν οἰκείαν αὐθεντίαν.
Quaest. Gent. XI, 33: ἡ θεία αὐθεντία. Quaest. et Resp. 34: ἡ

ϑεία αὐϑεντία, ebenso c. 103: c. 58: κατ᾽ αὐϑεντίαν, l. c. c. 122: ὁ ϑεὸς αὐϑεντίᾳ βουλῆς ἐργάζεται.

5) Es finden sich endlich mehrere auffallende stilistische Übereinstimmungen im Kleinen zwischen den drei Schriften, entsprechend der grossen Übereinstimmung im Stilcharakter:

a) In allen drei Schriften ist die Satzform εἰ—πῶς; häufig, aber auch die merkwürdige Satzform εἰ—πῶς οὖν; findet sich Quaest. et Resp. 72 [59] und ist Quaest. Gent. XI, 12 wahrscheinlich.

b) Die Satzform εἰ—ἀλλά findet sich Quaest. Christ. I refut. 5. II refut. 8, III resp. Gent.. Quaest. Gent. XI. 1. 7, Quaest. et Resp. 38 [28] und 134 [124].

c) Die Satzform ἐπειδή—διὰ τοῦτο findet sich Quaest. Christ. II refut. 8, I refut. 1. 2, IV refut. 2, Quaest. Gent. I und II (ter), Quaest. et Resp. 7. 13. 30. 31. 35. 37. 44. 46. 58. 65. 92. 110. 113. 116. 119. 124. 126. 129. 150. 153. 154.

d) Ein pleonastisches τοῦτο (οὗτος) findet sich Quaest. Gent. I: τὸ κατασκευάζειν ἀπορίαν καὶ λύειν οὐκ ἔστιν αἰσθήσεως τοῦτο. II. IX: εἰ δὲ τοῦτο ἀδύνατον, τὸ μηδέτερον εἶναι τὸ διαιρούμενον σῶμα, s. Quaest. et Resp. 65: ὁ ζήλῳ ϑείῳ ποιῶν τι οὗτος οὐ ϑεομαχεῖ. 79: ἐν τῇ νυκτὶ ᾗ παρεδόϑη, ἐν ταύτῃ ἐκρίϑη. 80: τὸ· Μὴ φοβεῖσϑε τοῦτο δηλοῖ. 154: τὸ ἐπὶ τοῦ κυρίου γεγονὸς τοῦτο γίνεται, cf. 144. Quaest. Christ. I refut. 2 u. 4 (bis). IV refut. 1 (ter). V respons. Ebenso findet sich ein pleonastisches ϑεός Quaest. Gent. XI. 25 u. Quaest. et Resp. 90 und 124.

e) An einigen Stellen steht der Artikel für das Demonstrativpronomen, s. z. B. Quaest. Christ. II refut. 8: ἐπειδὴ πᾶν συνυφιστάμενον τῇ τοῦ ᾧ συνυφίσταται σωτηρίᾳ σώζεται und Quaest. Gent. I: ἐν τοῖς εἰς ἃ διαιρεῖται.

Diese Conformitäten. zusammenstimmend mit der allgemeinen Gleichartigkeit der drei Schriften und mit ihrer Geschichte stellen es sicher, dass sie alle drei von einem Verfasser herrühren. Da nun Diodor von Tarsus als Verfasser der Quaest. et Resp. nachgewiesen ist, so sind ihm auch die beiden anderen Schriften zuzuschreiben. [1])

---

1) Dogmatisch und zeitgeschichtlich betrachtet sind die Quaest. Christ.

4*

§ 10. Die „Confutatio dogmatum Aristotelis".

Dieses Werk, einem Presbyter Paulus gewidmet,[1]) besteht
in einer eingehenden und gründlichen Widerlegung von Aristoteles, Nat. ausc. 1. 7—9; 2, 1. 2. 4. 6. 7; 3, 6. 7: 4, 1. 4. 5. 10.
11. 12: 5. 1; 8, 1. 6—8. und De caelo 1, 2—4. 9. 12: 2, 1. 3. 5.
7—9. 11. 12; 3, 1. 6 in 65 Capiteln. Dass die hieran sich
schliessenden 19 Thesen πρὸς τοὺς Ἕλληνας hierher gehören, ist
nicht ganz sicher, aber doch wahrscheinlich.[2]) Im Cod. Paris. 450,
wo sie sich zweimal finden, liest man sie auch nach den Quaest.
et Respons. Ausser in diesem Codex und seiner Abschrift findet
sich die Confutatio samt den Thesen noch in mehreren jungen
Codd. des 15. und 16. Jahrh., überall unter dem Titel: Ἀνατροπὴ δογμάτων τινῶν Ἀριστοτελικῶν und als Schrift des
Justin. Dass sie identisch ist mit der von Photius (s. o. S. 2)
bezeichneten justinischen Schrift, wird man nicht in Abrede
stellen, obgleich Photius nur von einer Gegenschrift gegen das
1. und 2. Buch der aristotelischen Nat. ausc. spricht; wahrscheinlich hat er nicht genau genug zugesehen.

Dass der Verfasser der Quaest. Christ. und Quaest. Gent.
identisch ist mit dem Verfasser der Confutatio, haben bereits
Maranus, Otto und Gass angenommen, bez. für wahrscheinlich
gehalten,[3]) und auch ich habe mich in der „Überlieferung der
Griech. Apologeten" (Texte u. Unters. I, 1. 2 S. 168 f.) dafür ausgesprochen.[4]) In der That ist der Interessenkreis, der diese drei

---

und die Quaest. Gent. so farblos, dass ohne die Hülfe der Quaest. et Resp.
ihr Verfasser schwerlich je ermittelt worden wäre.

1) Bei der Häufigkeit dieses Namens (s. z. B. die Widmung des Pa-
narions des Epiphanius an einen Presbyter Paulus) ist es ausgeschlossen,
die Person zu identificieren.

2) Ihre Abstammung von demselben Verfasser unterliegt keinem
Bedenken.

3) Ältere Mutmassungen, die Schrift gehöre dem 6. oder 7. Jahrh.
an oder sie sei bereits vor Justin verfasst (Baumgarten-Crusius), sind
verschollen.

4) An der Identität dieser drei Verfasser habe ich nie gezweifelt,
wohl aber habe ich früher Bedenken gehegt, ob auch der Verfasser der
Quaest. et Respons. mit ihnen identisch sei. Diese Bedenken habe ich aber
nicht festhalten können.

Schriften beherrscht, genau der gleiche, und ebenso ist der philosophisch-christliche Standpunkt derselbe. Wer die drei Tractate hintereinander liest, wird nirgendwo eine Veränderung wahrnehmen, sondern sich von demselben Geiste berührt und von demselben Schriftsteller angesprochen fühlen, aber es giebt auch hier eine Reihe von Einzelbeobachtungen, welche diesen sicheren Eindruck noch bekräftigen:

1) De caelo 2, 8 des Aristoteles (Confut. 56—58) ist auch in Quaest. et Resp. 72 [59] behandelt (vgl. auch Confut. prooem. und Quaest. et Resp. 62 [49]).

2) Das „5. Element“ des Aristoteles (Confut. 43; cf. $\pi\varrho\grave{o}\varsigma$ $\tau o\grave{v}\varsigma$ Ἑλλ. 6) ist auch in den Quaest. Christ. behandelt.

3) Der terminus „Ἕλληνες“ wird in der Confut. (s. Prooem., c. 1 u. $\pi\varrho\grave{o}\varsigma$ τ. Ἑλλ. 17) ebenso gebraucht wie in den anderen Schriften.

4) Das sehr seltene Wort $\dot{\alpha}\nu o\acute{v}\sigma\iota o\varsigma$ findet sich Confut. 50 und Quaest. Christ. III refut. 5.

5) Das ebenfalls seltene Wort $\sigma\nu\nu\alpha\gamma\acute{\epsilon}\nu\eta\tau o\varsigma$ steht Confut. 64 und Quaest. Christ. IV refut. 3 (ter). 4. Ebenso findet sich $\gamma\epsilon\nu\alpha\varrho\chi\acute{\eta}\varsigma$ Confut. prooem. und Quaest. et Resp. 62 [49] und auch $\dot{\alpha}\gamma\acute{\epsilon}\nu\epsilon\sigma\iota\alpha$ kommt in beiden Schriften vor.

6) Confut. Prooem. liest man: $\alpha\dot{v}\vartheta\epsilon\nu\tau\acute{\iota}\alpha$ $\beta o\nu\lambda\acute{\eta}\sigma\epsilon\omega\varsigma$, s. o. S. 50 sub nr. w (Quaest. et Resp. 122 [111]: $\dot{o}$ $\vartheta\epsilon\grave{o}\varsigma$ $\alpha\dot{v}\vartheta\epsilon\nu\tau\acute{\iota}\alpha$ $\beta o\nu\lambda\tilde{\eta}\varsigma$ $\dot{\epsilon}\varrho\gamma\acute{\alpha}\zeta\epsilon\tau\alpha\iota$).

7) Die Construction $\epsilon\iota$—$\dot{\alpha}\lambda\lambda\acute{\alpha}$ (s. oben S. 51 sub nr. b) findet sich auch Confut. 31.

Die Construction $\epsilon\iota$—$\pi\tilde{\omega}\varsigma$ $o\grave{v}\nu$; (s. oben S. 51 sub nr. a) steht auch Confut. 1. 36. 44.

9) Pleonastisches $\dot{\epsilon}\kappa\epsilon\tilde{\iota}\nu o$ (bez. $\tau o\tilde{v}\tau o$) findet sich auch Confut. c. 38. 41. 44 (bis), s. oben S. 51 sub nr. d.

10) $To\acute{\iota}\nu\nu\nu$ am Anfang der Periode steht Confut. 7 und $\pi\varrho\grave{o}\varsigma$ τ. Ἑλλ. 5, vgl. Quaest. et Resp. 85 [73]. [1])

11) Die Construction $\dot{\epsilon}\pi\epsilon\iota\delta\acute{\eta}$—$\delta\iota\grave{\alpha}$ $\tau o\tilde{v}\tau o$ findet sich $\pi\varrho\grave{o}\varsigma$ τ. Ἑλλ. 6.

Die „Confutatio dogmatum Aristotelis“ gehört somit dem Verfasser der drei Quästionen-Schriften an — ich habe auch

---

1) $X\omega\varrho\acute{\iota}\varsigma$, nachgesetzt, findet sich Confut. 47 und Quaest. Christ. I refut. 5.

nicht ein Argument gefunden, welches gegen dieses Ergebnis
spräche. Nun aber sind, wie oben nachgewiesen worden ist, die
„Quaestiones et Responsiones“ von Diodor verfasst; also
rühren alle vier Schriften von ihm her. Jetzt darf man
sich erinnern, dass unter den Schriften Diodors bei Theodorus
Lector (Suidas) eine — sie steht unmittelbar hinter der Schrift
πρὸς Εὐφρόνιον φιλόσοφον, κατὰ πεῦσιν καὶ ἀπόκρισιν — den
Titel trägt: Κατὰ Ἀριστοτέλους περὶ σώματος οὐρανίου, πῶς
θερμὸς ἢ ἥλιος, κατὰ τῶν λεγόντων ζῷον τὸν οὐρανόν. Es
scheinen hier mehrere Tractate gegen Aristoteles bez. seine Philosophie zusammengefasst zu sein. Der erste kann mit unserer
Schrift identisch sein. Auf alle Fälle ist es wichtig zu wissen,
dass Diodor als litterarischer Bekämpfer der aristotelischen Philosophie aufgetreten ist. Unser Verfasser ist im eminenten Sinn
ein solcher.

§ 11. Die in den vier Schriften benutzten Bücher und die Bibel des Verfassers.

Der Verfasser ist ein Gelehrter, der selbständige Kenntnisse
und eigene Ideen gehabt hat; eben deshalb citiert er wenig. In
den Quaest. Christ., Quaest. Gent. und der Confutatio finden sich
überhaupt keine förmlichen Citate: Der Verf. ist ganz mit seinem
Gegenstande, der Darlegung der richtigen Gotteslehre, Kosmologie etc. und der Widerlegung des Aristoteles beschäftigt. Nur
einmal (s. o. S. 48) streift er den Epilog zur Medea des Euripides und zeigt sich dadurch als ein klassisch gebildeter Mann.
Aber auch in den Quaest. et Resp. sind Citate, trotz des bunten
Stoffs, sehr selten. Wie anders hätte man in der Kirche hundert
Jahre später diese Themata behandelt! Ein Citat nach dem andern aus den geschätzten Werken der Patres-Doctores hätte man
angeführt. Unser Verfasser dagegen streift einmal Plato (Quaest.
23 [S]) und citiert sonst nur je einmal den Josephus, den II. Clemensbrief, den Irenäus und die Sibylle, dazu zweimal den Origenes. [1]) Aber stillschweigend hat er in vielen Quästionen auf

---

1) Alle seine Citate sind von littergeschichtlichem Interesse. Das
Josephuscitat (Q. 119 [108]) verdient Beachtung, weil die Bücher über den
jüdischen Krieg hier bereits unter dem Titel „Περὶ ἁλώσεως λόγοι“ citiert

die Meinung anderer (Christen und Heiden, z. B. Julians) Rücksicht genommen, ja eine ganze Reihe seiner Ausführungen ist als indirecte Polemik gegen die Thesen älterer christlicher Lehrer zu betrachten. So sind Sätze des Origenes noch mehrmals berücksichtigt; so enthalten die oben (S. 34 f.) zusammengestellten Sätze, in denen „τινές“ erwähnt werden, deutliche Beziehungen auf die ältere Litteratur;[1] so zeigen endlich auch solche Ab-

werden (bisher galt m. W. Hieronymus als ältester Zeuge für diesen Titel). Der II. Brief des Clemens an die Korinther wird einfach (Q. 86 [74] als „der“ Brief des Clemens an die Kor. citiert (doch vgl. Q. 122 [111], wo der 1. Brief des Paulus an die Kor. ebenfalls als „der“ Brief angeführt ist) — bekanntlich eines der ältesten unter den spärlichen Zeugnissen, die wir für diesen Brief besitzen. Das Sibyllencitat (l. c.) ist deshalb wertvoll, weil es mit der Verweisung auf die Bibel zusammensteht (καθά φασιν αἱ γραφαὶ προφητῶν τε καὶ ἀποστόλων, ἔτι δὲ καὶ τῆς Σιβύλλης); das mutet sehr altertümlich an. Welche Sibyllenstelle gemeint ist, kann nicht sicher ermittelt werden (IV, 170 ff.?). Das Irenäuscitat (Q. 126 [115]) bietet ein doppeltes Interesse. Erstlich sofern Irenäus die Beinamen μακάριος (so auch Clemens) und ὁ μάρτυς καὶ ἐπίσκοπος Λουγδούνων trägt, wir hier somit das früheste (vor Hieronymus' Zeit liegende) Zeugnis für das Martyrium des Irenäus erhalten; zweitens weil die Schrift (ὁ περὶ τοῦ πάσχα λόγος) verloren ist und wir durch das Citat einen gewissen Einblick in sie empfangen. In Bezug auf die beiden direkten Origenescitate endlich ist es wichtig, dass Origenes kein ehrendes Beiwort empfängt (nur seine Kenntnis des Hebräischen wird hervorgehoben: ἐπιστάμενος τὴν τῶν Ἑβραίων διάλεκτον), und dass sie sich auf eine Schrift beziehen, die sonst niemand citiert (Hieronymus aber ausgeschrieben) hat, die Ἑρμηνεία τῶν ἑβραϊκῶν ὀνομάτων (Q. 94 [82]; 95 [86]). — Über diese Schrift hat jüngst Zahn (Kanonsgesch. II S. 948 ff.) geschrieben, ohne sich unserer Stelle zu erinnern. Ein Fragment aus ihr in unsrer Ausgabe der Apostol. Väter (Zweite Auflage I, 2 p. 52). — Sehr fraglich ist, ob unter der „Ἱστορία τῶν ἁγίων ἀρχαίων [?] ἀνδρῶν“ (Q. 121 [110]) eine aufgezeichnete Geschichte zu verstehen ist.

1) In Q. 51 [38] (zu Luk. 7, 19) citiert er sowohl die Meinung derer, welche lehrten, Johannes habe seine Jünger aus dem Gefängnis zu Jesus gesandt, um sie zu vergewissern (so Origenes und die meisten Exegeten), als auch die Ansicht derjenigen, welche annahmen, Johannes habe wirklich an Jesus gezweifelt; er selbst entscheidet sich für eine dritte Ansicht. In Q. 62 [49] (zu den „Fellen“ Genes. 3. 21) citiert er die Ansicht derer, die die Stelle allegorisch aufgefasst haben; er nennt sie τῶν εὐσεβῶν τινες, und giebt dadurch zu verstehen, dass er sie, deren Meinung er nicht beipflichten kann, doch für gute Christen hält (Origenes. In Q. 74 [60] hat er es wiederum mit Origenisten zu thun, welche geneigt sind, den Aufer-

schnitte, die glatt niedergeschrieben sind, dass dem Verfasser
eine gute Gelehrsamkeit zu Gebote steht; aber offenbar liegt es
ihm überall an der Sache, und darum prunkt er niemals mit
seinem Wissen.

Über die Bibel des Verfassers (der geläufigste Ausdruck ist
ἡ ϑεία γραφή, aber s. Q. 86 [74]: γραφαὶ προφητῶν τε καὶ
ἀποστόλων) lässt sich Folgendes sagen [1]): Aus dem A. T. sind

---

stehungsleib so zu vergeistigen, dass er nicht mehr die Züge des ursprünglichen Leibes trägt. In q. 77 [63] spricht er von den Exegeten des Ps. 18, 4,
welche diese Stelle verschieden καὶ ἀσαφῶς erklärt hätten. In Q. 79 [65]
setzt er sich mit solchen Chronologen auseinander, welche die Gefangennahme Jesu bereits auf den Mittwoch Abend verlegten, weil sie die Fülle
der folgenden Ereignisse sonst nicht unterbringen zu können meinten.
Wer diese Leute sind, wissen wir leider nicht. In Q. 83 [71] stimmt er
denjenigen τινες) bei, die die Weltdauer auf 6000 Jahre berechnet haben.
Griechische Kosmologen hat er wohl im Auge, wenn er Q. 104 [93] die
Meinung derer anführt, die da sagen, dem Rücken des Himmels seien der
feurigen Beschaffenheit der Gestirne wegen Wassermassen aufgelagert.
Der antiochenisch christologische Standpunkt kommt Q. 116 [105] scharf
denen gegenüber zum Ausdruck, die aus der Freiwilligkeit, mit der Christus die Schwächen unserer Natur (von Fall zu Fall) aufgenommen hat,
folgern, er habe nicht dieselbe Natur wie wir besessen. Die Meinung, die
Menschen hätten vor der Sündflut weder Baumfrüchte noch Fleisch gegessen, lehnt er (Q. 130 [119]) ab; aber der Collocutor hatte als Vertreter
dieser merkwürdigen Ansicht einige „Väter" bezeichnet (καϑώς τινες τῶν
πατέρων ἐδίδαξαν). Diese „lehrenden Väter" — unsre Stelle ist eine der
ältesten für diesen Terminus; in feiner Weise setzt der Verfasser den
Vätern den Apostel Paulus als πατέρα τῶν πατρῶν entgegen — werden
wohl auch Origenisten gewesen sein und ebenfalls an sie haben wir zu
denken, wenn in der folgenden Quästio gegen solche polemisiert wird,
welche in spiritualistischem Interesse „Reich Gottes" und „Auferstehung"
gleich setzen. Endlich lehrt Q. 149 [127], dass er solche Religionsphilosophen kennt, die um der Theodice willen zu zeigen versuchten, dass
Mord und Totschlag in der Natur doch nicht ohne guten Zweck geschehen.

1) Lehrreich ist eine beiläufige Bemerkung in Q. 151 [134]. Der Verfasser will zeigen, dass man unbedenklich von „Moses" sprechen könne,
obgleich doch eigentlich Gott der Urheber (Verfasser) des Gesetzes ist.
In diesem Zusammenhang sagt er: ὡς δὲ καὶ ἡμῖν ἔϑος λέγειν· ᾿Εκτησάμην
τὸν προφήτην ῾Ιερεμίαν ἢ τὸν ἀπόστολον'. Leider lässt sich nicht er-
mitteln, ob hier unter „Apostolos" lediglich die Briefe des Apostels Paulus
oder die ganze zweite Hälfte des N. T.s zu verstehen ist (neben „Jeremias"
ist jene Ansicht die wahrscheinlichere), aber wie dem auch sein mag —

der Pentateuch, Josua, Richter, Reg. I—IV, Chron., Esra, Hiob, Psalmen, Proverb., Jesajas, Jeremias, Ezechiel, Daniel, Jonas, Haggai und das Buch der Weisheit citiert. Da letzteres nur zweimal — beide Male vom Collocutor[1]) — citiert ist und sonst überhaupt keine lediglich der LXX zugehörigen Bücher angeführt werden, so darf man wohl fragen, ob das A. T. des Verfassers nicht ausschliesslich die Bücher des hebräischen Kanons umfasst hat und dazu die Sapientia Salomonis. Doch lässt sich Sicherheit nicht gewinnen. Dass er selbst wahrscheinlich Hebräisch verstanden hat, auch eine syrische Übersetzung der Psalmen citiert und sie „die" Übersetzung nennt (obgleich es sicher nicht die Peschittho gewesen ist), wurde oben bereits bemerkt.[2])

Was das N. T. betrifft, so sind alle Schriften desselben (der Hebräerbrief als paulinisch) citiert ausser Titus, Philemon, Judas, Jakobus[3]), II u. III Joh. und Apokalypse.[4]) Welche Schriften

---

wir erfahren hier, dass man einzelne Teile der Bibel kaufte und häufig kaufte.

1) Doch wird darauf schwerlich Gewicht zu legen sein.

2) Ein Citat des Verfassers ist nicht unterzubringen, das oben S. 49 angeführte: $\Delta\iota\varepsilon\nu o\acute{\eta}\vartheta\eta\varsigma,\ \varkappa\alpha\grave{\iota}\ \pi\acute{\alpha}\nu\tau\alpha\ \sigma o\iota\ \pi\acute{\alpha}\varrho\varepsilon\sigma\tau\iota\nu$.

3) Papadopulos verweist zu Q. 70 [57] „$\upsilon\grave{\iota}\varepsilon\tau\grave{o}\varsigma\ \grave{\varepsilon}\xi\ o\grave{\upsilon}\varrho\alpha\nu o\tilde{\upsilon}$" auf Jakob. 5, 18. Aber auch abgesehen davon, dass die LA sehr unsicher ist, liegt kein Grund vor, an diese Stelle zu denken.

4) Ein Interesse haben in diesem Zusammenhang nur die Citate aus dem II Petrus- und dem Hebräerbrief. In Q. S6 [74] ist auf II Pet. 3, 7 angespielt; doch könnte man diese Anspielung verneinen; aber Q. 105 [94] heisst es ausdrücklich: $\varkappa\alpha\vartheta\acute{\alpha}\ \varphi\eta\sigma\iota\nu\ \acute{o}\ \grave{\alpha}\pi\acute{o}\sigma\tau o\lambda o\varsigma\ \Pi\acute{\varepsilon}\tau\varrho o\varsigma\ \grave{\varepsilon}\nu\ \tau\tilde{\eta}\ \delta\varepsilon\upsilon\tau\acute{\varepsilon}\varrho\alpha\ \alpha\grave{\upsilon}\tau o\tilde{\upsilon}\ \varkappa\alpha\vartheta o\lambda\iota\varkappa\tilde{\eta}\ \grave{\varepsilon}\pi\iota\sigma\tau o\lambda\tilde{\eta}$ (II Pet. 3, 10) — die von allen übrigen Citationsformeln des Verfassers abstechende Genauigkeit wird später ihre Erklärung finden —, und in Quaest. Gent. III sind die Worte: $\vartheta\varepsilon\grave{o}\varsigma\ \acute{\eta}\mu\tilde{\iota}\nu\ \gamma\nu\omega\sigma\vartheta\varepsilon\grave{\iota}\varsigma\ \delta\iota\grave{\alpha}\ \pi\varrho o\varrho\varrho\acute{\eta}\sigma\varepsilon\omega\varsigma\ \varkappa\alpha\grave{\iota}\ \delta\iota\delta\alpha\sigma\varkappa\alpha\lambda\acute{\iota}\alpha\varsigma\ \pi\varrho o\varphi\eta\tau\tilde{\omega}\nu\ \tau\varepsilon\ \varkappa\alpha\grave{\iota}\ \tau o\tilde{\upsilon}\ \varkappa\upsilon\varrho\acute{\iota}o\upsilon\ \varkappa\alpha\grave{\iota}\ \sigma\omega\tau\tilde{\eta}\varrho o\varsigma\ \acute{\eta}\mu\tilde{\omega}\nu\ \text{'}I\eta\sigma o\tilde{\upsilon}\ X\varrho\iota\sigma\tau o\tilde{\upsilon}\ \varkappa\alpha\grave{\iota}\ \tau\tilde{\omega}\nu\ \alpha\grave{\upsilon}\tau o\tilde{\upsilon}\ \grave{\alpha}\pi o\sigma\tau\acute{o}\lambda\omega\nu\ \lambda\acute{o}\gamma o\iota\varsigma\ \vartheta\varepsilon\acute{\iota}\alpha\iota\varsigma\ \delta\upsilon\nu\acute{\alpha}\mu\varepsilon\sigma\iota\ \mu\varepsilon\mu\alpha\varrho\tau\upsilon\varrho\eta\mu\acute{\varepsilon}\nu o\iota\varsigma$, nur aus dem II Petrusbrief zu erklären. Man könnte aus diesem Gebrauch des II Petrusbriefs schliessen wollen, Diodor sei nicht der Verfasser unserer Bücher. Indessen — wir kennen wohl das N. T. des Chrysostomus und des Theodor, aber das des Diodor ist uns bisher nicht bekannt geworden. Nun aber lässt sich sicher zeigen, dass innerhalb des antiochenischen Patriarchats noch in der 2. Hälfte des 4. Jahrh. sehr verschiedene NTliche Sammlungen existierten und alles noch im Flusse war. Also darf man aus jener Beobachtung nicht gegen

aus Zufall fehlen, kann leider nicht entschieden werden; aber sicher fehlt die Apokalypse nicht aus Zufall; denn es war Anlass genug in den Quästionen vorhanden, sie zu citieren. Aber fehlt sie überhaupt? Otto hat in seinem Index drei Stellen namhaft gemacht, wo sie benutzt sein soll. Allein Q. 97 [85] sind die Worte: πρωτότοκος τῶν νεκρῶν ἀνηγόρευται ebenso gut auf Koloss. 1, 18 zurückzuführen, und das ist um so wahrscheinlicher, als neben ihnen ἀπαρχὴ τῶν κεκοιμημένων steht (I Kor. 15, 20). Q. 132 [121] liegt überhaupt kein Citat vor (es handelt sich um das Wort κατάθεμα, das nicht aus der Apokalypse zu stammen braucht). Mit der dritten Stelle aber hat es eine besondere Bewandnis. Hier heisst es (Q. 105 [94]): *Εἰ ὡς βιβλίον τὸν οὐρανὸν εἰλίσσεσθαι καὶ τὰ ἄστρα ὡς φύλλα πίπτειν ἐπὶ τῆς γῆς προλέγει μὲν ὁ κύριος. καὶ ὁ προφήτης δὲ τούτοις προκατήγγειλε σύμφωνα, πῶς ἡ παντελὴς τοῦ στερεώματος ἀπώλεια διὰ τῶν ἐκείνων λόγων οὐ δείκνυται;*

Da „der Prophet" ausdrücklich vom „Herrn" unterschieden wird,[1]) so muss hier eine NTliche, von Christus selbst gesprochene Weissagung gemeint sein; aber welche? Am nächsten scheint es zu liegen, auf Apok. Joh. 6, 14 und 13 zu verweisen; indessen diese Beziehung erregt doch grosse Bedenken; denn 1) liegt hier keine Weissagung des Kyrios vor, sondern der Seher schaut die Vorgänge, 2) stehen in der Apok. Joh. die Sterne voran, 3) heisst es in ihr nicht τὰ ἄστρα ὡς φύλλα πίπτειν, sondern οἱ ἀστέρες τοῦ οὐρανοῦ ἔπεσαν εἰς τὴν γῆν ὡς συκῆ βάλλει τοὺς ὀλύνθους αὐτῆς ὑπὸ ἀνέμου μεγάλου σειομένη. Wohl aber wissen wir von einer Schrift, in welcher unser Citat wörtlich stand — die

---

Diodor argumentieren, zumal da er sicher viel von Origenes gelernt und übernommen hat. — Deutliche Anspielungen bez. stillschweigende Citate auf den Hebräerbrief finden sich nicht selten, ausserdem aber heisst es Q. 110 [99]: Ἰεφθάε ἐν τῇ πρὸς Ἑβραίους ἐπιστολῇ ὑπὸ τοῦ ἀποστόλου ἐν τῷ καταλόγῳ τῶν εὐσεβῶν μνημονεύεται. Der „Apostel" kann nur Paulus sein; dagegen darf man sich nicht auf Q. 112 [101] berufen, wo unter „ὁ ἀπόστολος" allerdings Petrus zu verstehen ist (Cod. H hat übrigens den Namen hinzugefügt).

1) Dass der Verfasser zwischen „Herrnwort" und „Apostelwort" eine Unterscheidung macht, darüber s. unten.

Apokalypse Petri. Hier heisst es (bei Makarius Magn. IV, 7): ἐλιχθήσεται ὁ οὐρανὸς ὡς βιβλίον, καὶ πάντα τὰ ἄστρα πεσεῖται ὡς φύλλα [ἐξ ἀμπέλου καὶ ὡς πίπτει φύλλα ἀπὸ συκῆς].[1] Diesen Worten kommt das Citat Diodors viel näher; sie sind auch als Weissagung (im Futur.) gesprochen, und in der Apok. Petri redet der Kyrios selbst (s. das Fragment von Akhmim). Also benutzte Diodor hier die Apokalypse des Petrus. Nun versteht man auch, warum er wenige Zeilen später so ausführlich citiert hat: καθά φησιν ὁ ἀπόστολος Πέτρος ἐν τῇ δευτέρᾳ αὐτοῦ καθολικῇ ἐπιστολῇ, was er sonst nie thut. In Rücksicht auf die Apokalypse des Petrus, die unmittelbar vorher ausgeschrieben war, ist das geschehen.

Somit gehörte die Apokalypse Petri, nicht aber die des Johannes, zum Neuen Testamente Diodors. Zu dem N. T. gehörten sehr wahrscheinlich auch die beiden Clemensbriefe. Zwar unterscheidet der Verf. (Q. 86 [74]) den zweiten Brief von den „Schriften der Propheten und Apostel“, aber er ist ihm doch eine heilige Instanz und ein Buch der Weissagung. Da der Verfasser die Sibylle zwischen die apostolischen und prophetischen Schriften und den Clemensbrief geschoben hat, so muss man allerdings folgern, dass ihm die Clemensbriefe nicht in jeder Beziehung mit den anderen h. Schriften gleichwertig waren, aber zum Neuen Testament im weiteren Sinn muss er sie gerechnet haben.[2]

Die Abstufung, die sich hier ergiebt, zeigt sich noch an einer anderen Stelle. Q. 109 [9S] hatte der Collocutor I Joh. 4, 18 mit „ὁ κύριος λέγει“ eingeführt. Diodor eröffnet seine Antwort mit folgender Berichtigung: Οὐκ εἴρηται μὲν τῷ κυρίῳ τὸ Ὁ φοβούμενος οὐ τετελείωται ἐν τῇ ἀγάπῃ, εἰ καὶ ὁ εἰρηκὼς τοῦτο κατὰ κύριον εἴρηκε. Er hält es also nicht für ganz gleichgültig, ob etwas ὑπὸ τοῦ κυρίου oder κατὰ τὸν κύριον gesagt ist; auch zeigt das folgende, dass er sich doch erlaubt, eine Art von Zurechtstellung an dem Wort des Apostels vorzu-

---

1) Das „ἐπὶ τῆς γῆς“ bietet die Apok. Petri nicht; Matth. 24, 29 fehlt es auch; in der Apok. Joh. steht εἰς τὴν γῆν.

2) Was vom 2. Brief gilt, gilt natürlich auch vom ersten. — Zu beachten ist, dass im Text nach Σιβύλλης ein „καί“ eingeschoben werden muss (es fehlt in beiden Codd.).

nehmen. Sein Begriff von Inspiration war also kein eindeutiger: am höchsten steht das Herrnwort, dann folgt das Apostelwort, aber auch das Wort eines Clemens ist heilige Autorität. Dass wir hier die Lehre der antiochenischen Schule vor uns haben, bedarf keines Beweises. Auch der Umfang des Kanons, soweit wir ihn nach den Aussagen des Verfassers festzustellen vermögen, stimmt mit dem überein, was wir über den Kanon der antiochenischen Kirche um 372 vermuten können — mit Ausnahme des 2. Petrusbriefs, den wir zu unserer Überraschung (neben der Petrus-Apokalypse) von Diodor gebraucht sehen.[1]) Zu bedauern ist, dass wir über Philemon,[2]) Judas, Jakobus, 2 und 3 Johannes nichts Bestimmtes auf Grund der Quästionen zu sagen vermögen.[3])

Eine besondere Beachtung verdient noch die Textgestalt. Die c. 150 Anspielungen und Citate, das A. T. betreffend, lasse ich beiseite und untersuche die NTlichen Citate; es sind ihrer etwas über 200, aber die grössere Hälfte ist in textkritischer Hinsicht belanglos, teils weil der Verfasser nur auf die betreffende Stelle anspielt, teils weil er aus dem Gedächtnis citiert. Dazu kommt, dass gerade in den Bibelstellen die beiden Codd. stark

---

1) Die Apokalypse Johannis fehlte in diesem Kanon sowie vier katholische Briefe. Im Gebiete des antiochenischen Patriarchats waren übrigens um 372 höchstwahrscheinlich recht verschiedene NTliche Sammlungen verbreitet (s. o. S. 57 Anm. 4).

2) Philemon steht im Index des Papadopulos unter den benutzten Schriften — infolge eines Druckfehlers; es muss „Philipper" heissen.

3) Über den Ursprung der einzelnen Schriften bez. die Persönlichkeiten ihrer Verfasser sagt Diodor nichts ausser einer Bemerkung: Q. 14 [133] behauptet er: Ἑβραῖοι ἦσαν ἐξ Ἑβραίων οἱ τὰς γενεαλογίας συγγραψάμενοι ἅγιοι εὐαγγελισταί, d. h. also Lukas war ein Hebräer. Diese Mitteilung ist befremdlich und widerspricht der herkömmlichen Auslegg. von Koloss. 4, 10—14 (anders von Hofmann). Jedenfalls ist, wie man sieht, die Angabe Zahns (Einl. II S. 335) unrichtig, dass der heidnische Ursprung des Lukas die Meinung der Alten gewesen sei; auch ist seine Erklärung der Mitteilung des Hieronymus (Quaest. hebr. in Genes., ed. Lagarde 64): „licet plerique tradant Lucam evangelistam ut proselytum hebraeas litteras ignorasse" bedenklich. — Da Diodor in bez. bei Antiochien schreibt, haben wir es als Ansicht der antiochenischen Kirche des 4. Jahrh. anzuerkennen, dass Lukas ein geborener Jude gewesen ist. Wie diese Ansicht entstanden ist und sich neben Koloss. 4 zu halten vermochte, wissen wir nicht.

differieren.[1]) Zunächst seien solche Stellen hervorgehoben, die eine merkwürdige Übereinstimmung mit den syrischen Texten aufweisen. Zwei besonders charakteristische Verse sind bereits oben verzeichnet worden:

1) Joh. 20, 1. 18 las Diodor in seinem Texte $\dot{\eta}$ *Μαγδαληνή* nicht und bezog daher die Geschichte auf die Mutter Jesu (Q. 61 [48]).[2]) Die Annahme, dass die Worte $\tau\dot{\eta}\nu$ $\mu\eta\tau\acute{\epsilon}\rho\alpha$ in seinem Bibeltexte standen, ist nicht notwendig Nur vom Text Tatians wissen wir, dass in ihm $\dot{\eta}$ *Μαγδαληνή* gefehlt hat, und unter den Exegeten kennen wir nur Ephraem, den Ausleger des Diatessaron, als solchen, der die Perikope. wie Diodor, auf die Mutter Jesu bezogen hat.[3])

2) Luk. 5, 10 findet sich (Q. 30 |20|) der Zusatz $\epsilon\iota\varsigma$ $\zeta\omega\acute{\eta}\nu$. er wird sonst nur noch von Syr (sch), Syr (hieros.), Syr (sinait.) und orientalischen Superversionen geboten.

3) Mark. 14, 8 (Q. 154 |137|): $\ddot{o}$ $\dot{\epsilon}\pi o\acute{\iota}\eta\sigma\epsilon\nu$ $\alpha\ddot{v}\tau\eta$ $\pi\rho\grave{o}\varsigma$ $\dot{\epsilon}\nu\tau\alpha$-$\varphi\iota\alpha\sigma\mu\acute{o}\nu$ μov (H om. μov) $\dot{\epsilon}\pi o\acute{\iota}\eta\sigma\epsilon$ $\cdot$ $\pi\rho o\lambda\alpha\beta o\tilde{v}\sigma\alpha$ $\gamma\grave{\alpha}\rho$ (H om. $\gamma\acute{\alpha}\rho$) $\dot{\epsilon}\mu\acute{v}\rho\iota\sigma\acute{\epsilon}$ μov $\tau\grave{o}$ $\sigma\tilde{\omega}\mu\alpha$. Diese von allen anderen Zeugen abweichende LA hat nur noch Syr (sinait.).[4])

4) Act. 7, 22 bieten die griechischen Codd. $\ddot{\eta}\nu$ $\delta\acute{\epsilon}$, aber in Q. 35 [25] lautet der Text mit Syr (sch), Chrysostomus, Gigas, Vulg, Sah $\varkappa\alpha\grave{\iota}$ $\ddot{\eta}\nu$, DE bieten $\ddot{\eta}\nu$ $\tau\epsilon$.

5) Luk. 8, 29 lautet unser Text (Q. 54 [41]) $\epsilon\iota\varsigma$ $\tau\dot{\eta}\nu$ $\ddot{\epsilon}\rho\eta\mu o\nu$ mit Syr (cur.), Syr (sch), Syr (hieros.), Syr (sinait.), D und mehreren Lateinern; die LA der griech. Codices ist aber $\epsilon\iota\varsigma$ $\tau\grave{\alpha}\varsigma$ $\dot{\epsilon}\rho\acute{\eta}\mu\alpha\varsigma$.

---

1) Hierbei wird es sich zeigen, dass die ungewöhnlichere und daher wahrscheinlich ursprüngliche LA nicht selten in P steht, so dass sich schon hier das oben gefällte Urteil bestätigt, H sei keineswegs überall der Vorzug vor dem jüngeren Codex zu geben.

2) In H sind die Worte $\tau\dot{\eta}\nu$ $\mu\eta\tau\acute{\epsilon}\rho\alpha$ getilgt, was zweifellos eine Correctur ist.

3) Den Ausgangspunkt für diese doch wohl unrichtige Bezeichnung hat man in den Versen 20, 11. 16 zu suchen, wo alle Texte nur *Μαριάμ* bieten. Beachtenswert ist, dass im Sinaitischen Syrer $\dot{\eta}$ *Μαγδαληνή* im 18. Vers fehlt, aber im 1. findet es sich.

4) Die beiden von H nicht gebotenen Wörtchen sind ursprünglich; denn in Syr (sinait.) steht „um mich zu begraben" und dem $\gamma\acute{\alpha}\rho$ entspricht ebenfalls eine Partikel.

6) Joh. 5, 25 liest unser Text (Q. 58 [45]) τῆς φωνῆς[1]) τοῦ υἱοῦ τοῦ ἀνθρώπου mit Syr (p marg), Syr (hieros.) KS*Π* al[10]; die grosse Menge der Zeugen bietet τοῦ υἱοῦ τοῦ θεοῦ.[2])

7) Joh. 20, 17: das μου nach πατέρα (Q. 61 [48]), welches P bietet (H hat es nicht), wird von sehr vielen Zeugen, nämlich den vulgären Majuskeln, Syr (sinait.), Syr (utr.), Tertullian und Theodoret bezeugt; Tischendorf hat es mit אBD gestrichen.

8) Matth. 27, 2 liest unser Text (Q. 79 [65]) Ποντίῳ mit den vulgären Majuskeln und Syr (p), Tischendorf hat es mit אBL, Syr (sch) und Syr (sinait.) gestrichen.

9) Joh. 19, 13 bietet unser Text (Q. 81 [69]) τούτων τῶν λόγων mit den vulgären Majuskeln, Syr (p), Syr (hieros.); dagegen haben אAB und Syr (p cod. flor.) τῶν λόγων τούτων.

10) Joh. 19, 14 bietet unser Text (Q. 79 [65]) ὥρα δέ [H om. δέ] mit vulgären Majuskeln, Syr (p); om. δέ אAB und viele vulgäre Majuskeln.

11) Luk. 1, 35 lautet unser Text (Q. 11 [66]) τὸ γεννώμενον ἐκ σοῦ, diesen Zusatz bieten die Majuskelcodd. (ausser einem) nicht, wohl aber Justin, Tatian (Mösinger p. 255 f.), Ephraem, Syr (sch) und viele andere Zeugen.

12) II Kor. 6, 15 (Q. 94 [82]) Χριστῷ [so Cod. P] mit den meisten vulgären Majuskeln und Syr (utr.), gegen אB [und Cod. H der Quäst.] Χριστοῦ.

13) Joh. 16, 13 (Q. 123 [112]): τὸ πνεῦμα τῆς ἀληθείας ἐκεῖνο, Syr (sinait.), Syr (sch), a, Orig. Novat.: τὸ πνεῦμα τῆς ἀληθείας ἐκεῖνος; die meisten Zeugen: ἐκεῖνος τὸ πνεῦμα τῆς ἀληθείας; D und Syr (h): ἐκεῖνος τὸ πνεῦμα τῆς ἀληθείας ἐκεῖνος.

14) I Kor. 9, 7 (Q. 130 [119]) ἐκ τοῦ καρποῦ mit einigen

---

1) In P fehlt τοῦ υἱοῦ irrtümlich.

2) Die Verse 25 und 28 in Joh. 5 sind fast identisch; daher ergeben sich in ihrer Textfassung und in den Citaten zahlreiche Contaminationen. In v. 28 bieten die griechischen Codd. αὐτοῦ, Syr (sch), Syr (p), Syr (hieros.) und zahlreiche Lateiner sowie Tertullian und Origenes τοῦ υἱοῦ τοῦ θεοῦ, Irenäus τοῦ υἱοῦ τοῦ ἀνθρώπου, Syr (cur) τοῦ θεοῦ. Wiederum geht unser Text mit den Syrern. Denn Q. 120 [109] und 131 [120] bietet er in Joh. 5, 28 τοῦ υἱοῦ τοῦ θεοῦ (P liest so, H bietet an der ersten Stelle τοῦ υἱοῦ τοῦ ἀνθρώπου wie Irenäus, und an der zweiten einfach τοῦ θεοῦ wie Syr (cur).

vulgären Majuskeln, Syr (utr.), Ephraem, Chrysostomus, Theodoret etc.; τὸν καρπόν א*ABC*D* etc.

15) Joh. 7, 30 (Q. 44 [122] τὰς χεῖρας mit G, Syr (cur.), Syr (sch), Syr (sinait.), Iren. gegen τὴν χεῖραν.

16) Joh. 11, 42 (Q. 33 [23]) οἶδα mit Syr (sinait.), alle anderen Zeugen ᾔδειν. [1]

17) Röm. 8, 11 (Q. 97 [85]) τὸν κύριον ἡμῶν Ἰ. Χρ.: so schreibt nur noch Syr (sch), τὸν κύριον ἡμῶν Ἰ. bietet Cod. 54, τὸν κύριον ohne Zusatz Chrysostomus. Ausser diesen Zeugen kennt kein anderer τὸν κύριον an dieser Stelle.

18) Hebr. 1, 2 (Q. 8) ἐπ᾽ ἐσχάτων mit Minuskeln, Itala codd., Syr. (utr.), Theodoret gegen ἐσχάτου. Ἐποίησεν nachgestellt mit DᵇKLP, Syr (utr.), Theodoret.

19) I Kor. 15, 19 (Q. 143) ἐσμὲν ἐν Χριστῷ: diese Stellung der Worte mit DᶜKLP, Syr. (utr.).

Es ergiebt sich somit, dass unser Text teils mit den vulgären Majuskeln, teils mit den syrischen Texten, teils mit beiden geht und von B relativ weit entfernt ist (auch andere Stellen beweisen die letztere Beobachtung), d. h. die Textbeschaffenheit ist eine solche, wie wir sie für einen Text der antiochenischen Kirche um 370 erwarten müssen. Unser Text repräsentiert eine interessante Stufe, nämlich die Vorstufe zu den Bibeltexten des Chrysostomus, Theodoret und den vulgären Majuskeln.

Im folgenden werde ich eine Reihe von Sonderlesarten oder doch von seltenen LAA in unserem Texte verzeichnen:

1) Matth. 7, 8 (Q. 19 [4]) εὑρήσει [doch nur in Cod. P, Lesefehler?], alle anderen Zeugen εὑρίσκει.

2) I Tim. 4, 1 (Q. 32 [22]) ἀφίστανται, alle anderen Zeugen ἀποστήσονται.

3) II Tim. 4, 4 [Q. 32 [22]) ἀποστρέφονται, alle anderen Zeugen ἀποστρέφουσιν.

4) II Tim. 4, 4 (l. c.) πρὸς τοὺς μύθους [doch nur in Cod. P], alle anderen Zeugen ἐπὶ τοὺς μύθους.

5) Matth. 24, 22 (Q. 32 [22]) οὓς ἐξελέξατο ὁ πατήρ, alle anderen Zeugen kennen diesen Zusatz nicht.

---

[1] Tatian scheint οἶδα κτλ. ausgelassen und εὐχαριστῶ σοι ὅτι ἤκουσάς μου καὶ ἀκούεις μου geschrieben zu haben (s. Mösinger p. 234: doch ist das nicht sicher.

6) Joh. 6, 44 (Q. 52 [39]) ὁ πατήρ μου (ohne ὁ πέμψας με); G. al^pauc, Chrysost., Hilar.. Hippol. [Naass.] bieten auch das μου, aber nur Hilarius lässt die Worte ὁ πέμψας με fort.

7) I Kor. 15, 24 [Q. 52 [39]) fehlt πᾶσαν vor ἐξουσίαν, wie bei Gregor Nyss. und Didymus.

8) Joh. 5, 25 (Q. 58 [45]) ἡμέρα (aber nur im Cod. P). alle anderen Zeugen ὥρα. Da cod. P an der zweiten Stelle, an der der Vers citiert wird, ὥρα bietet (Q. 120 [109]), und cod. H an beiden so liest, so ist ἡμέρα wohl nur ein Schreibfehler.

9) Matth. 27, 1 (Q. 79 [65]) ὅπως θανατώσωσιν αὐτόν (aber nur im Cod. P), alle anderen Zeugen ὥστε θανατῶσαι αὐτόν. mit Ausnahme von D (ἵνα θανατ. αὐτ.) und s (ὅπως θανατ.).

10) Luk. 1, 35 (Q. 11 [66]) ἅγιον τῷ κυρίῳ κληθήσεται (aber nur im Cod. P); der Zusatz τ. κυρ. findet sich sonst nirgends.

11) II Kor. 6, 15 (Q. 94 [82]) ποία συμφώνησις. alle anderen Zeugen τίς συμφώνησις.

12) Röm. 8, 11 (Q. 97 [85]) τὰς ψυχὰς καὶ τὰ σώματα ἡμῶν (aber nur im Cod. P.), alle anderen Zeugen bieten τὰς ψυχάς nicht und lesen καὶ [fehlt bei hervorragenden Zeugen und auch in Cod. H unserer Schrift] τὰ θνητὰ σώματα ὑμῶν.

13) Act. 10, 14 (Q. 48 [89]) μηδαμῶς [an der 2. Stelle einige Zeilen später οὐδαμῶς] κύριε, ὅτι [fehlt an der 2. Stelle im Cod. P] οὐδέποτε κοινὸν ἤ [οὔτε an der 2. Stelle, aber nur im Cod. P] ἀκάθαρτον ἔφαγον. Hier ist auffallend a) die Nachstellung des ἔφαγον [sie kommt sonst nirgends vor], b) das Fehlen von πᾶν [alle Zeugen sonst bieten es], c) das ἤ, welches auch die vulgären Majuskeln, Origenes, Basilius und Chrysostomus bieten (אAB lesen καί).

14) Act. 10, 12 (Q. 48 [89]) πετεινά steht am Anfang, und die Worte καὶ ἑρπετὰ τῆς γῆς und τοῦ οὐρανοῦ fehlen; dies alles ist unbezeugt, bis auf das Fehlen von ἑρπετά (Theodoret).

15) I Kor. 7, 31 (Q. 106 [95]) παράγει ὁ θεός: dieser Zusatz ist singulär; er steht übrigens nur in Cod. P, nicht in Cod. H.

16) II Thess. 1, 6 ff. (Q. 107 [96]) δίκαιον παρὰ τῷ θεῷ ἀνταποδοῦναι τοῖς θλίψασιν ... ὑμῖν δὲ ἐν τῇ βασιλείᾳ αὐτοῦ: der Artikel τῷ ist sonst nirgends, das δέ (für καί) nur durch zwei Lateiner, das θλίψασιν (für θλίβουσιν) und das ἐν τ. βασιλ. (für ἐν τ. ἀποκαλύψει) nirgends bezeugt.

17) Koloss. 2. 11 (Q. 113 [102]) ἐν ᾧ περιετμήθητε περι-

τομὴν ἀχειροποίητον τῇ [Cod. H ἐν τῇ] ἀπεκδύσει τοῦ σώματος ὑμῶν: hier fehlt καί nach ἐν ᾧ, steht περιτομή im Accus.
statt im Dat., fehlt ἐν vor τῇ ἀπεκδ., fehlt τῆς σαρκός und ist
ὑμῶν hinzugesetzt. Alles das ist singulär mit Ausnahme der
Weglassung des καί (so einige Texte u. Chrys.) und der Weglassung des τῆς σαρκός (es fehlt auch bei Epiphanius und
Didymus).

18) Philipp. 3, 6 (Q. 114 [103]) κατὰ τήν (aber Cod. H bietet
τήν nicht) δικαιοσύνην τὴν ἐκ νόμου: alle Zeugen sonst δικαιοσύνην τὴν ἐν νόμῳ (so auch unser Verf. selbst in Q. 157 [141].
jedoch nur bei Cod. P; Cod. H hat das singuläre ἐκ νόμου auch
hier bewahrt).

19) Luk. 23, 34 (Q. 119 [108]) σύ (aber nur im Cod. P ‹ πάτερ
(aber kurz vorher und Q. 156 [140] fehlt das σύ). Dieses σύ ist
augenscheinlich ein Schreibfehler: H bietet οὖν. welches natürlich nicht zum Citat gehört.

20) Joh. 5, 29 (Q. 120 [109]) ἐξέρχονται (cf. Q. 131 [120]
ἐξελεύσονται), alle Zeugen (ausser D ἐξελεύσονται) bieten ἐκπορεύσονται.

21) Joh. 16, 13 (Q. 123 [112]) πρὸς πᾶσαν τὴν ἀλήθειαν:
singulär.

22) Joh. 7, 1 (Q. 44 [122] ἀνεχώρησεν ὁ Ἰ. εἰς τὴν Γαλιλαίαν: ganz singulär und merkwürdig.

23) II Tim. 4. 14 (Q. 135 [125]) ἐν ἐκείνῃ τῇ ἡμέρᾳ: diese
LA ist sonst nirgends bezeugt.

24) Matth. 5, 45 (Q. 136 [126]) πονηρούς τε κ. ἀγαθούς: das
τε ist sonst unbezeugt; es fehlt übrigens auch in Cod. H unserer Schrift.

25) Act. 8, 28 (Q. 151 [134]): fehlt αὐτοῦ nach ἅρματος. so
auch D.*

26) Matth. 24, 15 (l. c.) τὸ εἰρημένον ἐν [Cod. P om. ἐν]
τῷ προφήτῃ Δανιήλ: singulär, alle Zeugen τὸ ῥηθὲν διὰ Δαν.
τ. προφ.

27) Matth. 12, 50 (Q. 153 [136]) τοῦ θεοῦ: alle Zeugen sonst
τοῦ πατρός μου τοῦ ἐν οὐρανοῖς.

28) Luk. 11, 28 (l. c.) τοὺς ποιοῦντας τ. θέλημα τ. θεοῦ
αὐτὸς ἐμακάριζεν: singulär.

29) Joh. 7, 28 (Q. 156 [140]) πόθεν εἰμὶ οἴδατε: diese Stellung des οἴδατε haben nur Itala-Codd. u. Vulg.

30) Joh. 10, 17 (Q. 7) *ὁ πατήρ με ἀγαπᾷ*: diese Stellung des *με* mit AEF etc. gegen ℵBD, Itala, Vulg., Chrysost.

31) Joh. 10, 29 (Q. 7) *ὁ πατήρ* (sine *μου* mit ℵ·, Itala-Codd. gegen ℵ′ABDL), *ὅς* (mit AB²XΓΛΠ, Syr [utr.] gegen ℵB*L, Tertull. etc.) *δέδωκέ μοι.*

32) Mark. 1, 12 (Q. 7) *ἐξέβαλεν* (singulär) *αὐτὸν εἰς τὴν ἔρημον τὸ πνεῦμα πειρασθῆναι ὑπὸ τοῦ διαβόλου* (die vier letzten Worte nach Matth. 4, 1).

33) Matth. 12, 28 (Q. 7) *εἰ ἐγὼ ἐν πνεύματι θεοῦ ἐκβάλλω τὰ δαιμόνια*: die Stellung des *ἐγώ* wie einige Minuskeln u. f, m, Vulg., Syr (cur.), Chrysost.

34) Hebr. 1, 2 (Q. 8): *ὃν ἔθετο* (singulär) *κληρονόμον πάντων.*

35) Act. 23, 5 (Q. 137): *οὐκ ἔγνων ὅτι ἀρχιερεύς ἐστιν*: frei citiert.

36) I Kor. 15, 19 (Q. 143): *μόνον* fehlt (singulär). ·

37) Matth. 19, 28 *θρόνον* mit Didymus und Basilius gegen *θρόνους.*

Die Texte.

Die vier Schriften, die auf den vorstehenden Blättern als
Eigentum Diodors nachgewiesen sind, haben ihre Bedeutung
nicht nur darin, dass sie uns die Lehre Diodors nahebringen
und diesen bisher so dunklen Mann in ein helles Licht stellen.
Ihr besonderer Wert besteht in den Aufschlüssen, die sie uns
über die antiochenische Schule geben. Diodor ist der Lehrer
des Chrysostomus und des Theodor von Mopsueste, indirect auch
des Theodoret gewesen. Unsere Schriften, vor allem die „Quaestiones ad Orthodoxos", zeigen uns den Interessenkreis der von
ihm geleiteten Schule, die Methode des Unterrichts und die
Ziele, zu welchen die jungen Theologen erzogen wurden. so
deutlich, dass wir uns nun ein zutreffendes Bild von dem geistigen
Leben dieses von Diodor geleiteten Kreises um das J. 370 zu
machen vermögen. Damit wird eine empfindliche Lücke, die
bisher für den Kirchen- und Dogmenhistoriker bestanden hat,
ausgefüllt. Wer die 161 Quästionen studiert hat, ist darüber
völlig orientiert, in welcher Weise Diodor methodische Exegese
und rationale Philosophie verbunden, wie und warum er Plato
abgelehnt und Origenes mit kühler Hochachtung behandelt hat.
Und wer die drei religionsphilosophischen Tractate durch-
arbeitet, muss eine deutliche Einsicht empfangen, wie weit Diodor
Aristoteliker gewesen ist und in welchem Masse er sich von dem
Meister entfernt hat. Dass Chrysostomus, Theodor, Polychronius,
Theodoret und alle nestorianischen Gelehrten samt dem ganzen
Nestorianismus „in lumbis" des Verfassers dieser vier Schriften
stecken, ist offenbar. Hier sind die Wurzeln der Denkweise, der
Religionsphilosophie, der Christologie und der Hermeneutik auf-
gedeckt, die, von der grossen Kirche nach wenigen Jahrzehnten
abgelehnt, doch die Kraft besessen haben. eine grosse geistige
Gemeinschaft und eine ansehnliche Kirche hervorzutreiben. Kein
Zweifel — neben Origenes und zum Teil über ihn hervorragend,
ist der von Diodor gegründete Kreis und seine Arbeit die bedeutendste wissenschaftliche Erscheinung gewesen, welche
die alte Kirche hervorgebracht hat.

Darum habe ich es für geboten erachtet, die vier neuge-
wonnenen Schriften zum grössten Teil in Übersetzung vorzu-

legen in der Hoffnung, dass sie in dieser Gestalt besser verstanden und — wirklich gelesen werden. Namentlich die „Quaestiones ad Orthodoxos" darf niemand bei Seite lassen, der wissen will, wie es um das Jahr 370 in der östlichen Kirche ausgesehen hat. Und auch das Verhältnis von Christentum und „Heidentum" erfährt hier eine Beleuchtung, wie wir sie aus anderen Quellen nicht erhalten.

Die „Quaestiones ad Orthodoxos" habe ich fast vollständig übersetzt. d. h. ich habe mir erlaubt, an einigen Stellen zu kürzen, wo der umständliche Verfasser unnütz breit geworden ist. Während der Text im Cod. P so verwahrlost ist, dass an vielen Stellen auf eine Übersetzung verzichtet werden musste — ich hatte zuerst nach ihm als dem einzigen Zeugen übersetzt —, ist es nun möglich, auf Grund von H und P einen guten Text zu geben. Ich habe diese Arbeit für mich gemacht, an vielen Stellen von Papadopulos Kerameus abweichend, dessen Ausgabe nicht eine Textherstellung ist, sondern ein Abdruck von H mit wenigen Correcturen nach P, den Papad. sehr unterschätzt hat. Zur Verbesserung des Textes in H trägt P trotz seiner Fehler und Lücken doch sehr viel bei. Auf eine Rechtfertigung meiner Übersetzung bez. meiner Conjecturen habe ich verzichtet. In einem Corpus Opp. Diodori, zu welchem ich Zeit zu finden hoffe. werde ich eine Recensio des griechischen Textes geben.

Die „Quaestiones Graecorum" und die „Quaestiones Christianorum" habe ich vollständig übersetzt. Leider sind wir hier allein auf P angewiesen. Doch scheint der Text bei diesen Schriften nicht in dem Grade verdorben zu sein, wie bei den „Quaestiones ad Orthodoxos"; sie sind wohl seltener abgeschrieben worden. Manches ist mir dunkel oder unsicher geblieben, auch über die Stellen hinaus, die ich notiert habe.

Aus der „Refutatio quorundam dogmatum Aristotelis" habe ich die Einleitung und die wertvollen Thesen „Ad Graecos" in Übersetzung mitgeteilt.

Auf einen Commentar habe ich verzichtet — Diodor commentiert sich so zu sagen selbst, und bei Gass (a. a. O.) findet man viel gutes Material —, aber in einer „Schlussausführung" soll eine kurze, zusammenfassende Beurteilung der Bücher folgen. die auch Gelegenheit bieten wird, auf einige wichtige Einzelheiten einzugehen.

I. Antworten an die Orthodoxen auf einige notwendige Fragen.

1 (139). Wenn Gott ein einiger Gott ist, so besitzt er offenbar in jeder Beziehung das Einige, also das Einfache oder das Zusammengesetzte, das Sterbliche oder das Unsterbliche, das Gezeugte oder das Ungezeugte, das Zeugen oder das Nicht-Zeugen. Wie nun können der Vater und der Sohn und der Geist der eine Gott genannt werden, da doch der Vater zeugt und den Sohn nicht zeugt, und der Sohn gezeugt worden ist, der Vater aber nicht gezeugt worden ist, und der Geist weder zeugt noch gezeugt worden ist? Sie haben doch an dem Gezeugt-wordensein, bez. Nichtgezeugtwordensein. und an dem Zeugen, bez. Nichtzeugen den Gegensatz in sich!.

Antwort: Ein einiger ist Gott durch die Coexistenz der drei göttlichen Hypostasen, die sich voneinander nicht durch das Wesen, sondern durch die Modi ihres Seins unterscheiden. Der Unterschied aber der Modi des Seins hebt die Einheit des Wesens nicht auf. Und wie in Bezug auf Adam und Eva und Seth ein Wesen gilt (eine vernünftige Seele und ein sterblicher Körper), die Modi aber ihres Seins verschieden sind (Adam stammte von der Erde, Eva aus der Rippe, Seth aus dem Samen) und in den verschiedenen Modis ihres Seins das Wesen als ein einiges bleibt, unzertrennbar und unveränderlich, so wird auch in Bezug auf Gott vermöge der Identität des Wesens der Prosopen ein Gott geglaubt, nämlich der Vater, der Sohn und der h. Geist; denn der Modus des Seins ist nicht relevant in Bezug auf die Natur des Wesens. Was nun in Bezug auf die drei göttlichen Hypostasen in derselben Weise unveränderlich ausgesagt wird, darin erblicke die Einheit des Wesens; was aber nicht so aus-gesagt wird, darin erblicke den Modus des Seins der Prosopen.

2 (144). Wenn Gott eine selbständige Hypostase und einen ihm innewohnenden Willen und einen selbständigen Sohn [ich lese mit P *υἱὸν ὑπάρχοντα*, aber vielleicht ist mit H *υἱὸν ἐνυπάρχοντα* zu lesen] in sich befasst, wie kann er bei solcher Zusammensetzung einfach genannt werden?

Antwort: Wie Gott als Ganzer überall ist und als Ganzer in jeglichem und als Ganzer in sich selbst und wir dies glauben und darüber nicht streiten, so ist auch sein Einfaches ganz Sohn und ganz Vater und ganz Wille und ganz Inhaber des Willens. Denn Gott ist nicht wie die geschaffene Natur, so dass das Sein und das Besitzen als Zusammensetzung aufgefasst werden müsste, wie es bei der Natur der Fall ist; sondern wie er über die Natur erhaben ist, so ist auch sein Sein und sein Besitzen über die Zusammensetzung erhaben.

3 (129). Wenn das für sich Seiende etwas Einfaches ist, wie die Buchstabenelemente z. B. das I, und wenn das, was mit einem Andern ist, etwas Zusammengesetztes ist, wie das *ΠΙ*, und wenn dadurch, dass beide ein Wesen haben — das *I* und das aus drei *I* zusammengesetzte *ΠΙ* — das Zusammengetzte die Natur des aus zwei Bestandteilen Zusammengesetzten nicht einbüsst, wie wird Gott als nicht zusammengesetzt behauptet, während er doch eine Zusammensetzung umfasst, nämlich die, welche besteht aus zwei gleichwesentlich vorzustellenden Prosopen, dem Vater und dem Sohne, und aus einem Prosopon, das, wie es sich der Betrachtung darstellt, ein eigenes Wesen besitzt, ich meine den h. Geist? Wie kann er e i n e r genannt werden und nicht zu beschreiben, während doch die Unterscheidung und Differenzierung seiner Hypostasen, bez. seiner Prosopen, eine so grosse und eigentümliche ist?

Antwort: Das *I* und das *ΠΙ* unterscheiden sich dem Wesen nach voneinander nicht: denn beides sind Laute. Ein Laut unterscheidet sich aber als Laut vom andern nicht. Es unterscheidet sich aber das *I* vom *ΠΙ* durch den bestimmten Ductus, kraft welches das eine ein *I*, das andre ein *ΠΙ* ist. Und das *ΠΙ* ist, sofern es ein Laut ist, ein Einiges, sofern es aber *ΠΙ* ist, ist es eine Dreiheit und ist zusammengesetzt und geworden. Denn aus Teilen ist es erwachsen und hat seine Existenz als *ΠΙ* in zeitlicher Abfolge empfangen von dem, der es zusammengestellt und so geschaffen hat. Der aber, welcher den, der über

die Natur erhaben ist, nach Massgabe einer der Natur ent-
nommenen Analogie zu begreifen versucht, darf aus der Analogie nur das herausnehmen, was der Eigenart dessen entspricht,
der aus der Analogie begriffen werden soll. Also — die Einheit und die Dreiheit kommt sowohl dem *ΠΙ* als Gott zu, aber
jenem in der Form des Gewordenen und Zusammengesetzten,
diesem ohne diese Form; denn wer niemanden hat, der ihn gemacht und zusammengesetzt hat, ist selbst nicht geworden und
nicht zusammengesetzt. Deshalb legen wir Gott die ewige Coexistenz bei, nicht aber die Zusammensetzung, dem *ΠΙ* aber die
Zusammensetzung, weil es aus Teilen erwachsen ist. Also ist
Gott e i n e r — die Dreiheit vermöge der Einheit des Wesens,
ohne dass daraus irgendwelche Unterscheidung und Differenzierung folgt, ganz so wie das *ΠΙ* auf die Einheit des Lautes gesehen eine Einheit ist, ohne irgendwelche Unterscheidung und
Differenzierung. Ein Unterschied aber ist in der h. Trinität in
Hinsicht auf die Tropoi des Seins der Hypostasen, im *ΠΙ* aber
in Hinsicht auf die Art des Ductus.

4 (17). Wenn die Einheit der göttlichen Hypostasen un-
trennbar ist, wie kann man von drei Hypostasen und drei Prosopen sprechen und nicht vielmehr von e i n e r dreinamigen und
dreiprosopischen Hypostase?

Antwort: Das Wesen der drei Hypostasen ist eine untrenn-
bare Einheit, aber ihre Dreiheit ist trennbar. Daher sind die
drei Hypostasen durch ihre besonderen Namen (wirklich) drei,
und die Hypostase, die wir Vater nennen, ist nicht dieselbe
Hypostase, die wir Sohn nennen, sondern eine andere; denn die
Dreiheit der Namen gehört zur Dreiheit der Hypostasen, nicht
aber zur Einheit derselben. Deshalb ist Gott Einer durch die
Einheit und Unteilbarkeit des Wesens; drei Prosopen ist er aber
durch die Unterscheidung der Hypostasen.

5 (18). Wenn „Gott“ das Wesen, „Vater“ aber das (eine)
Prosopon bezeichnet, wie kann es dasselbe sein, ob man „Sohn
Gottes“ oder „Sohn des Vaters“ sagt?

Antwort: Wenn wir auch in Unterscheidung den Sohn bald
„Sohn des Vaters“, bald „Sohn Gottes“ nennen, so reflectieren
wir auf ihn doch niemals in dieser Unterscheidung. Der Sohn
des *κατ’ οὐσίαν θεός* ist ja doch der Sohn des Vaters. Beide

Ausdrücke sind identisch; denn was dem Prosopon angehört, das gehört auch zur Usie des Prosopons.

6 (16). Nach unserer Natur ist das Erzeugnis dem Erzeuger gegenüber 1) gleichwesentlich, 2) das Spätere. Wenn nun in Beziehung auf das Erzeugnis Gottes (scil. den Sohn) dieses nicht gilt, wie gilt jenes?

Antwort: Von uns gilt, dass wir erst sind, dann zeugen; bei Gott aber fällt beides zusammen. Also ist bei Gott auch das Erzeugnis (der Sohn) nicht das Spätere, weil die Erzeugung nichts Früheres ist.

7. Wenn das göttliche Wesen eines ist, wie beziehen einige die Menschwerdung und die Vereinigung und die Einwohnung in der Ökonomie [der Fleichwerdung] nur auf den Gott-Logos, während doch sein Verhältnis zum Vater und zum Geist ein unzertrennliches ist? Wie kann das, was der gleichwesentlichen Trinität um der Unzertrennlichkeit willen eigentümlich zukommt, sich folgerecht [nur] zu dem einen Prosopon, nämlich dem Gott-Logos, fügen?

Antwort: Das göttliche Wesen ist eines und alle seine Eigenschaften kommen gemeinsam denen zu, die es besitzen; aber die göttlichen Hypostasen sind drei, von denen eine jede ihr Besonderes getrennt besitzt. Da nun die Fleischwerdung dem Gott-Logos eigentümlich ist — denn die Fleischesannahme geschah zu seiner Offenbarung —, deshalb beziehen wir folgerecht nach der Regel der Antideixis Alles, was zur Fleischwerdung gehört, auf den Gott-Logos. Deshalb unterscheidet auch die göttliche Schrift in ihren Aussagen scharf das, was vom Vater gilt und was von der Ökonomie gilt, so wenn sie sagt „der Vater liebt mich“ und „der Vater, welcher mir gegeben hat.“ Ebenso spricht sie unterschiedlich vom Geist und von der Ökonomie, so in den Sätzen: „Es trieb ihn der Geist in die Wüste, damit er vom Teufel versucht würde“ und: „Wenn ich im Geiste Gottes die Teufel austreibe.“ Aber in Bezug auf den Gott-Logos und die Ökonomie macht sie diese Unterscheidung durchaus nicht, sondern nach der Regel der Antideixis spricht sie da als über ein und dasselbe Prosopon und legt ihm unterschiedslos bei, was jeder seiner beiden Naturen getrennt zukommt.

8. Die, welche sagen, dass sich der Sohn, der es in Wahrheit und eigentlich und wirklich ist, mit der Gestalt des Knechts

so vereinigt habe, dass der Unterschied bleibt, sofern dieser (der Knecht) nicht in Wahrheit und eigentlich und wirklich Sohn ist, dennoch aber auch er Sohn heisst — wie beten sie nicht eine Zweiheit von Söhnen an, wenn doch die beiden Prosopen verschiedenen Wesens sind?

Antwort: Dieser so beschaffene Unterschied dient dazu, dass klar erkannt werde, wer hier etwas gegeben hat und was und wem er gegeben hat, d. h.: die Gestalt der Gottheit hat die Gestalt des Knechtes angenommen [ἐν τάξει ἑαυτῆς, die Worte sind nicht deutlich] und der Welt gezeigt. Deshalb verkündigt auch die göttliche Schrift, von dieser Erkenntnis ausgehend, den einen Herrn Jesus Christus bald in Beziehung auf seine nicht durch Einsetzung gewordene Sohnschaft — wenn sie sagt: „durch welchen er auch die Äonen geschaffen hat“ —, bald in Beziehung auf seine durch Einsetzung gewordene — wenn sie sagt: „am letzten in diesen Tagen hat er zu uns geredet in dem Sohn, den er zum Erben über Alles eingesetzt hat.“ . . . . passt nicht zur Gestalt des Knechts. Deshalb wird durch diese Unterscheidung jeder Gestalt das zu ihr Passende gegeben. Denn wenn Christus nicht nach seiner einen Natur uneingesetzter Sohn wäre und nach der anderen eingesetzter, wie das die Unterscheidung fordert, sondern wenn er nach ein und derselben Natur uneingesetzter Sohn und eingesetzter Christus wäre — denn man kann die Schriftverse nicht streichen, die da Christum als uneingesetzt und den Sohn als eingesetzt verkündigen —, so müsste man in den Gott-Logos selbst die Unterscheidung des Sohnes, der es in Wahrheit und eigentlich und wirklich ist, und des anderen Sohnes, der es nicht ist, hineintragen. Wenn dies nun aber offensichtig absurd ist, so darf die Unterscheidung der Naturen auf Grund ihrer Zweiheit nicht mit einem Vorwurf belastet werden, da sie eben die Zweiheit zum Ausdruck bringt. Will man aber die Gestalt des Knechts in der Ordnung der Gestalt der Gottheit sehen und nicht in dem eigentümlichen Prosopon mit aller der dem Prosopon eigentümlichen Kraft und Würde, so hebt man die Zweiheit der Söhne auf. (Es folgen die Worte: τὸ γὰρ ἐν τάξει ταὐτόν ἐστι τῷ τάξαντι προσώπῳ καὶ οὐ φύσει, die ich nicht sicher verstehe).

9 (11). Wenn das Umschliessende dem Sein nach grösser ist als das Umschlossene, der Würde nach aber geringer (Himmel

und Erde > Engel. Haus > Bewohner, Leib > Seele). Gott aber
das All umschliesst, wie ist er nicht geringer als das All der
Würde nach?

Antwort: Die Regel ist nicht generell, daher ist die Frage-
stellung nicht in Ordnung. $\tilde{\omega}\nu$ $\gamma\grave{\alpha}\varrho$ $\tau\grave{o}$ $\dot{\epsilon}\nu\alpha\nu\tau\iota o\nu$ $\delta\iota\grave{\alpha}$ $\tau\tilde{\omega}\nu$ $\alpha\dot{\nu}\tau\tilde{\omega}\nu$
$\dot{\epsilon}\nu\delta\dot{\epsilon}\chi\epsilon\tau\alpha\iota$ $\epsilon\dot{\nu}\varrho\epsilon\vartheta\tilde{\eta}\nu\alpha\iota$. $\tau\alpha\tilde{\nu}\tau\alpha$ $\dot{\omega}\varsigma$ $\mu\grave{\eta}$ $\ddot{\epsilon}\chi o\nu\tau\alpha$ $\tau\grave{o}$ $\dot{\alpha}\nu\alpha\gamma\kappa\alpha\tilde{\iota}o\nu$ $o\dot{\nu}\delta\grave{\epsilon}$
$\tau\grave{o}$ $\pi\iota\sigma\tau\grave{o}\nu$ $\ddot{\epsilon}\chi\epsilon\iota$. Es giebt umschlossene Dinge, die nicht nur
dem Sein, sondern auch der Würde nach geringer sind (so beim
Steinobst). Ferner. das was umschliesst, umschliesst durch das
Sein, Gott allein aber umschliesst das All durch den Willen.
Weiter, das Umschliessende bedarf selbst wieder etwas Um-
schliessendes. Gott bedarf aber niemand, der ihn umschliesst.
Dazu, das was umschlossen wird, erhält sein Sein und seine
Dauer nicht durch das Umschliessende, dem All aber kommt
beides von Gott. Endlich, das Umschliessende existiert um des
von ihm Umschlossenen willen, Gott aber existiert nicht um des
Alls willen. Somit ist Gott sowohl an Sein als an Würde
grösser als das All.

10 (12). Wenn das Umschliessende dem Umschlossenen zum
Schutz und zur Bewahrung gereicht, giebt da nicht der das All
umschliessende Gott dem Bösen Schutz und Dauer, da ja doch
das Böse in einem Teil des Alls erblickt wird?

Antwort: Das All ist Gottes Werk und als solches schützt
er es; da er nun nichts, was von Natur böse ist. geschaffen hat,
so konserviert er auch nichts, was von Natur böse ist.

11 (66). Da sich der Herr stets Sohn $\tau o\tilde{\nu}$ $\dot{\alpha}\nu\vartheta\varrho\dot{\omega}\pi o\nu$ und
nicht $\tau\tilde{\eta}\varsigma$ $\dot{\alpha}\nu\vartheta\varrho\dot{\omega}\pi o\nu$ nennt und die Ungläubigen deshalb zu
beweisen versuchen, der Herr sei aus einer ehelichen Verbindung
hervorgegangen — denn $\tau o\tilde{\nu}$ $\dot{\alpha}\nu\vartheta\varrho\dot{\omega}\pi o\nu$ bezeichne einen Mann
und nicht ein Weib —, mit welchen Gründen lässt sich be-
weisen, dass dieser Schimpf hinfällig sei?

Antwort: Wenn der Herr die Frucht einer ehelichen Verbindung wäre. so hätte die Schrift nicht gesagt: „der Geltung
nach ein Sohn Josephs.“ Dieses „der Geltung nach“ kann nicht
von solchen gebraucht werden, die aus einer ehelichen Verbindung stammen. Um einer unklaren und ungenauen Bezeichnung willen alle die Aussagen zu vernichten, die klärlich die
Abstammung Jesu vom heiligen Geist und der Jungfrau Maria
darthun, ist höchst thöricht. Übrigens — wenn Jesus deshalb

nicht der Sohn eines weiblichen Menschen sein soll, weil er sich nicht Sohn τῆς ἀνϑρώπου genannt hat, so kann er auch nicht Sohn eines bestimmten Menschen sein, weil er sich nicht Sohn eines bestimmten Menschen genannt hat. Ist er aber nicht Sohn eines bestimmten Menschen, so ist er überhaupt nicht Sohn eines Menschen. Weiter, wenn Joseph der Sohn des Eli heisst — nach dem Gesetz, ohne sein fleischlicher Sohn zu sein, da Gott auf diese Weise den Joseph dem Eli zum Sohne geben wollte —, wie soll es thöricht sein, dass auch dem Joseph ohne eheliche Verbindung Christus als Sohn gegeben wurde? Deshalb hat die göttliche Gnade der Jungfrau einen Gatten gegeben, der zwei Väter hatte, einen fleischlichen und einen gesetzlichen. um im voraus in der Geburt des Joseph die Geburt Christi abzubilden, der, aus dem h. Geist geboren, Sohn Gottes war, aus dem Weibe Josephs aber geboren, Sohn Josephs. Lest Luk. 1, 35. Ist das. was von Elis Weib geboren ist. Sohn Elis nach dem Gesetze Gottes, so ist noch viel mehr das, was von dem Weibe Josephs geboren ist, nach dem gnädigen göttlichen Willen Sohn Josephs, ohne dass er der nàtürliche Vater wäre.

12 (131). Wenn die Evangelisten Matthäus und Lukas, die irdische Abstammung des Herrn nachweisend, so verfahren sind, dass der eine die natürliche, der andere die gesetzliche Abstammung beschrieben hat, da diese Abstammungsordnung bei den Juden besteht, wie widerspricht der selige Lukas dem Matthäus nicht, sofern er doch in seinem Evangelium mehr Ahnen (gesetzliche Ahnen) aufführt als Matthäus natürliche? Man muss doch das Gegenteil erwarten, da die Zahl der gesetzlichen Ahnen notwendig geringer gewesen sein muss als die der natürlichen. da ein gesetzlicher immer nur an Stelle eines verstorbenen natürlichen eintreten kann. Wie also ist bei den Evangelisten die Sache umgekehrt und führt Lukas, der höchstens gleich viele Ahnen aufführen durfte, mehr an? Wenn sie aber in der Genealogie sich selbst und einander widersprechen, wie werden sie in den übrigen den Heiland betreffenden lehrhaften Angaben glaubwürdig erscheinen können, da sie in ihren Proömien die, welche mit Vernunft unsrer Religion beitreten wollen, zum Widerspruch auffordern?

Antwort: In der Genealogie des Lukas ist nur Eli Josephs gesetzlicher Vater. dann aber wird die natürliche Abstammung

Eli mitgeteilt und so fort bis Nathan. Damit erledigt sich der
Einwurf, der von ganz unbedachten Kritikern erhoben ist.

13 (132). Wenn nach dem mosaischen Gesetz der Bruder
die Wittwe des kinderlos verstorbenen Bruders annimmt und mit
ihr Kinder zeugt, die die seinigen sind nach der Natur, die des
Bruders aber nach dem Gesetz — wie, wenn er selbst beweibt ist,
soll er die Wittwe seines verstorbenen Bruders noch als Ehefrau hinzunehmen? Wie ist das nicht absurd? Wenn aber
diese Schwägerin überhaupt unfruchtbar ist, kommt nicht zum
Absurden noch das ganz Unnütze bei solcher Eheschliessung
hinzu, so dass die gesetzliche Bestimmung von allen Seiten sich
als haltlos erweist, da des verstorbenen Bruders Gedächtnis sich
doch nicht in Kindern fortsetzt? Was nützt es endlich dem
Verstorbenen, nach seinem Tode vermittelst der Kinderzeugung
eines Anderen Vater einer Nachkommenschaft genannt zu
werden?

Antwort: Da das Gesetz den Israeliten nicht verbot, zum
ersten Weibe hinzuzunehmen, wen sie wollten — nicht nur eine
Verwandte, sondern auch eine Kriegsgefangene und Kebse —,
so ist es weder absurd noch anstössig, dass der überlebende
Bruder zu seinem Weibe das Weib des verstorbenen noch hinzunimmt, da das Gesetz dadurch nicht übertreten wird. Auch
wenn das Weib des verstorbenen zufällig unfruchtbar ist, so
kann das dem Manne und ihr selbst unbekannt sein, in Unwissenheit aber kann das Gesetz nicht übertreten oder gering
geschätzt werden. Dies Gesetz aber ist gegeben worden, damit
das, was der Tod dem Verstorbenen versagt hat, die Vaterschaft
und den Erben, ihm durch die Fürsorge des Gesetzes gegeben
würde. Denn wenn die Ehen um des fortdauernden Gedächt-
nisses und der Vererbung willen geschlossen werden, so folgt,
dass, wie immer Gott dies den Menschen gewähren will, die
Veranstaltung ihren Zweck erfüllt. Das Gesetz stiftet aber noch
einen anderen Nutzen, nämlich dass durch diese zweite Heirat
das Erbe in demselben Stamme bleibt und nicht in einen andern
übergeht. Und da das einmal einem Manne vertraute Weib mit
diesem ersten ein Leib geworden ist, so wird der Verstorbene
nicht Vater einer fremden Nachkommenschaft, sondern einer
solchen, die aus seinem eigenen Leibe entstammt. Denn wie der
nun Erzeugte den Namen des Verstorbenen empfängt, so heisst

auch (trotz der zweiten Heirat) das Weib noch immer das Weib des Verstorbenen.

14 (133). Wenn das oben besprochene Gesetz den Israeliten vor Davids Zeiten gegeben worden ist, wie hat der Evangelist Matthäus sowohl vor als nach David die natürlichen Väter genannt, Lukas aber vor David die natürlichen, nach David aber die gesetzlichen? Und wenn sich die Namen beider Arten von Vätern nach der babylonischen Gefangenschaft in den göttlichen Schriften überhaupt nicht finden, sondern auf Grund mündlicher Überlieferung aufgezeichnet sind, wie können scharfe Kritiker dieser blos mündlichen Tradition Glauben schenken?

Antwort: Auch Lukas hat die Reihe der natürlichen Väter von Eli aufwärts aufgezeichnet, sowohl derjenigen, die vor, als die nach David gewesen sind. Nur Eli war der gesetzliche Vater des Joseph. Dass aber der Herr Christus der Sohn Josephs, der selbst zwei Väter, einen natürlichen und einen gesetzlichen, hatte, genannt worden ist, das ist von der göttlichen Gnade so disponiert worden, damit wir uns nicht wundern, wenn wir hören, Christus sei der Sohn Josephs gewesen, obgleich er nicht von ihm gezeugt worden ist. Wie nämlich Joseph der Sohn des Eli heisst, ohne von ihm gezeugt worden zu sein, weil es die göttliche Anordnung so wollte, dass aus seinem Weibe dem (verstorbenen) Eli ein Sohn geschenkt würde, so gefiel es Gott, aus dem Weibe des Joseph dem Joseph einen Sohn zu bescheren, ohne dass er ihn selbst gezeugt hätte. „Joseph“, heisst es, „Sohn Davids, fürchte dich nicht, Maria, deine Gattin zu dir zu nehmen.“ Denn das, was von einer Ehefrau ohne Hurerei geboren wird, ist notwendig ein Sohn der beiden Ehegatten, wie auch immer Gott die Gabe bewirken mag, ob aus einem Beischlaf oder ohne einen solchen. Ferner, nicht auf Grund mündlicher Überlieferung, sondern auf schriftliche Aufzeichnungen hin haben die Evangelisten die Reihe der in den Genealogieen enthaltenen Namen aufgeführt; denn die h. Evangelisten, welche die Genealogie aufgezeichnet haben, waren Hebräer aus Hebräern, bei denen mit grosser Sorgfalt darüber gewacht wurde, die Genealogie des königlichen und priesterlichen Stammes in schriftlicher Aufzeichnung zu bewahren. Bekannt ist ausserdem, dass Esra nach der Rückkehr aus Babylon alle die, die er nicht in dem Katalog der Priester aufgezeichnet fand, aus dem Priesteramt entfernt hat. Dies ist aus dem Buch der Chronik ersichtlich.

15 (67). Wenn Jesajas, in Bezug auf den Herrn Christus prophezeiend, sagt: „Wer wird seine Herkunft erzählen?“ — ist dieser Spruch von der schwierig zu erzählenden oder von der gar nicht zu erzählenden Herkunft, von der Gottheit oder vom Fleisch, gemeint?

Antwort: Die Herkunft Christi nach dem Fleisch ist durch das Geschlechtsregister offenbar und ihr Modus wird in schriftlicher Erzählung verkündigt, wie wir bereits oben gesagt haben, nämlich aus heiligem Geist und der Jungfrau Maria. Aber seine Herkunft nach der Gottheit ist nicht genealogisch und daher kann sie auch nicht erzählt werden. Der Prophetenspruch bezieht sich also auf das Nichterzählbare, nicht auf das schwierig zu Erzählende der Herkunft.

16 (1). Wenn Gott den alten Cultus als ihm nicht wohlgefällig aufgehoben und den der Christen als ihm wohlgefällig an Stelle jenes eingeführt hat, die Orthodoxen aber, die allein Gott wohlgefallen, an Zahl sowohl den Hellenen als den Juden und allen Häretikern nicht gleich sind, sondern geringer — wie lässt sich beweisen, dass die mangelnde Ausrottung des Irrtums nicht Folge von Schwäche dessen ist, der sich diesen Cultus statt jenes gewählt hat, und wie ist die Auflösung jenes Cultus nicht ganz unnütz, da nun ein anderer Irrtum (nämlich die Häresie) die Welt gefangen hält?

Antwort: Wenn Gott der Herr die im A. T. ausgesprochene Bestimmung, (einst) eine Religion durch eine andere zu ersetzen. nicht ausgeführt hätte, dann, und nur dann, könnte man ihm vorwerfen, dass seine Kraft schwach sei, weil er etwas vorher bestimmt habe, was über seine Kraft ging. Indem er nun die neue Religion statt jener einführte — sie wurde in Predigten verkündigt, die von göttlichen Kräften bezeugt wurden —, hob er zuerst den Judaismus und Hellenismus auf, später aber wird er durch Thaten, die ebenfalls gottgewirkt sein werden, schlechthin jeden Irrtum bei Menschen und Geistern ausrotten und mit dem Irrtum zugleich alles Übel in der Welt. Wenn aber in Bezug auf die Religionsübung und die Lehre vom Glauben und Leben nicht alle, welche die (richtige) Religion angenommen haben, dieselbe Ansicht über dieselben Dinge gefasst haben und haben, sondern die einen die richtige, die andern aber falsche, so kann man daraus, dass sie ihren Glauben, sei es aus Sorglosigkeit, sei es aus anderweitiger Schwäche, nicht richtig verstehen, keineswegs eine Anklage gegen Gott ableiten, als gebräche es ihm an Kraft, da doch nur die Schwäche jener Leute schuld ist. Ferner, dass die Orthodoxen an Zahl gering sein werden, das hat die neu eingeführte Religion selbst verkündigt; man vergleiche z. B. den Spruch: „Viele sind berufen, aber wenige sind auserwählt," oder den anderen: „Denn der Weg ist schmal und eng, der zum Leben führt, und wenige sind es, die ihn finden." Und ähnlich auch über die Häresieen, die der Herr in seinen Gleichnissen „Unkraut" und „faule Fische" nennt. Wenn also in der christlichen Religion nichts Falsches ist — wie die Thatsachen beweisen, die aus dem Vergangenen [Eingetroffenen] das Zukünftige sicher stellen —, so ist schlechterdings kein Vorwand vorhanden, um Gott zu verleumden, als gebräche es ihm an Kraft, oder um zu behaupten, die Einführung der neuen Religion statt der anderen sei unnütz. Diese neue Religion hat jetzt den Judaismus und Hellenismus aufgelöst und wird später auch die Häresieen auflösen.

17 (2). Wenn die zukünftigen Ereignisse, wie kriegerische Triumphe, feindliche Anläufe und Zerstörungen von Städten durch die Belagerer, von Propheten und Aposteln, aber auch von hellenischen Orakelsprüchen vorherverkündigt worden sind, wie können die Vorhersagungen jener für vorzüglicher erachtet werden als dieser „Auswärtigen", da doch beide die Zukunft vorherverkündet haben?

Antwort: Alles dies steht unter der Leitung desselben Gottes, sowohl die Vorhersagung durchs Wort, als die Ausführung in der That; er hat durch die Propheten und Apostel das, was er thun würde, vorher verkündigt; ebenso aber auch durch solche, die der wahren Frömmigkeit fernstehen. Denn wie er durch den Wahrsager Bileam Israel gesegnet, aber die Feinde Israels verflucht hat und zwar dieses wie jenes durch Vorhersagen dessen, was sich ereignen wird, so hat er auch durch Wahrsagung dem König von Babylon, Nebukadnezar, die Eroberung Jerusalems vorherverkündigt, wie der Prophet Ezechiel sagt (folgt Ezech. 21, 21. 22). So hat er selbst auch durch die hellenischen Wahrsager alles das vorherverkündigt, was thatsächlich geschehen sollte. Aber es ist ein grosser Unterschied zwischen den Propheten und Wahrsagern; erstlich, die Propheten und Apostel haben die Erkenntnis und den Glauben und die Verehrung des Gottes besessen, in dessen Namen sie prophezeiten, und alles, was die Propheten über die Zerstörung der hellenischen Götter und Orakel und über die Stabilierung des Christentums vorhergesagt haben, das ist so eingetroffen; zweitens, nichts von dem, was die Wahrsager vorherverkündigt haben, sei es gegen den Gott der Wahrheit, sei es gegen seine Verehrer oder zu Gunsten der Stabilierung des Hellenismus, ist eingetroffen. Beweis dafür ist der Untergang der Assyrier: sie stützten sich auf eine Wahrsagung, die sie empfangen hatten, und behaupteten, dass sie nicht ohne den Willen des Herrn hinaufzögen wider dies Land, um es zu verwüsten — „Der Herr hat zu mir gesagt: Ziehe hinauf und verwüste es" —, aber als er [der Assyrierkönig] hinaufzog, wurde er wider den Orakelspruch selbst verwüstet.

18 (3). Wenn alle Sünder bei der Auferstehung bestraft werden, härter aber die, welche den Willen Gottes erkannt und nicht gethan haben, welch ein Unterschied ist zwischen einem Christen und einem Hellenen, einem Getauften und einem Ungetauften, einem Orthodoxen und einem Nichtorthodoxen?

Antwort: Wenn nach dem Apostel Paulus der Gläubige, der für die Seinigen nicht sorgt, Gott verleugnet und schlechter als die Ungläubigen ist, so ist der, welcher zu der Erkenntnis und dem Glauben und der Taufe nicht auch die charakteristische Lebensführung, wie sie dem Jünger Jesu geziemt, hinzufügt, sondern nur den Schein der Frömmigkeit hat, aber ihre Kraft verleugnet, schlechter als die Ungläubigen; denn es ist um so viel schlimmer, mit Erkenntnis zu sündigen, wie ohne Erkenntnis, als die unentschuldbare Sünde schlimmer ist, wie die Sünde, welche entschuldbar ist.

19 (4). Wenn die Häretiker mit allen Kräften sich bemühen, die wahre Lehre zu erkennen und zu bewahren, es aber nicht vermögen, ist es da nicht ungerecht, sie als von der Wahrheit Abgefallene zu bestrafen?

Antwort: Die Voraussetzung ist falsch; denn die Häretiker bemühen sich nicht mit allen Kräften, im Gegenteil — sie weigern sich die Wahrheit anzunehmen, wenn sie ihnen von denen, die sie gefunden haben, gezeigt wird. Auch zeigt die Verdammungssucht, mit der sie sich gegenseitig bekämpfen, dass sie selbst gar nicht daran denken, die Irrtümer in der Lehre auf Schwäche zurückzuführen. Auf dem Ehrgeiz der Häresiarchen, die der Apostel „reissende Wölfe" genannt hat, beruhen alle Häresieen. Dass aber, wer die Wahrheit mit allen Kräften sucht, sie auch findet, hat der Herr ausdrücklich bezeugt (Matth. 7, 8).

20 (5). Wenn in den Kirchen der Häretiker Wunderthaten geschehen (Krankenheilungen, Austreibungen unreiner Geister, reiche Ernten, Hervorsprudelung von Öl), wie sollen sie da nicht in ihrem Irrtum bestärkt werden?

Antwort: Dass Gott seine Sonne über Böse und Gute aufgehen lässt, ist keine Bestärkung der Bösen, sondern eine Vorbereitung zum Gericht. Ebenso ist die Thatsache, dass einige Häretiker Wunder thun, keine Bestärkung für sie. Wenn sie es wäre und das Wunderthun stets Frömmigkeit bezeugte, hätte der Herr nicht zu solchen, die in seinem Namen Wunder gethan, sprechen können: „Ich habe euch noch nie erkannt." Wie er uns geboten hat, den hungernden und dürstenden Feind zu speisen und zu tränken, so verfährt er auch selbst, feurige Kohlen auf das Haupt derer sammelnd, die den Geber der Gnade nicht wie sich's gebührt erkennen.

21 (6). Wenn im Jenseits die Sünder Schmerz und die Gerechten Freude empfinden werden, beides aber unter den Begriff des „Pathos" fällt, wie kann man behaupten, dass nach der Auferstehung „Apathie" den Menschen zuteil werde?

Antwort: Bei den Auferstandenen hört der natürliche Wechsel auf, und zwar sowohl der Wechsel von Freude und Schmerz, als der Wechsel zwischen Mehr und Weniger. Wenn man sich auch im Jenseits über die verschieden grossen Güter in verschieden grosser Freude freut, so bleibt doch in Hinsicht auf jeden einzelnen Punkt das Mass der Freude unwandelbar. Mit denen aber, die zum Gericht auferstehen, steht es mutatis mutandis nicht anders.

22 (7). Wenn die Wahrnehmung des Guten und des Bösen einen Wandel (in der inneren Stimmung) bedeutet, wie können die (im Jenseits) Strafe Leidenden und wiederum die Seligen als „unwandelbar" bezeichnet werden, da jene den Frieden der Ge-

rechten, diese die Strafe der Sünder wahrnehmen? Bei diesen wie bei jenen muss sich doch die Empfindung steigern, so oft sie ihren Zustand mit dem entgegengesetzten vergleichen.

Antwort: Im Jenseits hat alle Empfindung ihr festes Mass und kann durch keine Contraposition gesteigert oder verringert werden; denn alles ist dort unwandelbar, wie nach der Qualität, so auch nach der Quantität.

23 (8). Wenn wir von Gott die Erkenntnis des Guten und Bösen zusammen mit unserem Sein empfangen haben, ist der, welcher die Erkenntnis und die Fähigkeit in Bezug auf beides in unsere Natur gepflanzt hat, damit wir es vollziehen, nicht der Urheber von Gut und Böse?

Antwort: Nein; denn er hat uns auch einen freien Willen geschenkt; durch diesen hat er uns zu Herren gemacht; denn dass wir gut oder böse sind, hat er nicht in die Erkenntnis von Gut und Böse gelegt, sondern in die freie Wahl. Der freie Wille, nicht Gott, ist demnach die Ursache, dass wir gut oder böse sind. Wer eine Hure als solche erkennt, ist deshalb noch kein Hurer; ja selbst wenn ihn diese Erkenntnis aufregt, ist er es noch nicht, sondern erst, wenn er in Gedanken oder in der That einwilligt. So ist auch nicht die Erkenntnis der guten und bösen Menschen die Ursache, dass sie gut oder schlecht sind, sondern die freie Entscheidung, die da auf Grund vorzüglicherer Wertschätzung das ihr gut Scheinende wählt.

24 (9). Wenn Gott das vorher Angegebene [s. die vorige Frage] geschenkt hat, jeden aber nach seinen Thaten krönt oder bestraft, wie besteht dabei seine Gerechtigkeit, da der Mensch Erkenntnis und Fähigkeit von ihm hat?

Antwort: Man muss zwischen ἡμεῖς und ἐφ' ἡμῖν unterscheiden: „wir" sind männlich und weiblich: „unsre Sache ist es," ehrbar oder Hurer zu sein. Nur auf letzteres, d. h. auf den freien Willen, bezieht sich das Gericht. Die uns von Gott zum Handeln verliehenen Fähigkeiten hat Gott unter die Herrschaft des freien Willens gestellt. Wir haben von Gott die Fähigkeit erhalten des Thuns und Nichtthuns; jene in Bezug auf das Gute, diese in Bezug auf das Böse; kehren wir das um, so werden wir mit Recht bestraft.

25 (10). Wenn das Leibliche, was von den Dichtern über die griechischen Götter und von den Propheten über Gott ge-

sagt ist, nach allegorischer Erklärung einen anderen Sinn hat, ergiebt sich da nicht beides als Mythus?

Antwort: Das allegorisch von den Propheten über Gott Gesagte ist κατ' ἀναφορὰν ἐκ τῶν φύσει εἰς τὰ μὴ φύσει gesagt (z. B. „Gott riecht einen süssen Geruch“, ist von den Menschen — ihnen kommt es φύσει zu — hergenommen und ist καταχρηστικῶς καὶ οὐ φύσει von Gott gesagt). Das aber, was von den Dichtern mythisch über die Götter gesagt ist (z. B. über Kronos, der den Zeus verschlingt). ist nicht κατ' ἀναφορὰν ἐκ τῶν φύσει εἰς τὰ μὴ φύσει gesagt; denn nicht frisst ein Mensch den anderen κατὰ φύσιν auf. Hier handelt es sich um Mythen. Ein Mythus aber ist eine haltlose Geschichte, die da ausser der Lüge nichts enthält.

26 (13). Wenn die Auferstehung um der Vergeltung willen — wie man das Leben gelebt hat — geschieht, auferstehen da die kleinen Kinder und die im Mutterleibe Abgestorbenen nicht umsonst, da sie doch weder eine Vergeltung für das, was sie gethan, erhalten können, noch einer Empfindung für Erquickung und Schmerz fähig sind?

Antwort: Wer an das Wort glaubt: „Es wird gesäet in Schwachheit, es wird auferstehen in Kraft,“ der kann und muss auch die Auferstehung der Kinder glauben. Gott, der ihnen Unsterblichkeit verleiht, kann ihnen auch Empfindungsfähigkeit für die mit der Unsterblichkeit verbundenen Güter geben. Dazu: dort giebt es kein Klein oder Gross, sondern alle sind vollkommen in dem geistlichen Alter. Das besagt das Wort: „Es wird auferstehen in Kraft.“ Würden sie nicht auferstehen, so wären sie umsonst geschaffen; Gott thut aber nichts umsonst. Sinnlos wäre es auch, den Kindermord an Herodes zu rächen, wenn diese Kinder gar nicht mehr existierten. Auch an das Hüpfen des Johannes im Leibe seiner Mutter und an die Lobgesänge der Kinder und Säuglinge hat man sich zu erinnern.

27 (14). Wenn die Ketzertaufe falsch und nichtig ist, warum taufen die Orthodoxen die Ketzer nicht wieder, die sich zur Orthodoxie geflüchtet haben, sondern lassen sie in ihrer unechten Taufe, als wäre sie echt? Wenn sie nun vielleicht gar auch die von Ketzern erteilte Ordination als kräftige gelten lassen, wie kann man den, der da aufgenommen wird, und die ihn aufnehmen, von Tadel freisprechen?

Antwort: Tritt ein Häretiker zur Orthodoxie über, so wird der Fehler der Kakodoxie durch die Sinnesänderung korrigiert, der Fehler bei der Taufe durch die Salbung mit dem h. Myron, der Fehler bei der Ordination durch die Handauflegung. Alles Alte (Fehlerhafte) wird also beseitigt.

28 (15). Wenn Hiob nicht gesündigt hat, als er den Tag seiner Geburt verfluchte, so ist er offenbar als Gerechter erhört worden. Ist er aber erhört worden, so hat Gott seine eigene Bestimmung umgestürzt, und man muss in der h. Schrift die Vernichtung jenes Tages aufspüren. Ist er aber nicht erhört worden, wie kann man da der Aussage entfliehen, dass er nicht erhört wurde, weil er sündig war; denn „Gott erfüllt das Verlangen derer, die ihn fürchten.“ Von den Sündern aber gilt: „(Auch) wenn ihr euer Flehen viel macht, werde ich euch nicht erhören.“

Antwort: Hiobs.Verfluchung ist uneigentlich zu verstehen („O wenn doch verflucht gewesen wäre“); hätte Hiob den Tag wirklich verflucht, so hätte Hiob den Fluch später zurücknehmen müssen. Er war nur Ausdruck seines grossen Leidens; als dieses von ihm wich, hat er offenbar auch seine Meinung über seinen Geburtstag geändert.

29 (19). Wenn die Divination aus den unwillkürlichen Bewegungen der Glieder zu den von den Frommen verbotenen Dingen gehört, warum vermögen sie die Frommen trotz aller Anstrengung nicht zu beseitigen, sei es nun, dass sie etwas Erfreuliches·oder Trauriges anzeigt? Und wenn die Sache etwas Schlimmes an sich hat, warum tritt sie doch unwillkürlich ein? Wenn aber etwas Gutes, was ich nicht glaube, warum ist sie untersagt?

Antwort: Die Vorschau der Zukunft ist Sache der Seele, die da von dem göttlichen Geist (nicht von einer unwillkürlichen körperlichen Bewegung) zur Erkenntnis noch verborgener Dinge erleuchtet wird; das Gliederzucken aber ist ein körperliches Erleiden, das aus dem physischen Geiste stammt, der in dem Körper aller Lebewesen wohnt. Deshalb haben die Heiligen geurteilt, dass eine solche körperliche Bewegung ein unwürdiges Kriterium der Zukunft sei. Und wie das Niessen und Ohrensausen ohne unseren Willen geschieht. so auch das Gliederzucken. Für solche aber, welche die Hoffnung auf den zu-

künftigen Zustand empfangen haben und das Eine erstreben, für
diesen in allen Stücken vorbereitet zu sein, ist es überflüssig,
das Erfreuliche oder Traurige hienieden durch die Gliederzuckung-
deutung vorherzuwissen. Übrigens ist sie lügnerisch, denn wenn
ein bestimmtes Zucken, welches Reichtum bedeutet, den in der
Welt Stehenden und den Asketen befällt, so kann sich beim
Asketen die Deutung nicht erfüllen, da dieser nicht nach dem
Erwerb noch nicht vorhandener Güter strebt, ja sogar auf die
vorhandenen verzichtet.

30 (20). Wenn die Fischer die Fische zum Tode und zur
Vernichtung aus dem Wasser ziehen, wie hat der Herr Christus,
der doch die Menschen durch die Apostel in das ewige Leben
einführen wollte, verheissen können, die Apostel würden „Menschen-
fischer" sein?

Antwort: Da die Menschen, die von den Aposteln im Netz
des Reiches (Gottes) gefangen werden, ihrem früheren Sünden-
leben absterben sollen, deshalb hat der Herr den Menschenfang
dem Fischfang verglichen; er hat aber hinzugefügt „zum Leben",
um so, was in dem Beispiel (Gleichnis) fehlte. der Sache hinzu-
zufügen.

31 (21). Wenn die Mönche, von der Enthaltsamkeit geleitet,
die ehelichen Freuden verschmäht haben. weshalb erleiden sie
in den Schlafphantasieen das von ihnen nicht Gewollte, dass sie
sogar mit ihren Müttern und Schwestern im Traume Umgang
pflegen? Was sollen sie zur Befreiung von solcher Anfechtung
thun? Und muss sich der also Angefochtene der Mysterien enthalten, und wenn er sie nicht vermeiden kann, muss er sich
baden oder (um sich nicht auf jüdische Weise zu reinigen) etwas
Ähnliches thun? Gieb eine Belehrung hierüber; denn viel Fragens
ist über diesen Punkt auch bei den Nachdenklicheren.

Antwort: Für Unfreiwilliges — und was im Schlafe pas-
siert, gehört zu dem Unfreiwilligen — ist man nicht verant-
wortlich. Obschon der Teufel dies sehr wohl weiss, schafft er,
der die Gottesmänner am wenigsten in Ruhe lässt, die Phanta-
sieen, um sie durch die rühmlichen zu ungerechtfertigtem Rühmen
anzustacheln, durch die schlechten zur bösen Lust. Sobald wir
über die schlechten trauern — trauern und sich freuen, das
steht in unsrer Macht —, ist seine Macht gebrochen. Also genügt es, über solche nächtliche Widerfahrnisse zu trauern und

zu weinen; mehr ist nicht nötig. Schlechterdings ungerechtfertigt aber ist es, ihretwegen an den göttlichen Mysterien nicht teilzunehmen; denn das würde den Unterschied des Freiwilligen und Unfreiwilligen bei den Bösen verwischen.

32 (22). Wenn der Herrscher und Herr Christus gesagt hat, dass mit dem Weizen das Unkraut wachsen werde, wie kommt es, dass dieses sich vermehrt hat, jener aber fast verschwunden ist? Und, giebt es einen Beweis, dass das Verschwindende eben der Weizen ist? Ist aber nicht die Prophezeiung, sie sollten „zusammen wachsen," nicht Lügen gestraft?

Antwort: Die zweite Frage beantwortet sich aus Matth. 24, 12; I Tim. 4, 1; II Tim. 4, 4 und Act. 20, 29 f. Dass aber Weizen auch noch am Ende vorhanden sein werde, folgt aus Matth. 24, 22. Nur wenn sich mit dem Weizen etwas ereignen würde, was nicht über ihn (vorher) verkündigt ist, würde jenes über ihn gesagte Wort als falsch erscheinen. Wenn dies nicht der Fall ist, vielmehr sich alles erfüllt, was vom Beginn der Verkündigung bis zum Ende der Welt vom Weizen gesagt ist, gilt das Umgekehrte. Übrigens, wenn Unkraut da ist, ist notwendig auch Weizen vorhanden; denn nur aus der Vergleichung wird Weizen und Unkraut erkannt. Ist das eine nicht da, so kann auch nicht mehr erkannt werden, was das andere ist.

33 (23). Wenn der Herr vor seinem Leiden darum gebeten hat, dass seine Jünger vom Vater geheiligt und bewahrt werden, nachher aber Judas verloren ging, wie kann jene Bitte als erfüllt erscheinen? Wie kann auch das andere Wort zutreffend sein: „Ich weiss, dass du mich immer erhörst?"

Antwort: Die Fürbitte für die Jünger geschah, nachdem sich Judas, in den der Teufel gefahren war, bereits entfernt hatte und sein Verderben bereits perfekt geworden war (vgl. Joh. 17, 12).

34 (24). Wenn Gott der Demiurg und Herr der Schöpfung ist, wie können die wunderbaren Schutzvorrichtungen des Apollonius in Bestandteilen des Geschaffenen kräftig sein? denn sie hindern, wie wir sehen, den Ansturm des Meeres und die Gewalt der Stürme und das Eindringen von Mäusen und wilden Tieren. Und wenn die vom Herrn bewirkten Wunderthaten nur noch in der Erzählung fortleben, die von Apollonius bewirkten aber zu einem sehr grossen Teil noch an den Gegenständen selbst haften

und fortdauern — wie muss das nicht die Anschauenden täuschen?
Und wenn dies nach göttlicher Zulassung geschieht, wie wird
nicht solche Zulassung ein Wegweiser zum Hellenismus? Oder
wenn nicht — muss dann nicht die Kraft der Dämonen hier
das Bewirkende sein? Wiederum aber, wenn Gott selbst mit
seiner Kraft zu diesen Schutzwundern hilft, weil er an ihnen als
an etwas Gutem Freude hat, warum ist nicht durch Propheten
und Apostel ähnliches geschehen? Wenn er aber kein Gefallen
an ihnen hat, als an etwas Schlechtem, warum hat er dies
Schlechte nicht entweder sofort gehindert oder gleich darauf
abgethan, warum hat er zugelassen, dass es bis zum Ende sich
Bestandteile des Geschaffenen unterwirft?

Antwort: Apollonius hat als ein Mann, der der Naturkräfte
und der in ihnen gelegenen Sympathien und Antipathien kundig
war, durch diese Wissenschaft — nicht in göttlicher Macht — die
wunderbaren Schutzvorrichtungen gemacht: daher hatte er für
sie alle geeignete materielle Stoffe nötig, die ihm zur Herstellung
der Talismane dienten. Unser Heiland Christus aber, der in
seiner göttlichen Macht die Wunderthaten verrichtete, bedurfte
schlechterdings keines Stoffes, sondern seinen Befehlen und Vorhersagungen folgten und folgen die Dinge. Und die von Apollonius hergestellten Talismane hat der Herr nicht zerstört, da sie
auf Grund der Wissenschaft von den Naturkräften zum körperlichen (irdischen) Nutzen der Menschen wirksam sind, aber dem
Dämon, der in der Statue des Apollonius seinen Sitz genommen
und bei den Orakelsprüchen die Menschen trügerisch verführt
hat, den Apollonius wie einen Gott zu verehren, dem hat er das
Maul gestopft, indem er seine Orakel abgethan hat. Mit ihm
zusammen hat er auch die Macht aller übrigen Dämonen, die
unter dem Namen von Göttern von den Hellenen verehrt werden,
zerstört, wie das offen am Tage liegt. Da wir aber hierin die
Erkenntniszeichen für die göttliche Macht Christi besitzen, so
darf man nicht sagen, dass die Wunderthaten Christi lediglich in
der Erzählung fortleben.

35 (25). Wenn „Moses in jeglicher Weisheit der Ägypter
unterrichtet wurde und mächtig war in Werken und Worten“,
wie die göttliche Schrift sagt, wie hat dieser selige Prophet die
Astronomie und Geometrie und Astrologie und die zu ihnen gehörigen Disciplinen nicht gelernt (scil. wie war es ihm möglich,

sie bei Seite zu lassen)? Denn die „Weisheit der Ägypter" umfasste damals diese Lehren des Irrtums. Warum wird er nun um solcher Worte oder Werke willen von der Schrift bewundert?

Antwort: Die göttliche Schrift bewundert den Propheten der Macht seiner Worte und Werke wegen, nicht der Worte und Werke an sich wegen. An sich waren sie des Lobes nicht würdig; aber weil er seine Bildung und seine edle Lebensführung, durch die er bei den Ägyptern so angesehen war, ganz seiner Frömmigkeit unterwarf, darum bewunderte ihn die h. Schrift. Die Astronomie, Geometrie und Astrologie aber galten damals bei den Ägyptern als wertlose, niedrige und gemeine Disciplinen (scil. daher brauchte Moses sie nicht zu lernen, und hat sie nicht gelernt); dagegen war damals hochgeehrt bei ihnen die Wissenschaft, welche die hieroglyphische heisst, und sie wurde im geheimen nur Auserwählten, nicht aber dem ersten besten überliefert. Von ihr aber machte der Prophet, wenn er auch die Kenntnis hatte, doch niemals Gebrauch, da dies der gottgemässen Lebensführung der Hebräer widersprach. Um dieser Lebensführung willen verachtete er die ganze königliche Macht in Ägypten (scil. die er hätte haben können), und „zog es vor, mit dem Volke Gottes zusammen zu leiden."

36 (26). Wenn Moses alles Wasser zu Blut gemacht hat, wie kann die Schrift hinzufügen: „Es thaten aber auch die ägyptischen Zauberer also"? Entweder ist es falsch, dass Moses „alles" Wasser verwandelt hat, oder dass die Zauberer es ebenso gemacht haben. Dieselbe Erwägung ergiebt sich auch bei den übrigen Wundern, die damals sich ereigneten.

Antwort: Nachdem Moses alles Wasser in Blut verwandelt hatte, sahen sich die Ägypter, um nicht samt ihrem Vieh zu verdursten, genötigt, längs des Flusses Brunnen zu graben. Dieses Wasser verwandelten die Zauberer in Blut. Also hat die Schrift nichts Falsches gesagt. Übrigens — Moses verwandelte in der Kraft Gottes die Gegenstände wirklich in etwas anderes, die Zauberer dagegen spiegelten in Kraft der Dämonen solche Verwandlungen nur vor und machten die Leute glauben, dass sie eine Schlange sähen, wo doch keine Schlange da war, und dass sie Blut und Frösche sähen, ohne dass solche vorhanden waren.

37 (27). Widerspricht Moses nicht sich selbst, wenn er die Gebeine des Joseph mitführt, den aber, der einen Toten berührt, wie einen Unreinen verabscheut? Wenn es dafür eine vernünftige Ursache giebt, so wollen wir uns über sie jetzt unterrichten lassen. Warum aber hat die Schrift nicht gesagt, warum Moses das eine that und das andere lehrte?

Antwort: Das höhere Gebot (Joseph hatte durch einen Eid die Kinder Israels verpflichtet, seine Gebeine überzuführen) muss dem geringeren weichen, bez. die Verletzung des geringeren (die gesetzliche Bestimmung steht dem Eide nach) wird in solchen Fällen von Pflichtenkollisionen von Gott verziehen, vgl. die Beschneidung am 8. Tage, den siebentägigen Umzug um Jericho und die Darbringung von Opfertieren am Sabbath. (Hier erscheint überall das Sabbathsgebot verletzt). Wenn der Prophet nun angeordnet hat, dass die sich ablösenden Träger der Gebeine Josephs sich, wie das Gesetz es vorschreibt, durch Waschungen reinigen sollen, so hat er sich in keinen Widerspruch zu seinen eigenen Worten gesetzt. Aber zu fragen, warum der Prophet nicht selbst den Grund für sein (scheinbar widerspruchvolles) Verhalten angegeben hat, ist gleichbedeutend mit der Behauptung, man müsse sagen können, warum nicht alle h. Schriften von ihren Herausgebern mit einem Commentare versehen überliefert seien. Da in der Erzählung des geschichtlichen Vorgangs klärlich Ursache und Sinn desselben enthalten ist, hat die h. Schrift geurteilt, der Vorgang brauche nicht mit einer Erklärung veröffentlicht zu werden.

38 (28). Wenn der Herr, die heuchlerische Frömmigkeit der Pharisäer überführend, gesagt hat, sie seien „übertünchte Gräber, voller Gebeine und alles Unflats", und wenn im Gesetz, wer einen Toten berührte, für unrein galt, wie thun die Hellenen etwas Verkehrtes, wenn sie die Toten und ihre Gräber verabscheuen, da sowohl vom alten wie vom neuen Testament der Tote unrein genannt wird? wie hat Christus nicht wider beide Testamente gehandelt, wenn er, den Sohn der Wittwe auferweckend, den Sarg berührte und die Hand der Tochter des Jairus ergriff? Denn wenn auch beide nachher aufstanden, so wurden doch ihre Körper berührt, als sie noch erstorben waren.

Antwort: Nur des scheusslichen Gestanks, nicht des Abgestorbenseins wegen verabscheute man die Leichname und ihre

Gräber. Sonst dürfte man die Körperteile toter Tiere, wie Felle, Hörner u.s.w. nicht benutzen. Verabscheute man diese aber nicht, weil sie nützlich sind, so ist es grundverkehrt, dass die Hellenen die Abfälle toter Tiere unbefangen gebrauchen, also für rein halten, die Leichname und Gräber der heiligen Märtyrer aber verabscheuen, die doch wider die Anläufe der Dämonen schützen und Krankheiten heilen, welche der ärztlichen Kunst spotten. Nur um des Gestankes willen hat der Herr die heuchlerische Frömmigkeit der Pharisäer mit den Gräbern verglichen; denn wenn die Furcht Gottes aus der Seele weicht, so stirbt sie ab und stinkt und ist unrein. Endlich, der Herr hat nichts wider das alte oder neue Testament gethan. Er stand nicht mehr unter dem Gesetz, als er jene Toten auferweckte; denn von seiner Taufe an begann die evangelische Politie, die von der Gesetzesbeobachtung frei ist. Also stand er auch nicht mehr unter dem Gebot, keinen Toten zu berühren. Im neuen Bunde verunreinigt die Berührung eines Leichnams nicht mehr, sondern nur das Böse, was aus dem Herzen kommt, verunreinigt.

39 (29). Wenn das Haus, in welchem der Herr den Gichtbrüchigen heilen sollte, so von Menschen angefüllt war, dass die Träger des Kranken das Dach abdecken und ihn von oben herunter lassen mussten, wie kam die Menge nicht bei dieser Unternehmung zu Schaden?

Antwort: Die Träger haben sie vorher laut gewarnt, und und die Menge wich zurück. Übrigens brauchte nicht das ganze Dach abgedeckt zu werden.

40 (30). Wenn jeden Menschen ein Engel als Wächter begleitet, wie die h. Schrift sagt, die Menschen aber je nach ihren Thaten bald vermehrt, bald vermindert werden — letzteres z. B. in der Sintflut und bei anderen Calamitäten —, welchen Dienst haben dann die ledig gewordenen Engel zu verrichten, da ihre Zahl weder vermehrt noch vermindert werden kann, und da doch jeder Engel von Anfang an von Gott mit einem Dienst betraut ist?

Antwort: Alle Engel, die führenden und die ausführenden, haben stets einen Dienst, der den Menschen und dem, was um des Menschen willen da ist, nützlich ist. Die als begleitende Wächter der Menschen Verordneten nehmen an Zahl stets zu, niemals aber ab. Entweder begleiten sie die Seele und den Leib (scil. solange der Mensch lebt), oder sie folgen der Seele nach ihrem Austritt aus dem Körper bis zu dem Zeitpunkt der Erneuerung der Welt. Solange sie aber noch nicht zum Wächterdienst bei den Menschen bestellt sind, sind sie, ihren Führern untergeben, in anderen Diensten zum Besten der Menschen thätig.

41 (31). Wenn die Wolken auf das Geheiss Gottes den Regen hinabschütten, warum bewirken die sog. Nephodiokten durch gewisse Zaubersprüche, dass, wo sie es wollen, die Wolken Hagel und unendliche Regenmassen herabsenden?

Antwort: Da dies keinen Schriftgrund hat, so ist es auch unglaubwürdig, und du, der du diese Frage gestellt hast, stützt dich dabei nicht auf etwas, was du selbst gesehen hast, sondern nur auf etwas, was du gehört hast.

42 (32). Wenn Gott unsre Natur sterblich geschaffen hat, wie heisst es: „Gott hat den Tod nicht gemacht“?

Antwort: Wenn etwas von Natur sterblich ist, braucht es deshalb nicht zu sterben. Henoch und Elias waren von Natur sterblich und leben doch noch jetzt in Unsterblichkeit und sind über den Spruch erhaben: „Erde bist du und zur Erde wirst du zurückkehren“. Das Wahre ist: unsre Natur ist als sterblich von Gott geschaffen, der Tod aber ist durch den Ungehorsam des Menschen in die Welt gekommen. Hätte Gott, wie die Sterblichkeit der Natur, so auch den Tod geschaffen, so hätte er den Tod nicht um des Ungehorsams willen eingeführt, sondern ohne Rücksicht auf den Ungehorsam. Stammt aber der Tod aus dem Ungehorsam und hat Gott den Ungehorsam nicht gemacht, so hat er auch den Tod nicht gemacht.

43 (33). Wenn die Natur der Menschen als Sterblicher von begrenzter Lebensdauer ist, diese Grenze aber nicht durch eine Bestimmung — die Nicht-Christen nennen sie Fatum — für jeden einzelnen von vornherein festgelegt ist, wie sind dem Ezechias Jahre „zugelegt“ worden? Zulegen kann man doch nur zu einer bestimmten Zahl. Wie kann man nun zeigen, dass die Lebenszeit für die Sterbenden doch nicht von vornherein festgelegt ist?

Antwort: Dass sie nicht von vornherein festgelegt ist, folgt aus Deut. 22, 25—27; denn hier wird der gewaltsame Beischlaf mit dem gewaltsamen Mord verglichen. Das hätte nicht geschehen können, wenn der Tod von vornherein von Gott be-

stimmt gewesen wäre; denn was von Gott bestimmt ist, vollzieht
sich ohne Gewalt und ist unvermeidlich. Also ist auch bei
Ezechias nicht eine bestimmte Anzahl von Jahren anzunehmen,
denen etwas hinzugefügt ist, sondern eine unbestimmte; diese
aber hätte eben damals durch eine tödliche Krankheit ein Ende
genommen, wenn Gott ihn nicht geheilt hätte.

44 (122). Wenn unsere Religion nicht von Stunden und
Tagen abhängt, wie hat bei der Hochzeitsfeier der Herr gesagt:
„Meine Stunde ist noch nicht gekommen"? Und wie hat der
Evangelist vom Herrn gesagt: „Niemand legte Hand an ihn,
denn seine Stunde war noch nicht gekommen"?

Antwort: Obschon unsre Religion nicht von Stunden und
Tagen abhängt, so geschieht doch das, was bei uns, bez. um
uns geschieht, teils zu geeigneter, teils zu ungeeigneter Zeit.
Die göttliche Schrift spricht in diesem Sinne von „Dasein der
Stunde" und von „Nicht-Dasein der Stunde", und so sind daher
die beiden oben genannten Sprüche zu erklären — nicht als ob
die zwingende Macht der Stunde seine Gefangennahme ver-
hinderte, sondern die göttliche Vorsehung. Dies ergiebt sich
auch aus Joh. 7, 1. Aber er wäre auch nicht (als Kind) nach
Ägypten entwichen, wenn die zwingende Kraft der Stunde imstande gewesen wäre, ihn vor Gefangennahme zu bewahren.

45 (34). Wenn, wie einige sagen, die Sintflut nicht auf der
ganzen Welt gewesen ist, sondern nur in den damals bewohnten
Gegenden, wie kann es wahr sein, dass „das Wasser über allen
hohen Bergen vierzehn Ellen hoch gestanden hat"?

Antwort: Die Behauptung, die Sintflut sei nicht generell
gewesen, erscheint unrichtig; es müssten denn die Gegenden, wo
sie geschah, tiefer gelegene gewesen sein als die übrigen Gegenden der Erde.

46 (35). Wenn alle unvernünftigen Tiere einen Schöpfer
haben, Gott, warum hat er die, welche gespaltene Klaue haben
und wiederkauen, rein genannt, warum aber die, welche wohl
wiederkauen, aber keine gespaltenen Klauen haben, wie das
Kamel, unrein, und ebenso die, welche wohl gespaltene Klauen
haben, aber nicht wiederkauen, wie das Schwein? Warum hat
er auch die Fische zu den unreinen gerechnet, die keine Schuppen
haben? Und warum hat er auch unter den Vögeln Unterschiede

gemacht, da doch unter den reinen solche sind, die dasselbe fressen und dasselbe thun wie die unreinen?

Antwort: Ihrer Natur nach sind alle Tiere rein und gut von Gott geschaffen (Genes. 1, 31) und haben den göttlichen Segen empfangen (Genes. 1, 28). Aber da die Juden, wie in allem Menschlichen, so auch in dem auf die Speise Bezüglichen dem Joche des Gesetzes unterworfen werden sollten, erhielten sie auch Speisegesetze; die Tiere, welche sie schlachten und essen durften, nannte Gott „reine“, die sie nicht essen durften, „unreine“. Rein und unrein heissen sie also: rein ihrer Natur nach, unrein um des Gesetzes willen. Noch aus einem anderen Grunde heissen sie rein und unrein: da in Ägypten damals alle Tiere ausser dem Schwein für göttlich galten, nannte Gott einige Tiere rein, andere unrein, und die einen gestattete er ihnen als reine zu opfern, die anderen aber verbot er ihnen als unreine zu essen, durch beides anzeigend, dass sie göttlicher Benennung und Ehre unwürdig seien, sowohl durch die Erlaubnis, sie zu opfern und zu essen, als durch die Bezeichnung „unrein.“

47. Wenn die gesetzliche Anordnung denen, die im alten Bunde standen, Enthaltung und Genuss von Unreinem und Reinem genau angegeben hat, wie kennen auch diejenigen, welche im neuen Bund stehen, Genuss von Reinem und Enthaltung von Unreinem, da sie doch kein Gesetz diesen Unterschied gelehrt hat? Wenn sie aber nach Massgabe der gesetzlichen Überlieferung so handeln, so müssen sie alles geniessen und von allem sich enthalten, was das Gesetz verkündigt hat. Wie essen sie nun doch nicht alles, was das Gesetz zulässt, z. B. nicht die Giraffe? Sind sie aber nicht unter das Gesetz verknechtet, wie enthalten sie sich dessen, was das Gesetz verboten hat, z. B. des Pferde-, Kamel-, Mausfleisches und was sonst unrein ist? Wenn sie nun weder in allen Stücken dem Gesetz folgen, noch ihm überall den Gehorsam versagen, erscheinen sie da nicht als solche, die beides, nämlich das Gesetz und die Gnade, zum Teil beobachten und übertreten und somit durch den Ungehorsam und die Zustimmung gegenüber beiden Grössen unter dem Gesetz und der Gnade stehen und wiederum nicht unter ihnen stehen?

Antwort: Im neuen Bund verunreinigt nichts von dem, was in den Mund eingeht, den Menschen. Man enthält sich in ihm vom Genuss nicht nach der Bestimmung des Gesetzes, sondern weil das frei entscheidende Gewissen die betreffende Nahrung als missfällig ablehnt. Einige aber enthalten sich um der Askese willen, weil es ihnen so gefällt, überhaupt sowohl der „reinen“ als der „unreinen“ Nahrungsmittel, obschon sie wissen, was I Tim. 4, 4 geschrieben steht. Sie stellen trotz dieses Spruches die Danksagung gegen Gott, die sich auf die Askese gründet, für noch grösser als die, die sich auf den Speisengenuss gründet. Somit ist nichts gemein [es ist nun eine Lücke im Text anzunehmen, die auch den Sinn der noch folgenden zwei Zeilen unverständlich macht].

48 (89). Wenn das Gefäss, welches Petrus in der Vision geschaut hat, die reinen und unreinen Vögel und Vierfüssler enthielt, wie uns die Schrift überliefert — denn das Wort „alle“ umfasst beides [das Reine und Unreine] —, und wenn dann der Apostel, aufgefordert, unterschiedslos zu schlachten und zu essen von dem, was ihm da gezeigt wurde, sich mit den Worten weigerte: „Nein, Herr, denn ich habe niemals etwas Gemeines oder Unreines gegessen“: wie ergiebt sich da nicht aus diesen Worten, dass der Apostel alle Tiere als unrein zu essen untersagt und somit den tadelt, der ihn aufgefordert hatte, von ihnen zu essen, da er ihm unreine Speise zu nehmen befehle?[1])

Antwort: Aus Petri Antwort lernen wir, dass nur unreine Tiere in dem Tuche waren; das Wort „alle“ muss nicht notwendig auch reine einschliessen; es kann sich auf die Gesamtheit der unreinen Tiere beziehen. So bezeichnet auch in dem Spruch I Kor. 11, 3 das Wort „jeglicher Mann“ nur alle gläubigen Männer. Dem Petrus ist die Annahme der unreinen Völker gezeigt worden, „deren Herzen Gott durch den Glauben an Christus gereinigt hat.“

49 (36). Wenn die Gottheit keiner Wandlung fähig ist, warum heisst es in Bezug auf die Salbung Sauls, sie habe Gott gereut und in Bezug auf die Zerstörung Ninives, er habe sich eines anderen besonnen?

Antwort: Gott ist in jeder Hinsicht (sowohl in seinem Sein, als auch in den Handlungen, wie sie ihm geziemen) unwandelbar.

---

1) Der Text ist nicht ganz sicher, meine Übersetzung daher nur ein Vorschlag.

In seinem Verhalten gegenüber den wandelbaren Dingen ist er freilich verschieden je nach dem Zweck und Nutzen; aber auch sein Verzeihen und sein Nichtverzeihen ist unwandelbar. Unwandelbar verzeiht er denjenigen, die ihre Fehler verbessern, und unwandelbar verzeiht er denen nicht, die sich nicht bessern. Jenes „es hat mich gereut" drückt also sein unwandelbares Nichtverzeihen aus, dieses „er hat sich eines anderen besonnen", sein unwandelbares Verzeihen; denn er ist unwandelbar und thut stets das, was seiner würdig ist; niemals wandelt er sich zu einer Handlungsweise, die seiner unwürdig ist.

50 (37). Wenn die Johannestaufe nicht gesetzlich war — und sie war es nicht —, war sie da nicht dem Gesetze widersprechend, und wie konnten dann die sich ihr unterziehen, die unter dem Gesetz standen? Waren sie nicht Übertreter des Gesetzes, wenn sie sich einer widergesetzlichen Taufe unterzogen? Wenn aber die Taufe der Gnade über dem Gesetze steht, ohne doch dem Gesetz entsprechend noch über dasselbe erhaben noch ihm widersprechend zu heissen — was ist sie dann?[1])

Antwort: Die Johannestaufe war das Proömium des Evangeliums der Gnade; deshalb war sie auch über dem Gesetz; denn nicht hätten die, welche gegenüber dem Gesetz gesündigt hatten, in dieser Taufe durch Reue und Glaube an Christus Verzeihung erhalten können, wenn sie nicht über dem Gesetz wäre.

51 (38). Wenn Johannes seine Jünger von der Messianität Christi durch die Sendung zu ihm überzeugen wollte — das haben einige behauptet — warum bezeugte er sie ihnen nicht mit klaren Worten, sondern legte Christus durch sie eine Frage vor? Wenn er selbst aber, weil er in den Kerker geworfen war, von verschiedenen Erwägungen bestimmt zum Zweifel an ihm bewegt wurde — auch dies haben einige behauptet —, warum fragt er, wie einer, der zur Erkenntnis gelangt ist, dass der Messias noch nicht gekommen sei? Die Frage nämlich: „Bist du, der da kommen soll, oder sollen wir eines anderen warten?", drückt die Meinung aus, dass der Messias noch nicht gekommen sei, sondern dass sein Kommen erwartet werde. Denn wäre er davon überzeugt gewesen, so hätte er nicht gefragt: „Bist du der Messias oder ein von dem Messias Verschiedener?".

---

1) Der Sinn ist nicht ganz klar, übrigens auch der Text unsicher.

Antwort: Dass Johannes sehr wohl wusste, der Messias sei bereits gekommen, muss jeder erkennen. Da aber verschiedene Gerüchte über Jesu Wunder im Umlauf waren, indem die einen sagten: „Es ist Elias, der solches thut", die anderen: „Jeremias", die dritten: „Ein anderer Prophet" — sandte Johannes, der diese Gerüchte in dem Kerker hörte, seine Schüler, um zu erkunden, ob der Wunderthäter eben der sei, für den er (einst) Zeugnis abgelegt habe, oder irgend ein anderer, den das Volk auf den Schild erhoben. Jesus aber merkte die Absicht des Johannes, that deshalb in Gegenwart der Johannesschüler viele Wunder und überzeugte sie und durch sie den Johannes, dass er es sei, der auch die unter fremdem Namen gefeierten Wunder gethan habe, er, nämlich derselbe, für den (einst) Johannes Zeugnis abgelegt hatte.

52 (39). Wenn der Herr Christus versprochen hat, nach seiner Erhöhung alle zu sich zu ziehen, wie kommt es, dass nicht alle zu dem Glauben an ihn gekommen sind? Wie konnte er ferner sagen: „Niemand kommt zu mir, es sei denn, dass ihn mein Vater ziehe", wenn er doch versprochen hat, dass er sie zu sich ziehen werde?

Antwort: Jegliche Rede (Verheissung) muss nach ihrem Ende beurteilt werden. Das Ende aber, nämlich das „alle zu sich ziehen", tritt ein, „wenn er alle Herrschaft und Gewalt und Kraft vernichtet hat". Man darf daher vor dem Ende nicht das, was zum Ende gehört, fordern. Es zieht aber der Vater zum Sohne, indem er dem Sohne Gewalt giebt und Kraft, alle zu sich zu ziehen. Nicht ist also der Zug des Vaters zum Sohne und der Zug des Sohnes zu sich selbst etwas Verschiedenes: daher widersprechen sich die beiden Sprüche nicht.

53 (40). Wenn die Dämonen stetig in den Besessenen weilen, wie können sie den anderen Schaden zufügen? Wenn sie aber dies so bewirken, dass sie die Besessenen zeitweilig verlassen, wie finden sich, wenn sie aus ihnen durch eine unsichtbare Gewalt vertrieben werden, keine Spuren mehr ihrer Gegenwart?

Antwort: . . . . . [Der Text ist in beiden Handschriften so entstellt und lückenhaft, dass ich ihn nicht zu übersetzen wage; übrigens ist mir auch der Schlusssatz der Frage nicht deutlich].

54 (41). Wenn Gott allein den Körpern Leben und Kraft zu geben vermag, wie bewirken dies die Dämonen, die die Körper der Besessenen so kräftig machen, dass sie die Fesseln und Ketten

sprengen? Denn „er war gebunden mit Ketten und Fesseln und zerriss sie und wurde vom Dämon in die Wüste getrieben.“

Antwort: Der Dämon hat nicht dem Körper des Besessenen jene Kräfte verliehen, sondern er selbst hat die Fesseln zersprengt, wenn auch die göttliche Schrift die Thaten des Dämon dem Besessenen selbst beilegt.

55 (42). Wenn die Dämonen über die Gebiete der Schöpfung nicht herrschen, wie konnten sie den Hellenen wegen Vernachlässigung der Orakel Strafen zufügen und sie, wenn die Götterbilder geehrt wurden, wieder zurückziehen und statt dessen Gutes erweisen? Woher kam ihnen die Kraft, beides zu bewirken?

Antwort: Es war eine Gewohnheit bei den Dämonen, sich zur Verführung der Menschen wie den Namen, so auch die Kraft Gottes beizulegen. Dass sie aber weder Strafgewalt in Bezug auf die ihnen Ungehorsamen noch Belohnungsgewalt in Bezug auf die Gehorsamen besitzen, ergiebt sich aus der Auflösung, welche der Hellenismus vom Christentum erfahren hat. Denn da zeigte es sich klärlich, dass der Hellenismus über keine andere Kraft gegen das Christentum verfügte als über menschliche Faust und menschliches Schwert; denn wenn dem Hellenismus eine göttliche Kraft, die für ihn, den untergehenden, stritte, zu Gebote gestanden hätte, so hätte er nicht der menschlichen Kraft bedurft, um sich vor der Auflösung zu retten, indem er umsonst erwartete, sich selbst durch sie von dem Untergang zu retten und seine Götter. Das ist der grösste Beweis der Schwäche der Dämonen und ihres vollständigen Unvermögens, göttliche Werke zu vollbringen, nämlich die Ungehorsamen zu bestrafen und den Gehorsamen Wohlthaten zu erweisen. Dazu — wenn aller Kultus sich auf Lebende und Empfindende richtet, ist es nicht offenbar eine Lüge, sie hätten die Strafen zurückgezogen, sobald die Götterbilder (wieder) verehrt worden seien, da sie ja weder leben noch empfinden, sondern sich gleich fühllos dem Kultus und dem den Orakeln erwiesenen Ungehorsam gegenüber verhalten.

56 (43). Wenn die Schrift sagt, dass zur Zeit der Sintflut „zwei, zwei“ und „sieben, sieben“ Tiere in der Arche Aufnahme gefunden haben, wie sind nicht vier und vierzehn aus den unreinen und reinen Tieren aufgenommen worden? Einige nämlich haben dies behauptet, andere aber gemeint, es seien nur je

zwei und je sieben gewesen. Wer von ihnen hat das Richtige gesagt?

Antwort: Die erste Behauptung ist die richtige; denn „zwei, zwei" bedeutet zwei männliche und zwei weibliche und „sieben, sieben" sieben männliche und sieben weibliche — diese sind die reinen und jene die unreinen.

57 (44). Haben Jesajas und Ezechiel dieselbe Vision gehabt, als sie die Tiere mit den vielen Augen sahen, oder eine verschiedene, und was bedeutete das Geschaute?

Antwort: Es handelt sich um etwas Verschiedenes. Die Vision des Jesajas bezieht sich auf das Mysterium Christi, der auf dem Thron der Herrlichkeit sitzt und durch die Darbietung seines Fleisches zur Speise (das bedeutet die Kohle, die an die Lippen des Propheten geführt wird) die Sünden der unfrommen Menschen reinigt. Die Vision des Ezechiel bezieht sich auf die Befreiung des jüdischen Volks von der Gewaltherrschaft Nebukadnezars und muss nach Daniel 4,30 erklärt werden. Die Zusammensetzung der Tiere aus dem Körper eines wilden und eines zahmen Tieres, bez. eines schwerleibigen und eines leichten, sollte den Israeliten Trost und Hoffnung gewähren; denn sie bedeutet die Verwandlung einer wilden Herrschaft in eine zahme (ruhige), bez. der Knechtschaft in Freiheit. Das Rad bedeutet die Wegführung in die Gefangenschaft und die Zurückführung in das Vaterland.

58 (45). Warum braucht bei Ezechiel der göttliche Spruch die Bezeichnung „Menschensohn", die sich doch bei den anderen Propheten nicht findet? Und hat Ezechiel die universale Auferstehung in Bezug auf die Totengebeine geschaut, und sind die Gebeine wirklich auferstanden und zu vollkommenen Menschen geworden, wie das Buch desselben Propheten lehrt? Sage uns das!

Antwort: Da durch den Propheten Ezechiel in der Vision die Auferstehung der Toten vorher gezeichnet werden sollte (jene Auferstehung, die thatsächlich geschehen soll durch den Menschensohn gemäss der Schriftstelle: „Es kommt die Stunde und ist jetzt, wo alle, die in den Gräbern sind, die Stimme des Menschensohnes hören werden, und die sie hören, werden leben"), wird er (Ezechiel) mit dem Namen „Menschensohn" bezeichnet. Wie Jesus, der Sohn Naves, als er in ausgezeichneter Kraft der Sonne und dem Monde den Stillstand anbefehlen sollte, den

Namen „Jesus" empfing, der von der Creatur durch Gehorsam geehrt wird, so empfängt auch Ezechiel den Namen „Menschensohn", und in der Vision erweckt er die Toten durch die Kraft dieses Namens. Bei Ezechiel aber war alles Vision, die Gebeine sowohl wie ihre Auferstehung. Diese Vision aber zeigte Gott dem Propheten, erstlich und vor allem, um durch sie die zukünftige universale Auferstehung zu bezeichnen, die durch Christus geschehen soll, sodann zum Trost der Israeliten, die in ihrer Gefangenschaft an sich verzweifelten und nicht mehr von der Herrschaft der Babylonier frei zu werden hofften. Wie erstorbene, in den Gräbern liegende Gebeine kamen sie sich vor, ohne Hoffnung, in ihr Land zurückzukehren. Dies bezeugt derselbe Prophet, indem er sagt (folgt Ezech. 37, 11).

59 (46). Wenn alle zum Leben gehörigen Dinge gut sind, warum werden in den Schriften die gelobt, die sich ihrer enthalten, und die getadelt, die sie brauchen? Wenn sie aber schlecht sind, warum sind diese schlechten Dinge mit unsrem Leben verkuppelt, und verkuppelt, während der Schöpfer doch gut ist?

Antwort: Nicht unbedingt lobenswert ist die Enthaltung von den zum Leben gehörigen Gütern, und nicht unbedingt zu tadeln ihr Gebrauch, sondern nur dann, wenn beides mit der gehörigen Vernunft geschieht, ist es zu loben, im entgegengesetzten Fall aber zu tadeln. Dass aber nichts, was der Natur nach schlecht ist, mit unserem Leben verkuppelt ist, das bekundet die göttliche Schrift, die, den Ursprung der Dinge lobend, sagt (folgt Genes. 1, 31). Wenn wir aber kraft unserer Freiheit das Gute verkehren, wird es schlecht; denn nicht ist Schlechtes in dem Leben, solange das in ihm befindliche Gute unverkehrt bleibt; also giebt es kein Schlechtes ausser als Verkehrung des Guten. Nichts Schlechtes ist also mit unserem Leben verkuppelt; denn das Schlechte ist nur durch unvernünftigen Gebrauch schlecht und nicht von Natur; Sache des freien Willens ist es, die Dinge gut oder schlecht, sei es zu gebrauchen, sei es nicht zu gebrauchen.

60 (47). Wenn in den Elementen keine Empfindung ist, warum führt Moses Himmel und Erde dem Volk als Zeuge vor und befiehlt Jesajas, ihnen zuzuhören, als er wider dasselbe Volk Klage erhob?

Antwort: Unter Himmel und Erde sind ihre vernünftigen

Bewohner zu verstehen, wie man unter „Stadt" die Bürger versteht: vgl. den Spruch: „Jerusalem. Jerusalem, die du tötest die
Propheten u. s. w." Nicht die Stadt hat getötet und gesteinigt,
sondern die Bürger.

61 (48). Warum sprach der Herr zu der Mutter Mariam nach
seiner Erweckung: „Rühre mich nicht an; denn ich bin noch
nicht aufgefahren zu meinem Vater"? Wenn es niemandem erlaubt war. ihn vor seiner Himmelfahrt zu berühren, wie konnte
er dies sehr bald darauf seinen Jüngern und dem Thomas gestatten? War es aber erlaubt, warum versagte er der Maria,
was er kurz darauf einer Mehrzahl erlaubte?

Antwort: Das vom Heiland gesprochene Wort an Maria
hat den Sinn: „Folge mir nicht nach. sodass du (wieder) stets
mit mir zusammen bist, wie in der Zeit vor meinem Kreuzestod."
Denn er wollte seine Jünger allmählich an den Verzicht ge-
wöhnen. ihn leiblich zu schauen und gegenwärtig zu haben.
Daher zeigte er sich weder stetig seinen Jüngern in den
40 Tagen, da er noch auf Erden verweilte. noch machte er sich
ihnen ganz unsichtbar, sondern er wechselte ab: bald zeigte er
sich, bald nicht.

62 (49). Wie kann bewiesen werden. dass bei der Weltschöpfung [nur je] zwei Bestien und Tiere, je ein männliches
und ein weibliches. hervorgebracht worden seien: denn dies
haben einige der frommen [Gelehrten] behauptet, um zu erweisen.
dass den ersten Menschen von Gott nicht Fellkleider aus der
Haut unvernünftiger Tiere gegeben worden seien [scil. sonst
wäre ja eine ganze Tiergattung untergegangen].

Antwort: Gott hat allerdings nur je ein Tierpaar geschaffen.
das sich dann auf natürlichem Wege fortgepflanzt hat. Die „Fellkleider" aber hat Gott nicht wie ein Mensch, sondern schöpferisch
gemacht. d. h. er hat nicht Tiere geschlachtet und ihre Felle zu-
sammengenäht, sondern er hat die Fellkleider selbst schöpferisch
hervorgebracht. Dies widerspricht nicht der Schriftstelle: „Gott
ruhete am 7. Tage von allen seinen Werken"; denn diese Stelle
besagt nur, dass er vom Schaffen im eigentlichen Sinn, d. h. vom
Schaffen dessen. was nicht war, ruhte. Die Felle aber, die
er nun machte, fing er nicht jetzt zu machen an, sondern sie
waren schon mit der Schöpfung der Tiere mitgeschaffen. Auch
die Stelle Genes. 2, 19 zeigt [im Vergleich zu 1, 24] durch das

„ἔτι“ bei ἔπλασεν, dass [nach der eigentlichen Schöpfung] noch ein zweites Werden erfolgt ist.

63 (50). Was bedeuten „Hosanna“ und „Halleluja,“ jene Worte, die einst die Kinder ausriefen und die wir bei unsern Hymnen brauchen?

Antwort: Halleluja bedeutet „Feiert in Hymnengesang das Seiende“, Hosanna aber „Überseiende Grossheit.“

64 (51). Wenn das Göttliche unwandelbar ist. wie konnte es so oft, wenn es geschmäht und gefeiert wurde, entsprechende Vergeltung [durch Strafe und Belohnung] üben?

Antwort: Gott vergilt jedem entsprechend, indem er dabei unwandelbar in der ihm eigenen Empfindung und Gerechtigkeit verharrt. Würde er aber die Schmähenden und die Dankbaren gleich behandeln, so wäre das ein Beweis von Empfindungslosigkeit oder von Ungerechtigkeit; beides aber ist Gott fremd.

65 (52). Wenn Saul. von frommem Eifer bewegt, die Bauchrednerinnen getötet hat, was trieb ihn [dann doch] dazu, eine Bauchrednerin um eine Vorhersagung anzugehen? Und hat sie den Samuel wirklich heraufgeführt, da dies doch die Schrift sagt? Und die Schrift sagt doch Wahres, aber der Vorgang ist offenbar schändlich.

Antwort: Wer mit göttlichem Eifer etwas thut, der streitet nicht wider Gott; Saul aber war nicht von göttlichem Eifer beseelt bei der Tötung der Bauchrednerinnen, denn er hasste nicht ihre Schändlichkeit, sondern handelte aus eigensüchtigem Motiv, um sich David gegenüber das Reich, das er liebte, zu erhalten. Die Bauchrednerin hat sich der Hülfe eines Dämons bedient, der die Augen der Zuschauer täuschte, so dass sie Samuel zu sehen glaubten, der doch nicht Samuel war. Gott aber gestattete dies und veranlasste auch, dass der Dämon in Bezug auf die Zukunft die Wahrheit vorhersagte. Da Gott nämlich den dem Samuel ungehorsamen Saul bereits verworfen hatte, so würdigte er ihn nicht mehr, die Zukunft durch Gottesmänner zu erfahren. Ähnlich liegt der Fall bei Ahab (III Reg. 22, 20 ff.), der den Propheten der Wahrheit nicht geglaubt, sondern sich den Pseudopropheten zugewandt hatte; ihm schickte Gott dann einen Lügengeist, wie das Buch der Könige berichtet.

66 (53). Wenn Mann und Frau der Kinderzeugung wegen geschaffen worden sind und diese in der Auferstehung nicht

mehr sein wird, werden die Menschen bei der Auferstehung noch den Geschlechtsunterschied haben, und wenn sie ihn haben, ist derselbe nicht unnütz, da der Gebrauch der Zeugungsglieder aufgehört haben wird?

Antwort: Zur Kinderzeugung sind jene Glieder nach der Auferstehung nicht mehr da, aber sie sind nützlich, um die Menschen daran zu erinnern, dass sie durch dieselben [einst] ihren Ursprung, ihre Vermehrung und Dauer empfangen haben. Denn wir werden durch sie zur Erkenntnis der Weisheit Gottes geführt, die diese Gliedmassen als Mittel gegen den Tod zugerichtet hat — sie sollten unser Geschlecht in Unsterblichkeit bewahren durch die stetige Reihe der Geburten.

67 (54). Wenn Moses dem Volke die Übertretung und die sie treffende Strafe vorher angekündigt hat (Deut. 31, 28 ff.), warum that er das in Form eines Liedes, da doch Gesänge die Menschen mehr zu verweichlichen als zu stärken pflegen?

Antwort: Den in den Oden enthaltenen Darlegungen waren auch die Rythmen der Verse harmonisch angepasst, um die Gemüter zu der Empfindung zu führen, die dem Gesungenen entsprach. Denn entweder lauteten sie schmerzvoll oder trauernd oder bussklagend oder in anderen Weisen, die sämtlich jegliche Verweichlichung aus den Gemütern der Singenden bannten.

68 (55). Wenn die ärztliche Kunst den Menschen nützlich und notwendig ist, wie die Thatsachen lehren, wie ist es zu erklären, dass sie nicht von Frommen, sondern von ihren Gegnern erfunden worden ist, obschon sie ein sehr hohes Gut ist?

Antwort: Auch von den Frommen sind viele Heilmittel in Bezug auf Krankheiten des Körpers erfunden worden — so von dem Könige Salomo —, von denen keiner der ausserhalb der wahren Religion Stehenden eine Ahnung hatte. Die Frommen aber schätzen als die wahre Heilkunde die Seelenheilkunde, da der geheilten Seele die Gesundheit des Körpers folgt; denn wer in rechter Weise auf die Gesundheit bedacht ist, braucht die aus dem Materiellen gewonnenen Heilmittel nicht, da er stets die göttliche Gnade zur Gewährung der leiblichen und der seelischen Güter zur Verfügung hat. Denn das Wort des Heilands ist untrüglich: „Trachtet nach dem Reich Gottes, so wird euch dies alles gegeben werden".

69 (56). Wenn den verstorbenen kleinen Kindern weder Lob

noch Tadel aus Werken zukommt, welcher Unterschied besteht in der Auferstehung zwischen den von andern getauften und den nicht-getauften kleinen Kindern, wenn doch beide keine Werke gethan haben?

Antwort: Dieser Unterschied besteht zwischen ihnen, dass die getauften die Güter erlangen, die durch die Taufe zugänglich sind, die nicht-getauften nicht. Jene Güter erlangen sie durch den Glauben derer, die sie zur Taufe brachten.

70 (57). Wenn Moses uns den Ursprung von zwei Himmeln dargelegt hat (Gen. 1, 1. 6 ff.). wie lehrt uns die Schrift, dass es mehrere gebe, indem sie bald sagt: „Die Himmel der Himmel“, bald: „Geöffnet wurden ihm die Himmel“ und „Ich sehe die Himmel geöffnet“, und „Er wurde entrückt bis in den dritten Himmel“? Und nicht sagt sie: „Bis in den dritten Teil des Himmels“, sondern absolut: „Bis in den dritten Himmel“. Und vieles Ähnliche findet man in den Schriften. Wie kann nun das sich Widersprechende, beides, wahr sein?

Antwort: Moses hat den Plural „die Himmel“ gebraucht, aber keine Zahl angegeben. Es pflegt aber die göttliche Schrift die Schichten in der Luft, die übereinander liegen, „Himmel“ zu nennen: so spricht sie von „den Vögeln des Himmels“, und vom „Regen vom Himmel“ und von „den Sternen des Himmels“. Aus der Abfolge dieser Bezeichnungen erkennen wir, dass es der Substanz nach zwei Himmel giebt und dazu einen dritten, anderen, dessen Anblick dem seligen Paulus geworden ist, dass es den Schichten nach aber noch mehrere giebt. Wenn wir die Himmel so verstehen, so ist kein Widerspruch in den verschiedenen Sprüchen vorhanden.

71 (58). Wenn es gottlos ist, Christo Unwissenheit zuzuschreiben, so hat er offenbar in Bezug auf alles ein vollkommenes Vorherwissen besessen. Wie ist er also nicht der Urheber des Verrates des Judas und der eidlichen Verleugnung des Petrus, da er dies vorhergewusst und diese (Jünger) ausgewählt hat? Dasselbe gilt in Bezug auf die Schöpfung des Teufels und des Erstgeschaffenen durch Gott.

Antwort: Wenn Christus von einem seiner Jünger verraten werden musste, „damit die Schrift erfüllt werde,“ so ist Christus offenbar der Urheber der Schrifterfüllung. nicht aber des Verrates des Judas: Urheber des letzteren war Judas selbst, und

diesen Verrat hat Gott voraussehend in der Schrift vorherverkündigt. Das Vorherwissen ist nicht die Ursache des Zukünftigen,
sondern dieses ist die Ursache jenes; denn nicht desshalb tritt
etwas ein, weil es vorher gewusst ist, sondern weil es kommen
wird, desshalb wird es vorausgewusst; also ist schlechterdings
der nicht Urheber einer zukünftigen Thatsache, der sie voraus
sieht. Somit ist Christus nicht Urheber des Verrates, sondern
der Verrat ist die Ursache des Vorherwissens Christi. Dasselbe
gilt in Bezug auf den Abfall des Teufels und des Erstgeschaffenen.

72 (59). Wenn des Nachts die Sonne verhüllt wird, folgt
daraus nicht die Kugelform des Himmels? Denn ein frommer
Mann unter den Philosophen hat gesagt. „Wie . . . ., so liegt
der Himmel der Erde auf, und zwar strebt jener der Leichtig-
keit wegen nach oben, diese senkt sich ihres Gewichts wegen
nach unten; somit werden beide durch ihr Gegengewicht zusammengehalten." Wenn sich dies aber so verhält, sofern der ganze
himmlische Kreis sich auf die Erde stützt, so folgt, dass sich
die Gestirne innerhalb des Ganzen befinden und immer scheinen
müssen. Wie können sie nun doch verschwinden?

Antwort: Wie auf einer und derselben Fläche Gegenstände
durch die Weite der Entfernung verhüllt werden und auf dem
Meere sich Schiffe oft unsichtbar bleiben, weil die Wasserebene
das Auge nicht über einen gewissen Gesichtskreis hinausdringen
lässt: so verhält es sich auch — und das ist nicht wunderbar
— mit dem Verschwinden der Gestirne; die Hypothese aber, dass
der Himmel und die Erde durch das Gegengewicht, das sie auf
einander ausüben, feststehen, mag richtig sein in Bezug auf den
ersten Himmel und die Erde, da sie gleichzeitig geschaffen
worden sind: in Bezug aber auf die Feste und die Erde trifft
sie nicht zu. Denn die Erde ist vor der Feste festgestellt worden,
da sie die ganze feuchte Masse trägt ohne das Gegengewicht
der Feste. Diese ist erst nach ihr geworden.

73 (130). Wenn der Himmel — nach den Hellenen — weil
er eine Kugel ist und sich bewegt, in einem Raume ist, wie ist
der Himmel, wenn er wie ein Gewölbe befestigt ist oder wie
ein Fell nach der Schrift ausgebreitet ist, nicht auch in einem
Raum? Denn wie das sich Bewegende, so muss auch das Be-
festigte in einem Raume gedacht werden. Ist dem aber so, wie
werden wir die Verurteilung, die die eine dieser Ansichten (die

Determinierung des Himmels betreffend) über die andre ausspricht, nicht für gerecht halten? Wenn aber der Himmel nach beiden sich in einem Raume befindet und beiden die Beschaffenheit und Grösse des Raumes unbekannt ist, wie werden wir, die einen und die andern (uns gegenseitig) um unserer Ansicht willen verurteilen können, da wir in Bezug auf die Verurteilung und die Unwissenheit in ganz gleicher Lage sind?

Antwort: Wenn die Christen sagen würden, dass der Himmel nicht in einem Raum sei, wie das die Hellenen behaupten, so wäre die gegenseitige Verurteilung am Platze, sofern beide Teile das Sein des Himmels in einem Raume in Abrede stellen; wenn aber (im Disput) beide Teile Bezeichnungen brauchen, die das Gegenteil besagen, so wird damit die Verurteilung gegenstandslos. Wenn es aber unmöglich ist, dass der Himmel eine Kugel sei und sich wie eine Kugel bewegt, dagegen gezeigt werden kann, dass er ein Gewölbe ist, so trifft die Christen keine Verurteilung wegen angeblicher Unwissenheit. In Bezug auf den Raum aber, so mutmassen wir über ihn auf Grund der sinnenfälligen Dinge, dass, wie bei diesen, wenn ein Körper rund und gleichmässig und hohl ist, dazu nach allen Seiten isoperimetrisch rund und er ins Wasser gesetzt wird, er von dem Wasser getragen wird, so der Himmel von dem Wasser getragen wird. „Er spannt aus," sagt die Schrift, „den Himmel wie ein Gewölbe." Mit dem Namen „Gewölbe" hat sie die runde Beschaffenheit des Körpers des Himmels zum Ausdruck gebracht. Somit trägt das Wasser den Himmel, die Erde das Wasser, der göttliche Befehl aber die Erde. „Der da die Erde," sagt die Schrift, „an nichts befestigt hat."

74 (60). Wenn die Verschiedenheit der Körperformen uns hienieden nützlich ist um der Bedürfnisse des Körpers und der Verrichtungen und des Verkehrs willen, sie aber in der Auferstehung kein Bedürfnis des auferstandenen Körpers mehr ist und wir doch in eben dieser körperlichen Verschiedenheit auferstehen — wie ist sie da nicht unnütz? Auferstehen wir aber alle in der gleichen Gestalt, wie lässt sich das beweisen? Zeigt nicht die Parabel von Lazarus und vom Reichen die Verschiedenheit der Formen? Es erkannte ja in ihr der Reiche den Lazarus. Was aber einige sagen, dem Reichen sei irgendwie die Möglichkeit gegeben worden, Lazarus und Abraham zu erkennen (scil. nicht an der Gestalt, da diese nichts Charakteristisches

mehr hatte), wie werden sie das auch in Bezug auf den Herrn
(= auf die evangelische Geschichte?) nachweisen können, als die
Leiber der entschlafenen Heiligen auferstanden und vielen erschienen? Denn ein jeder wurde doch von seinen Bekannten an
der ihm eigenen Körperform erkannt.

Antwort: Es giebt viele Gründe für die Auferstehung der
Menschen in ihrer (früheren) eigentümlichen Gestalt. Erstlich
erweist sich in ihr die Grösse und Göttlichkeit des Wissens
Gottes. sofern er bei einer so ungeheuren Anzahl von Menschen
doch jedem seine eigentümliche Gestalt zu bewahren weiss.
Zweitens ist diese Wiederherstellung nötig, damit die Auferstehung
nicht als Neuschöpfung erscheine. Drittens, damit das gerechte
Gericht möglich sei. Viertens, wäre die körperliche Verschiedenheit bei den Auferstandenen unnötig, weil die Funktionen der
Verschiedenheit aufhören, so wäre auch die Verschiedenheit
durch Namen unnötig, aber wie werden „Abraham“ und „Lazarus“ vom „Reichen“ bei Namen genannt, wenn doch aus der
blossen Verschiedenheit der Namen die Personen nicht erkannt
werden können? Jene Erzählung von Lazarus und dem Reichen
ist übrigens weder eine Parabel, wenn sie auch wie eine Parabel
erzählt ist, noch eine Geschichte; denn eine Parabel erzählt etwas,
was zukünftig sein wird, indem es ihm die Form eines Geschehenen giebt, die Geschichte aber ist die Erzählung von etwas
bereits Geschehenem; beides trifft hier nicht zu; denn die Vergeltung, von der hier die Rede ist, tritt erst nach der (allgemeinen) Auferstehung ein, anderseits gilt nach dieser nicht mehr:
„Sie haben Moses und die Propheten; sie mögen sie hören.“ Also
ist die Lazarusgeschichte eine Anweisung, welche die Lehre
enthält, dass die Menschen nach dem Austritt der Seele aus dem
Körper durch keine Vorsorge oder Bestrebung irgend welche
Hilfe mehr erlangen können.

75 (61). Wenn nach dem Wort des Apostels Gott allein
unsterblich ist. wie kann derselbe Apostel behaupten: „Wir
werden nicht alle entschlafen“?

Antwort: Gott wird „der allein Unsterblichkeit hat“ genannt, weil er sie nicht aus dem Willen eines anderen hat, wie
die anderen Unsterblichen alle, sondern aus seinem eigenen Sein.

76 (62). Wenn am 4. Tage die Gestirne geschaffen sind,
von ihnen aber die Zählung von Tagen abhängt, wie machen

nicht die drei Tage, die vor der Erschaffung der Gestirne gewesen sind, die Zahl der Tage unsicher, die nach derselben folgten?

Antwort: Das Licht wurde bereits am ersten Tage geschaffen, und daraus ergab sich, wie die Unterscheidung von Licht und Finsternis, so die von Tag und Nacht. Vor der Erschaffung der Gestirne nun wechselten Licht und Finsternis kraft göttlicher Ordnung ab und bestimmten Tag und Nacht. Was also jetzt das Licht mit den Gestirnen thut, das that vor Erschaffung der Gestirne das Licht allein, indem es nach göttlicher Ordnung zwölf Stunden hindurch herrschte.

77 (63). Da einige das Wort „In der Sonne setzte er sein Gezelt‟ verschieden und unklar gedeutet haben, so lehre die richtige Deutung.

Antwort: Wir haben an einer früheren Stelle gesagt, dass die göttliche Schrift „Himmel‟ sowohl die wirklichen Himmel, wie den ersten Himmel und die Feste, nenne als auch die Luftschichten. Jene Psalmstelle besagt daher: „Die Himmel setzte er als Gezelt der Sonne‟. Denn die Übersetzung der Worte aus dem Hebräischen in das Syrische lautet: „In ihnen setzte er das Gezelt der Sonne‟. In einem andern Psalm drückt der Prophet David ebendasselbe aus und sagt: „Er, der den Himmel wie ein Fell ausbreitet‟ (denn in der Ausbreitung der Felle besteht das Gezelt); er zeigt zugleich durch die Mannigfaltigkeit der Himmel und durch ihre verschiedene Bestimmung, dass sie geschaffen seien; denn die ungeschaffene Natur unterscheidet sich von der ungeschaffenen Natur $\varkappa\alpha\tau\grave{\alpha}$ $\varphi\acute{\upsilon}\sigma\iota\nu$ nicht; was aber um bestimmter Zwecke willen so und so beschaffen ist, ist von der ungeschaffenen Natur völlig verschieden.

78 (64). Wenn, wie Jonas drei Tage im Bauch des Walfisches war, so auch Christus im Innern der Erde gewesen ist, wie wird da der Tod Christi nicht zu einem blossen Scheintod? Jonas schien doch nur tot, war es aber nicht. Hat also Christus wirklich den Tod geschmeckt, wie ist da nicht das Vorbild des Jonas falsch?

Antwort: Nicht Tod und Tod wird hier verglichen, sondern der dreitägige Aufenthalt. Ferner, wäre die Jonasgeschichte der Heilandsgeschichte ganz gleichgestaltet, so könnte jene nicht mehr Typus und Bild für diese sein. Die Erfüllung muss nämlich mehr enthalten als der Typus, entsprechend dem Wort:

„Hier ist mehr als Jonas". Dass aber das Vorbild des Jonas
doch kein falsches gewesen, ergiebt sich daraus: Dem Jonas
diente der dreitägige Aufenthalt im Walfisch und die Befreiung
zur Beglaubigung für seine den Niniviten zu haltende Gerichts-
predigt; ebenso hatte der Herr als Gesandter Gottes zur Verkündigung des Himmelreichs die Beglaubigung, dass er nach dreien
Tagen aus dem Grabe auferstand.

79 (65). Da einige behaupten, die Auslieferung des Herrn
sei am 4. Wochentage (Mittwoch) erfolgt, indem sie dies aus
der Fülle der darauf folgenden Vorgänge vermuten, wie kann
man den Tag der Auslieferung sicher bestimmen?

Antwort: Dass der Herr am Donnerstag ausgeliefert worden sei, wird also bewiesen: In der Nacht, in der er ausgeliefert wurde, wurde er von den Hohenpriestern und Ältesten
gerichtet und verurteilt; am nächsten Morgen überlieferten sie
ihn dem Pilatus; dieser hat ihn noch an demselben Tage gekreuzigt; er empfing ihn aber am Morgen des Rüsttages und
und kreuzigte ihn in der 6. Stunde desselben Rüsttages. Es
ziemt sich nun nicht, den durch die Schrift festgestellten Stunden durch Conjecturen unlösbare Schwierigkeiten aufzubürden.
(folgt Matth. 27, 1. 2 und Joh. 18. 28; 19, 13). Wenn er also in
der Nacht überliefert und von den Hohenpriestern gerichtet und
verurteilt, am Morgen aber dem Pilatus überantwortet und in
der 6. Stunde des Rüsttages gekreuzigt worden ist, so ist offenbar, dass die Auslieferung am 5. Tage erfolgt ist.

80 (68). Wenn das Blut des Menschen nicht die Seele ist,
wesshalb stirbt das Lebewesen, wenn das Blut ausfliesst? Und
durch welche Erwägungen und Beweise lässt sich zeigen, dass
die Seele in dem Körper ihrer Schöpfung nach etwas anderes
und zwar unsichtbares ist?

Antwort: Es genügen die Aussprüche des Schöpfers, der
Seele und Körper bestimmt unterscheidet; glaubwürdigerer Be-
weise bedarf man nicht. So wird dem Teufel von Gott Hiobs
Körper überlassen, aber die Seele ausdrücklich ausgenommen.
So unterscheidet der Spruch Matth. 10, 25 bestimmt zwischen
Körper und Seele und statuiert diese als etwas Unsterbliches
auch nach dem Tode des Körpers. Also ist es thöricht, die
Seele mit dem Blut zu identificieren, und es ergiebt sich, dass
die Seele ihrer eigenen Natur nach etwas Unsichtbares ist.

81 (69). Warum finden sich in Verbindung mit der Zahl „Sieben" Umwandelungen? Denn am Sabbath (dem 7. Tage) schlägt häufig das Wetter um, und das Wachstum des menschlichen Körpers richtet sich nach der Siebenzahl: im 7. Monat tritt die Zahnbildung ein; im 7. Jahre der Zahnwechsel, 7 Jahre später die Mannbarkeit, und, um es kurz zu sagen, an der Siebenzahl haftet der Aufstieg und der Abstieg der menschlichen Entwicklung; sie ist bei Krankheiten die kritische Zahl, und auch im Gesetz ist sie vor allen anderen Zahlen als besonders ehrwürdig ausgezeichnet.

Antwort: Die Naturvorgänge vollziehen sich nicht durch die Siebenzahl, sondern durch die ihnen innewohnende Kraft; daher dauern sie auch öfters länger oder kürzer als das Siebenzahlschema. Dieses ist nicht die Ursache der Naturvorgänge, sondern vielmehr eine Folge derselben. Das Gleiche gilt auch von anderen Zahlenschemata bei der Entwicklung von Tieren und Pflanzen: auch sie vollziehen sich nicht streng, sondern bald ist der Zeitraum ein kürzerer, bald ein längerer, weil die bestimmende Kraft auch hier die Natur und nicht die Zahl ist. Ehrwürdiger aber ist in der göttlichen Schrift die Siebenzahl vor allen anderen Zahlen um der Schöpfungsgeschichte willen, und zum Gedächtnis dieser Geschichte hat Gott in der göttlichen Schrift die Siebenzahl ausgezeichnet.

82 (70). Wenn über die Gaben sich zu freuen und zu frohlocken verboten ist, da man sich so des Übermuts schuldig mache, dagegen Demut und Bescheidenheit von der göttlichen Schrift denen, die die Gaben empfangen haben, vorgeschrieben ist, wie sind sie da nicht unnütz, da sie den Empfängern in der Gegenwart doch nicht die Empfindung eines eigentümlichen Gutes erwecken können?

Antwort: Verboten ist nur die mit Übermut verbundene Freude, die die sittliche Freude aufhebt; aber sich über die Gaben mit Bescheidenheit zu freuen, ist nicht nur nicht verboten, sondern dazu wird vom Herrn (Luk. 10, 20) und besonders vom Apostel (Philipp. 4, 4) ermahnt. Weder hebt die Freude die Bescheidenheit auf, noch die Bescheidenheit die Empfindung der Freude, sondern eine konserviert die andere.

83 (71). Wenn einige in Bezug auf die Dauer der Welt vermöge Speculation behauptet haben, sie werde nur 6000 Jahre

bestehen — kann das durch deutliche Beweise, kann es aus der
göttlichen Schrift gezeigt werden, oder ist es ungewiss? Dies
wollen wir wissen.

Antwort: Viele Schriftstellen beweisen die 6000 jährige
Dauer der gegenwärtigen Welt. z. B. Hebr. 1, 1; I Kor. 10. 11;
Gal. 4, 4. Alle diese Sprüche sind im 6. Jahrtausend gesprochen,
in welchem wir uns befinden.

84 (72). Wenn jemand dann sich als neidlos erweist, wenn
er alles, was er Gutes weiss oder kann, dem Nächsten spendet,
wie ist Gott nicht neidisch, wenn er, obgleich er alle zu Göttern
machen könnte, es nicht gethan hat? Wenn aber das Gottsein
gut ist . . . . Ist er aber nicht neidisch, wie hat
er nicht aus Unvermögen es unterlassen, uns zu Göttern zu
machen? Eines von beiden muss man annehmen.

Antwort: Mannigfaltig ist die in dieser Frage enthaltene
Thorheit; denn Gott ist in ihr mit den Geschöpfen auf eine
Stufe gestellt, die da neidlos ihren Nächsten, was sie Gutes thun
können oder wissen, spenden. „Gottes Nächster“ bedarf keiner
Gaben seitens Gottes, sondern hat alles ebenso wie Gott. Ferner,
hätte Gott nur Götter geschaffen, so hätte er keine Welt geschaffen; denn zum Wesen der Welt gehört, dass sie aus unter-
schiedlichen höheren und niederen Teilen besteht. Weiter, wenn
nichts Unmögliches geschieht, es aber unmöglich ist, dass ein
Gott wird (ungeschaffen und ungemacht ist nämlich Gott), wie
ist es da nicht ungereimt, Gott des Neides zu beschuldigen, weil
er das Unmögliche nicht gethan hat? Endlich, Gott sein ist
etwas Gutes, weil er ungeschaffen und Schöpfer ist, nichts Geschaffenes aber kann seinem Wesen nach ungeschaffen, d. h.
Gott, werden. Die ganze Frage steht auf einer Stufe mit folgender Erwägung: „Gut ist das Auge und wertvoller als die
Füsse; wenn also Gott neidlos ist, warum hat er die Füsse nicht
zu Augen gemacht?“ Auch hier kann man denselben unge-
reimten Schluss ziehen, Gott habe entweder aus Neid oder aus
Unvermögen die Füsse nicht zu Augen gemacht.

85 (73). Wenn das Gute sich als gut durch die Vergleichung
mit dem Bösen ergiebt und die Welt gut ist, so folgt, dass die
Nichtwelt, d. h. das, was vor der Welt war, böse ist. Wenn
nun beides von Gott stammt — das, was vor der Welt war, und
die Welt —, wie stammt nicht beides, das Gute und das Böse,

von ihm? Wenn aber nur eines von beiden von ihm stammt, wie ist da nicht das andere etwas Selbständiges und Gott nicht Untergeordnetes, da es nicht von ihm herrührt? Wie ist dann aber der Spruch richtig, dass alles von ihm sei? Unter den Begriff „alles" fällt doch sowohl jenes einst Nichtseiende als auch das jetzt Seiende.

Antwort: Das Böse ist nichts anderes als die Verkehrung des Guten; also ist es später als das Gute, eben weil es Verkehrung ist. Ferner ist klar, dass das Gute nicht aus der Vergleichung mit dem Bösen gut erscheint, sondern kraft seiner eigenen Natur. Das aber vor der Welt bestehende Nichtseiende existierte überhaupt nicht; was aber überhaupt nicht existiert, ist weder gut noch böse; deshalb kann man nichts mit ihm vergleichen, da es überhaupt nicht ist. Weiter, das, was überhaupt nicht ist, ist weder aus Gott, noch aus einem anderen, noch selbständig. Vor der Welt war also nichts anderes ausser Gott. Demnach, da es immer nur eine Vergleichung zwischen Seiendem giebt, so kann die Welt nicht mit einer Nichtwelt verglichen werden, noch wird diese von jener umschlossen; denn die Nichtwelt ist nichts, das Umschliessende aber ist ein Seiendes. Und wenn wir sagen, Gott habe das Seiende aus dem Nichtseienden gemacht, so setzen wir nicht das Nichtseiende als seiend, sondern wir sprechen damit rund die Nichtexistenz des Nichtseienden aus.

86 (74). Wenn der Hellenismus, weil er von dem Christentum besiegt worden ist, keine Hoffnung auf Wiederherstellung hat, wie hat die wahre Religion, die einst von dem Hellenismus besiegt worden ist, jetzt eine Wiederherstellung erleben können? Denn dass vor dem Irrtum (einst) die Wahrheit geherrscht hat, bezeugen die göttlichen Schriften, indem sie darthun, dass Adam und viele nach ihm nicht den Götzen, sondern Gott gedient haben, wenn auch einige unter ihnen sich in thörichten Irrtümern bewegt haben.

Antwort: Wenn das Ende des gegenwärtigen Zeitlaufes das Feuergericht über die Gottlosen ist — wie die Schriften von Propheten und Aposteln sagen, dazu auch die Sibylle, und wie der selige Clemens in dem Brief an die Korinther sagt —, wenn ferner dieses Gericht durch den von den Juden gekreuzigten Jesus Christus geschieht, der ewiglich herrschen wird über das

immerwährende Reich der Christen, das ihm nach der Prophetie
des Daniel gegeben wurde — so hat der Hellenismus keine
Hoffnung auf Wiederherstellung. Ferner aber, wenn der Hellenismus zwar (einst) das Volk Gottes beherrscht hat, nun jedoch
nach Auflösung dieser Herrschaft sie nicht wieder in die Hände
bekommen hat — wie erwartet er jetzt nicht vergeblich die
Wiederherstellung seiner alten Macht? Und zu welchem Zwecke
erwartet er sie? Lediglich, um unter Foltern die Christen zu
zwingen. von der Liebe und dem Glauben des Sohnes Gottes
abzufallen. dagegen sich dem Dämonendienst anzuschliessen.
Aber diese Foltern — der Hellenismus hat sich auch schon
früher ihrer bedient in der Erwartung, sich durch sie unzer-
störbar zu machen — haben ihn selbst um seine Existenz gebracht, das Christentum aber nur fester gemacht.

87 (75). Wenn die Seele bis zur Auferweckung der Körper
die Vergeltung für ihre Thaten nicht erfährt, in welchem Zustande befindet sie sich bis zur Auferstehung?

Antwort: Bis zur Trennung von Körper und Seele befinden sich die Gerechten und Ungerechten unter denselben
Bedingungen (Geburt und Tod, Gesundheit und Krankheit, Reichtum und Armut, u. s. w.). Sofort nach dem Tode aber ändert
sich das: alle werden von den Engeln in für sie passende Räume
geführt, die Seelen der Gerechten ins Paradies, wo sie mit Engeln
und Erzengeln zusammen sind und sie schauen, ja in Visionen
den Heiland Christus selbst schauen (II Kor. 5, 8), die Seelen der
Ungerechten aber in den Hades (Jes. 14, 9). In den für sie
passenden Räumen werden sie aufbewahrt bis zum Tag der
Auferstehung und Vergeltung.

88 (76). Und wenn es, wie du sagst, vor der Auferstehung
noch keine Vergeltung der Werke giebt, was für einen Nutzen
hatte der Schächer davon, dass seine Seele ins Paradies geführt
wurde, zumal wenn das Paradies etwas Sinnliches ist, das Wesen
der Seele aber nicht?

Antwort: Nützlich war es für den Schächer, der ins Paradies kam, den Nutzen des Glaubens thatsächlich zu erfahren, da
er durch denselben der Gemeinschaft der Heiligen gewürdigt
wurde, in der er bewahrt wird bis zum **Tag** der Auferstehung
und Vergeltung. Und zwar kommt ihm die Wahrnehmung des

Paradieses zu gemäss der sogenannten ennoematischen Wahrnehmung, kraft welcher die Seelen sich selbst und das unter ihnen Befindliche sehen, dazu auch noch die Engel und Dämonen. Denn nicht durch Noësis sieht die Seele die Seele. noch der Engel den Engel, noch der Dämon den Dämon, sondern gemäss der ennoematischen Wahrnehmung sehen sie sich selbst und einander, dazu auch alles Körperliche.

89 (77). Wenn die Seele mit Unterstützung der körperlichen Sinne die Wahrnehmung der wahrzunehmenden Dinge erhält. wahrnehmbar aber sowohl das Gute wie das Böse ist, wie ist die Seele denn nicht jeglicher Wahrnehmung bar, wenn sie sich vom Körper getrennt hat? Ist sie es aber, so ist offenbar, dass sie tot ist; denn der Unterschied der Toten und der Lebendigen liegt in der Unfähigkeit und der Fähigkeit des Wahrnehmens.

Antwort: Alle geschaffenen und vernünftigen Wesen haben zweierlei Fähigkeiten des Erfassens. die ästhetische (= ennoetische) und die noetische: kraft jener erfassen sie sich selbst und sich gegenseitig, kraft dieser aber empfangen sie die Erkenntnis dessen, was über ihnen liegt. Nicht also durch Unterstützung des Körpers nehmen die Seelen das Wahrzunehmende wahr, sondern die Seele selbst (*II* liest nun αἴσθησις οὖσα, *P* αἴσθησιν παρέχουσα) macht durch ihre Gegenwart das lebende Wesen wahrnehmungsfähig. Sie ist also in Bezug auf das lebende Wesen αἰσθητικόν, in Bezug auf sich selbst aber αἰσθητική, und somit ist sie niemals tot. Denn das Sterben trifft nur das Beseelte, nicht aber die Seele. Das Beseelte also und die Beseelung bedürfen der Unterstützung des Körpers zum Erfassen des Wahrnehmbaren, nicht aber die Seele; denn ein anderes ist das Beseelte, ein anderes die Seele, und ein anderes ist, was sein Wesen nur durch Mitteilung besitzt, ein anderes, was an sich selbst ist.

90 (78). Wenn Gott erklärt hat. David sei „nach seinem Herzen", wie konnte dieser Prophet nachmals Ehebruch und Mord begehen? Und wenn dies von Gott als schlecht gehasst wird, warum hat Gott das Geschlecht des Propheten (= Davids) aus der Ehebrecherin erbaut und bewirkt, dass der Herr Christus aus ihr seinen Ursprung empfing? Und wenn dem so ist, wie spricht die Schrift Wahrheit. wenn sie sagt: „Kinder von Ehe-

brechern kommen nicht bis zum Ende" (oder vielleicht: werden
nicht zugelassen, scil. zu den göttlichen Mysterien)?[1])

Antwort: David hat seine Fehler bereut und dadurch
wurde er wieder „nach dem Herzen Gottes", der „nicht den Tod
des Sünders will, sondern dass er sich bekehre und lebe." Und
das Kind, welches von der Ehebrecherin geboren war, tötete
Gott, weil „Kinder von Ehebrechern nicht bis zum Ende kommen",
die späteren Kinder aber verschonte er, da David nach dem Tode
des Urias das Weib rechtmässig geheiratet hatte. Um die
Busse zu ehren, erbaute Gott aus diesen Kindern das Geschlecht
Davids und liess um derselben Ursachen willen Christus von
jenem Weibe her seinen Ursprung empfangen.

91 (79). Wenn unter allen Königen Israels und Judas Josias
den glühendsten Eifer in Bezug auf die Frömmigkeit gezeigt hat,
indem er die Säulen der Idole zerstörte und mit den Altären
der Idole die Gebeine der Hellenen zu Asche verbrannte, und
die Haine des Irrtums gänzlich ausrottete, und die, welche auf
den Höhen räucherten und opferten, von diesem Cultus abbrachte,
und den Dienst (des wahren) Gottes wieder aufrichtete und, wie
die Schrift bezeugt, das Volk veranlasste, die gesetzlichen Feste
herrlich zu feiern, und wenn dieser Josias dann doch durch das
hellenische Schwert sein Leben gewaltsam verlor und seine Söhne
gefangen nach Babylon abgeführt und zu langer Sklaverei den
Hellenen ausgeliefert wurden — wie haben da die Hellenen
nicht Recht, wenn sie sagen, dem Könige sei ein so böser Ausgang geworden, weil er gegen ihre Heiligtümer gefrevelt habe?
Wo aber finden wir denn auch, dass er für seine so zahlreichen
guten Thaten belohnt sei? Und zu welchem Nutzen für die Nach-
welt sind die unglücklichen Schickungen, die den Josias und
seine Nachkommen nach so zahlreichen guten Thaten trafen,
aufgezeichnet und überliefert worden?

Antwort: Erst im Jenseits werden die guten Thaten belohnt und zwar mit Belohnungen, die ewig dauern. Josias' Leben
nahm aber einen traurigen Ausgang, weil er dem Propheten
Jeremias nicht gehorcht hat (II. Chron. 35, 20). Damit aber
Gott ihn rein von Sünden aus dieser Zeitlichkeit empfinge,
darum gestattete er dem hellenischen Schwerte, die Strafe

---

1) ἀτέλεστα ist doppelsinnig.

für den Ungehorsam zu vollziehen — zur Warnung dem künftigen Geschlecht, dass es den Propheten nicht ungehorsam sei und damit es die Wahrheit des Spruchs Prov. 11, 31 erkenne. Was aber Josias' Söhne anlangt, so wäre die Behauptung der Hellenen vielleicht am Platze, wenn sie damals, als sie gefangen genommen wurden, so fromm gelebt hätten wie ihr Vater; aber sie ist ganz unrichtig, wenn sie abgefallen und zum Götzendienst zurückgekehrt waren.

92 (80). Wenn die Schrift uns lehrt, allen gegenüber langmütig zu sein, wie hat Elisa nicht gesündigt, da er die Knaben, die ihn verhöhnt hatten, durch Verfluchung tötete und sich noch dazu an unmündigen, schuldlosen Kindern rächte, indem er für die leichte Beleidigung den Tod durch wilde Tiere über sie brachte?

Antwort: Wenn die Langmut nicht Besserung schafft, dann ist Strenge gegenüber den Unverbesserlichen nützlicher. Daher ist der Prophet nicht zu tadeln. Er hatte bemerkt, dass die Langmut hier nichts nützte und dass die Kinder die Schimpfreden von ihren Eltern gelernt hatten — das Schmähwort „Steige hinauf, Kahlkopf" bezog sich auf Elias' Himmelfahrt und hiess soviel wie „Möge der Geist auch dich packen und dich auf einen unzugänglichen Berg aussetzen, wie er jenen ausgesetzt hat, damit wir dich los sind wie jenen." Daher strafte er durch den Tod der Kinder die Eltern, damit sie lernten, nicht ferner die Propheten und in ihnen Gott zu verhöhnen.

93 (81). Wenn alle Zauberei durch Christi Erscheinung aufgehoben ist, wie reden die Dämonen (doch noch) durch die sogen. Bauchredner? wie lassen sie nicht das Christentum als eine unwerte und verächtliche Sache erscheinen, wenn sie in den Körpern der (aus dem Grabe citierten) Christen die Werke der Trügerei offen darthun und Orakelsprüche erteilen?

Antwort: Die Sprüche Hebr. 2,8 und I Kor. 15,24 beweisen, dass noch nicht alle Zauberei der Dämonen aufgehoben ist; aber bei den Christgläubigen vermögen sie nichts, sondern nur in den noch Ungläubigen können sie noch wirksam sein. Dazu — die Gestalten, deren sich die Bauchredner bei ihren zauberischen Worten und Werken bedienen, sind nicht wirkliche Körper, sondern die Dämonen täuschen die Augen der Zuschauer, sodass sie Körper sehen, wo gar keine sind.

8*

94 (82). Wenn die Schrift nirgends Namen von Dämonen
den Menschen kundgethan hat, wie benutzten die Juden in Bezug auf den Herrn den Namen Beelzebul wie einen bekannten,
indem sie sagen, in seinem Namen treibe der Herr die Dämonen
aus? Wie kann ferner der Herr selbst seinen Jüngern gegenüber
den Namen Beelzebul als einen bekannten voraussetzen, da er
sagt: „Wenn sie den Hausherrn Beelzebul genannt haben?" Und
was bedeutet der Name?

Antwort: Wie die Menschen die Existenz der Dämonen
von diesen selbst erfahren haben, so auch ihre Namen; denn
zuerst haben die Menschen den Dämonen geopfert und nicht
Gott, dann erst hat die göttliche Schrift gesagt: „Sie haben den
Dämonen und nicht Gott geopfert." Wie die Schrift in Bezug
auf die Existenz der Dämonen offenbar nichts ausgesagt hat und
doch sagt: „Sie haben den Dämonen und nicht Gott geopfert",
so bringt sie auch die Namen der Dämonen — Beelzebul und
Beliar — (thatsächlich), ohne doch über die Namen etwas aus-
zusagen. „Welche Übereinstimmung", heisst es, „besteht zwischen
Christus und Beliar?" Von den Dämonen, welche die Beschwörer
zu ihren Zaubereien gebraucht haben, lernten sie, wie die Heil-
methode, so auch die Namen der Dämonen. Origenes hat aber
die Bedeutung dieser Namen angegeben in seiner Schrift: „Deutung
der hebräischen Namen."

95 (83). Wenn die Gottheit kein Gefallen an Opfern unvernünftiger Tiere hat, wie einige gesagt haben und der gegenwärtige Zustand lehrt, weshalb befahl sie vor dem Gesetz dem
Noah zu opfern, zumal da damals Götzenopfer noch nicht dargebracht wurden? Wenn sie aber an den Opfern Gefallen fand,
warum hörten sie nach dem Gesetz auf?

Antwort: Niemand von denen, die unvernünftige Tiere
Gott als Opfer (in der Zeit) vor dem Gesetz dargebracht haben,
that dies auf göttlichen Befehl, auch wenn Gott offenbar das
Opfer angenommen hat; denn er that dies, um zu zeigen, dass
ihm der Opfernde wohlgefällig sei. Wenn er aber dem Abraham
befahl, dreijährige Tiere zu nehmen, ebenso auch einen Widder,
den er an Stelle Isaaks darbrachte, so geschah das nicht aus
Wohlgefallen am Opfer, sondern war eine (typische) Hinweisung
auf die Zukunft. Dem Noah hat aber Gott offenbar einmals be-
fohlen, ihm Opfer unvernünftiger Tiere zu bringen.

96 (84). Wenn Elisa doppelt das Charisma des Elias auf seine Bitte empfangen hat, wie kam es, dass er weder eben solche noch doppelt so grosse Wunder gethan hat wie dieser — z. B. den Regen zurückhalten und mit Hunger die Erde quälen, himmlisches Feuer auf die Opfer herniederfahren lassen, die hellenischen Priester abschlachten, die zwei Hauptleute verzehren lassen usw.? Wie lässt sich erweisen, dass dem Elisa, der ganz andere Wunder gethan hat als Elias, die eigene Bitte und das Versprechen des Elias erfüllt worden sei?

Antwort: Elisa hat nicht die Verdoppelung des Geistes erbeten, um genau doppelt so grosse Thaten zu vollbringen, sondern um das Vermögen zu gewinnen, alles das ohne weiteres auszuführen, was von ihm mit grösserer Kraft geschehen musste. Seine Wunder bezeugen, dass ihm seine Bitte erfüllt worden ist, indem er teils doppelte, teils einfache Thaten volbracht hat. So hat er zwei Tote erweckt (II Kön. 4, 17ff. u. 13, 21); dies beweist, dass ihm auch sonst eine doppelte Wunderkraft zur Verfügung stand, wenn er sie brauchen wollte. Endlich bestätigen auch die Erzählungen von der Vermehrung des Öls und von den himmlischen, feurigen Rossen und Reitern (im Vergleich zu den Wundern des Elias) das doppelte Charisma des Elisa.

97 (85). Wenn erst dann die vollkommene Auferstehung eintritt, wenn der ganze Mensch aufersteht, wie sagt die Schrift, dass nach dem Tode des Herrn „viele Leiber der entschlafenen Heiligen auferweckt worden seien"? Das hat sie nicht in Bezug auf einen derjenigen gesagt, die der Herr erweckt hat (Lazarus, der Sohn der Wittwe, die Tochter des Jairus), sondern in diesen Fällen die Auferweckung einfach constatiert. Wie sagt sie nun nur von jenen (Matth. 27, 52) die leibliche Auferstehung aus und fügt hinzu, dass sie vielen erschienen seien? Dies erregt in hohem Masse den Argwohn, dass es sich um ein Phantasma gehandelt hat. Belehre uns nun, ob die Leiber derselben wirklich ohne Seelen auferstanden sind und länger am Leben blieben oder alsbald dem Tode verfielen, ob sie in Unsterblichkeit verharren und wo, endlich, welchen Nutzen für die Nachfahren diese Vorgänge haben.

Antwort: Alle, welche der Herr erweckt hat, sind vollkommen auferstanden, und wo die göttliche Schrift von Auferweckung redet, müssen wir die vollkommene Auferstehung (Rückkehr der Seele in den Körper) annehmen und den Argwohn, es handle sich um Phantasmen, ganz verbannen. Also sind auch die nach Matth. 27, 52 Erweckten vollkommen auferstanden; ihre Erweckung sollte den lebenden und den im Hades befindlichen Menschen beweisen, dass Christi Tod den Tod aufhebe. Jene Erweckten sind auch nicht wieder gestorben, sondern wie Henoch und Elias entrückt worden ins Paradies und erwarten dort den Anteil an der Auferstehung gemäss Verwandelung, wie der h. Apostel sagt (I Kor. 15, 51). Aber zum unsterblichen. und unvergänglichen Leben ist z. Z. Christus allein erhoben (Apok. 1, 5; I Kor. 15, 20).

98 (86). Was bedeuten die Worte Mna, Oephi, Nebel, Gomor, Siklon, Basilikon und Hagion, Stater, Drachme, Quadrans, Hormiskos, Didrachmon, Talent, Assarion, Theraphim, Bezel, Sabaoth, Adonai. Ephod? Denn wir bedürfen der Erkenntnis von beidem, da beides in der Schrift enthalten ist.[1]

Antwort: Origenes, ein Kenner der hebräischen Sprache, hat die Erklärung für alle in den göttlichen Schriften vorkommenden hebräischen Namen oder Masse gegeben. Wenn du diese „Erklärung" zu Rate ziehst, wirst du die Deutung aller Worte finden, um die du dich bemühst.

99 (87). Wenn der Herr (bereits) vor der Hinrichtung des Täufers durch Wunderthaten hervorleuchtete, wie Matthäus sagt. und das Gerücht von ihnen alle, die in Judäa wohnten, ergriffen hatte, wie konnte Herodes nach der Ermordung des Vorläufers, als er von den Wundern Jesu hörte, mit den Juden sagen, Johannes sei ins Leben zurückgekehrt und thue die Zeichen? So erzählt uns der selige Markus.

Antwort: Nicht alle vom Herrn gethanen Wunder kamen gleichzeitig zu den Ohren aller, sondern die einen früher, die anderen später. Das folgt aus der Erzählung des Markus. Also ist es auch nicht wunderbar. dass Herodes erst nach der Hinrichtung des Johannes von den Wundern hörte, welche die Jünger Jesu in Jesu Namen thaten; damals erst vernahm er den Namen Jesu. Ja Johannes selbst hat vor der Erweckung des Sohnes der Wittwe nicht alles gehört. was Jesus in Galiläa

---

1) Ich verstehe dieses „beides" (ἀμφοτέρων δὲ ἡμῖν ἀναγκαία ἡ γνῶσις, ἐπειδὴ ἑκάτερα τῇ γραφῇ περιέχεται) von den Massen und Namen Otto denkt an das Hebräische und Griechische.

und Jerusalem gethan hatte, obgleich derselbe bereits viele
Wunder vor und nach der Gefangennahme des Täufers gewirkt
hatte; damals nämlich sandte Johannes seine Jünger zu Jesus,
um zu fragen, ob er der sei, dessen Kommen erwartet werde.
So erzählt der Evangelist Lukas.[1])

100 (88). Wenn, wie die göttliche Schrift lehrt und wir
glauben, Christus, geboren, keine Sünde gethan hat, wie kann
die Schrift andrerseits sagen und es mit einem Eide bekräftigen: „Jeglicher Geborene sündigte, und es giebt keinen Er-
zeugten, der nicht Böses gethan hat"? Wie kann aber auch ein
Kind, das in der Geburt gestorben ist oder nur eine flüchtige Spanne
Zeit gelebt hat, Sünde und Böses oder umgekehrt Gutes thun?

Antwort: Jener Spruch erweist die Behauptung in Bezug
auf Christus: „Er hat keine Sünde gethan", nicht als falsch;
denn er trifft nur die von Mann und Weib Geborenen; Christus
aber ist aus h. Geist und der h. Jungfrau geboren. Ferner, der
Spruch sagt nur, dass jeder, der der Sünde fähig ist, auch wirklich sündigt: fähig aber ist nur der, welcher mit freiem Willen
seine Handlungen bestimmt, sei es zum Guten oder zum Bösen.
Also ist das neugeborene Kind hier überhaupt nicht gemeint.
Und der Spruch Hiob 14, 4 f. („Niemand ist rein von Sünde,
auch wenn sein Leben auf der Erde nur einen Tag gewährt
hat") bezieht sich ebenfalls nicht auf kleine Kinder: denn das
Wort „Leben" hat die Schrift hier im Sinne von „Lebenswandel" gebraucht. Kleine Kinder haben aber noch keinen
„Lebenswandel" und in diesem Sinne auch kein „Leben".

101 (90). Wenn die Patriarchen in frommer Erwägung sich
und ihren Kindern Weiber aus ihrer Verwandtschaft genommen
haben, wie haben nicht Joseph und Moses wider die fromme
Absicht der Vorfahren gehandelt, als der eine eine Ägypterin,
der andere eine Midianiterin zum Weibe nahm?

Antwort: Joseph und Moses haben nichts gegen die fromme
Absicht der Väter, ihre Familie bei der Frömmigkeit zu erhalten,
gethan; sie waren über die Furcht derselben erhaben; denn nicht
nur sind sie selbst nicht durch ihre heidnischen Weiber von der
Frömmigkeit abgezogen worden, sondern haben diese auch zu
ihrer eigenen Frömmigkeit herübergezogen.

----

1) Der Schluss ist in beiden Mss. verstümmelt.

102 (91). Wenn Adam vor dem Fall den Tod weder eines vernünftigen, noch eines unvernünftigen Wesens gesehen hat, wie konnte er den unter Drohungen angekündigten Tod, den er nicht gesehen hat, fürchten, wie wenn er ihn gesehen hätte? Wie hat ihn Gott als etwas Bekanntes ihm angedroht, da er doch unbekannt war?

Antwort: Adam war vernünftig geschaffen, also hatte er auch, wie jeder Vernünftige, die Begriffe der durch die Namen bezeichneten Dinge in sich, somit auch den Begriff des Todes. So besass er ja auch das Wort und den Begriff „Scham", obgleich er noch niemals ein vernünftiges Wesen, das sich seiner Nacktheit schämte, gesehen hatte, und schämte sich demgemäss. Daher fürchtete er vernünftigerweise den Tod, obschon er ihn noch bei keinem Wesen gesehen hatte, da er den Begriff kannte und vom Begriff her wusste, dass er dem Leben entgegengesetzt sei.

103 (92). Da die Schrift von „Gerichten" und „Rechtssatzungen", von „Zeugnissen" und „Gesetz", von „Geboten" und „Vorschriften" spricht, so lehre uns, ob diese Begriffe (je zwei und zwei) identisch sind, oder jeder etwas Besonderes bedeutet.

Antwort: Die vier ersten Begriffe bedeuten etwas Verschiedenes (das wird in kurzen Definitionen nachgewiesen), die beiden letzten bedeuten wesentlich dasselbe, d. h. sie sind nur in der Form der Worte verschieden.

104 (93). Wenn der Rücken des Himmels mit Wassern belastet ist, wie die Schrift sagt — nach einigen ist dies eingerichtet um der feurigen Beschaffenheit der Gestirne willen, damit der Himmel, bespült durch die ihm übergelagerten Wassermassen, nicht von der Feuerglut der Gestirne entzündet werde —, wie können die, welche dies behaupten, recht haben, da die Gestirne sich nicht am Himmel, sondern unterhalb des Himmels bewegen? Wenn sie aber sagen wollten, sie seien am Himmel, wie können sie sich bewegen, da doch der Körper des Himmels schlechthin unbeweglich ist? Wenn aber die Gestirne zusammen mit dem Himmel sich bewegen, ist dann nicht der Mythus, der den Himmel eine Kugel nennt, gerechtfertigt? Ist aber diese Annahme unangemessen und ist es zugleich richtig, dass die Gestirne sich unterhalb des Himmels bewegen, ist da nicht die Existenz jener übergelagerten Wassermassen unnötig? Und was wird mit ihnen beim Ende aller Dinge sein, wenn die Gerechten

in den oberen Regionen, die Sünder aber in den unteren die Vergeltung ihrer Thaten empfangen werden?

Antwort: Obgleich die Gestirne unterhalb des Himmels sind, so strebt doch die energische Bewegung der feurigen Substanzen ihrer Naturbeschaffenheit nach nach oben, sodass die eine verständige Erklärung gegeben haben, welche behauptet haben, zur Conservierung des Firmaménts trage der Rücken des Himmels die Wassermassen. Doch ist dies nicht die einzige Ursache; jene Wassermassen sind auch deshalb dem Himmel übergelagert, damit er sich, von ihrer Last beschwert, nach unten krümme und von dem gewaltigen Sturm der Winde nicht hin- und hergeschüttelt werde, ferner, damit von ihnen aus nach unten die Kälteausstrahlung dringe, sich mit der Wärmeausstrahlung der Sonne mische und die wohlthätige Temperatur erzeuge, welche zur Erhaltung der auf der Erde befindlichen Tiere und Pflanzen erforderlich ist. Bei dem Ende aller Dinge aber erhalten die Menschen nicht in dem Himmel und auf der Erde, wie sie jetzt sind, die Vergeltung ihrer Thaten, sondern in einem neuen Himmel und auf einer neuen Erde, s. Jes. 65, 17; Ps. 101, 25 f.; Hebr. 12, 26. Das Wort „ich erschüttere" [im letzten Citat] zeigt die Umwälzung an, damit das, was nicht erschüttert wird, unbeweglich bleibe.

105 (94). Wenn der Herr voraussagt, dass der Himmel wie ein Buch zusammengerollt werde und die Sterne wie Blätter auf die Erde fallen werden, und auch der Prophet damit Übereinstimmendes vorher verkündigt hat, wie wird nicht der vollständige Untergang des Firmaments durch diese Sprüche angezeigt? Was ist nun der Sinn dieser Worte? Und wie kann die Unvergänglichkeit der Elemente dabei bestehen?

Antwort: Wie die göttliche Schrift die Schöpfung des Firmamentes in Gleichnissen ausgesprochen hat — bald als Ausbreitung eines Felles Ps. 103, 2, bald als Verdichtung von Rauch Jes. 51, 6, bald als Rundung eines gewölbten Raumes Jes. 40, 22 — so hat sie auch in Gleichnissen die Auflösung des Firmaments ausgesprochen, bald als ein zusammenzurollendes Buch, bald als ein vom Feuer aufzulösendes Element, wie der Apostel Petrus in seinem zweiten katholischen Brief sagt, bald als ein alterndes Gewand. Denn es ist notwendig, dass bei Einführung des besseren und neuen Himmels das Firmament vernichtet werde, da es für jenen

Zustand unnütz ist, damit wenigstens dann — bei seinem Unter-
gange — die Hohlheit der Lehre von dem Ungewordensein und
der Ewigkeit des Himmels von denen erkannt werde, die behauptet haben. Gott sei ewig und ungeschaffen [die folgenden
Worte sind undeutlich].

106 (95). Wenn für unseren Gebrauch und Nutzen die Veranstaltung der Schöpfung geschehen ist und um unseres Nutzens
willen ebenso ein Teil der Schöpfung untergehen, ein Teil aber
beim Ende der Dinge mit Unvergänglichkeit bekleidet werden
wird — z. B. das Vieh und die Vögel und die wilden Tiere
werden untergehen, der Himmel und die Erde aber werden von
der Vergänglichkeit befreit werden —, und wenn, was untergeht,
untergeht, weil unser auferstandener Körper es nicht mehr bedarf, Himmel und Erde aber in Unvergänglichkeit bleiben, weil
wir in ihnen die Vergeltung für unsere Thaten empfangen sollen:
wie sind da Luft und Meer, wenn sie unvergänglich bleiben,
nicht unnütz, da sie uns zum Atemholen und Handel und Fisch-
genuss u. dergl. nicht mehr nötig sind, da unser Körper, wie ich
gesagt habe, nichts mehr bedarf?

Antwort: Wenn Gott nach dem Apostel Paulus die Gestalt dieser Welt vergehen lässt, so geht offenbar alles das Übrige
mit der Gestalt der Welt zusammen unter, was (lediglich) um
der Gestalt der Welt willen geschaffen war. Eingeführt aber
wird ein neuer Himmel und Erde, auf welchen Gerechte und
Ungerechte die Vergeltung für ihre Thaten empfangen werden.
Wenn wir dann auch die Luft nicht zum Atemholen nötig haben
werden, so werden wir sie doch zur Bewegung und Ortsveränderung notwendig gebrauchen; denn es heisst: „Wir werden
emporgerissen werden auf Wolken dem Herrn entgegen in
die Luft."

107 (96). Wenn nur denen, die mit freiem Entschluss gut
sind, Lob von Gott gegeben wird, kommt dann den Kindern,
die von Herodes mit dem Schwert gemordet worden sind, und
den Kindern, die Christo, als er auf dem Lasttier in Jerusalem
einzog, den Hymnus anstimmten, mit Fug ein verdientes Lob zu,
da doch jene, ohne noch freie Entschliessung zu besitzen, hin-
gemordet worden sind, und diese auch nicht aus innerer Entschliessung heraus, sondern von der Gnade Gottes getrieben in
Jerusalem den Hymnus angestimmt haben?

Antwort: Wenn das Leiden für Christus ein göttliches Charisma ist — s. Phil. 1. 29 —, aber auch die Kinder für Christus gelitten haben, so sind sie fürwahr göttlicher Gnade gewürdigt worden. Wer sollte sie also nicht mit Fug loben, sie, die da durch die Gabe der göttlichen Gnade von Gott gelobt worden sind, der da auch solchen, die ohne freien Entschluss gut waren, sein Lob verschwenderisch geschenkt hat? Weiter aber, wenn Gott zum Lobe derer, die der Frömmigkeit wegen Trübsal erleiden, ihren Bedrängern Trübsal als Vergeltung schickt, so ist es fürwahr notwendig, dass auch die von Herodes gemordeten Kinder mit dem Lobe gelobt werden, welches in der rächenden Bestrafung für die Leiden thatsächlich gegeben ist; s. II Thess. 1, 6 f.

108 (97). Wenn die Gnade desshalb Gnade heisst, weil sie in höherem Grade als das Gesetz bereit ist, den Sündern zu verzeihen, wie wird das, was Sache der Gnade ist, in umfassenderer Weise im Gesetz gefunden? Denn das Gesetz wäscht durch gewisse Lustrationen und Tieropfer und verschiedene Arten von Taufen die Sünder -täglich von den Vergehungen ab, die Gnade aber bewilligt nur eine Taufe, die die Vergebung der Sünden bewirkt. Wenn wir nur einmal in Sünden verfielen, bedürften wir auch nur einmal der Vergebung; aber da wir häufig sündigen, bedürfen wir offenbar auch häufig der Vergebung, und diese häufige Vergebung versteht nicht die Gnade, sondern das Gesetz durch die genannten Lustrationen u. s. w. zu gewähren. Wie lässt sich nun zeigen, dass die Gnade menschenfreundlicher in Bezug auf die Sünder ist als das Gesetz, wenn sich das Ausgeführte so verhält?

Antwort: Die Vergebung, die das Gesetz durch die Lustrationen u. s. w. gewährt, bezieht sich nur auf Verfehlungen, wie Berühren eines Toten oder eines Aussätzigen, die da das eigentliche Leben der Menschen nicht schädigen. In Bezug auf solche Sünden, die dieses Leben schädigen, gewährt das Gesetz überhaupt keine Vergebung, sondern verhängt die gerechte und entsprechende Strafvergeltung (Exod. 21, 23 f.; bez. Levit. 20; Deut. 22); denn dem Gesetz wohnt schlechterdings nicht das Vermögen inne, aus Menschenfreundlichkeit durch Taufen und Opfern einen groben Sünder zu retten. Aber die Gnade vermag viel in Bezug auf das Heil der Sünder, und wenn sie — auch in jener

Zeit, da das Gesetz in Kraft war — nicht den König David, der zwei Todsünden auf sich geladen, erfasst und ihm die Thüre der Busse geöffnet hätte, so hätte er bei dem Gesetz nicht die Menschenfreundlichkeit gefunden, welche die Sünder rettet. Die Gnade hat in der Welt den rechten Arzt für die Sünder geordnet, nämlich die Reue, die da auch die 70 mal 7 mal Gefallenen zu heilen vermag, wenn sie nur die Hülfsmittel der Busse benutzen wollen.

109 (98). Wenn der Herr die Furcht nicht für notwendig erklärt, indem er sagt: „Wer sich fürchtet, ist nicht vollkommen in der Liebe“, wie kann er dann doch seine Schüler lehren: „Fürchtet den, der Seele und Leib in der Hölle verderben kann“?

Antwort: Das erste Wort (1 Joh. 4, 18) ist nicht vom Herrn gesagt, wenn auch der, der es gesprochen, es im Sinne des Herrn gesagt hat; das andere Wort aber (Matth. 10, 28) ist nicht gesagt, um „die vollkommene Liebe“ aufzuheben, sondern um sie zu schützen. Denn wer durch die grössere Furcht vor Gott die mindere Furcht vor den Menschen austilgt, thut das aus der Liebe zu Gott, so dass die grössere Furcht vor Gott ihren Beweggrund in der Absicht hat, nicht das Geliebte zu verlieren. Denn je wertvoller das, was wir glauben, ist, um so mehr wird es geliebt, und je mehr es geliebt wird, um so mehr fürchtet der Liebende den Verlust, so lange er sich noch im Kampfe für das Geliebte befindet. Wenn aber dieser Kampf aufhört, so hört mit ihm auch die Furcht auf, das Geliebte zu verlieren. Somit ist bis zu diesem Zeitpunkt die Furcht vor Gott nötig: denn nicht hebt wie der Hass — unmöglich ist es übrigens, denselben zu lieben und zu hassen — so auch die Furcht die Liebe auf; denn wir können ebendenselben zugleich lieben und fürchten.

110 (99). Wenn Gott im Gesetz die Opfer unvernünftiger Tiere geordnet hat, damit die Menschen durch sie ihre Ehrerbietung ihm gegenüber beweisen, wie erscheinen die Hellenen frevelhaft, wenn sie ihren Göttern Menschen opfern, indem sie sie durch das Opfer vernünftiger Wesen höher ehren wollen? Sie (die Hellenen) sagen nämlich, die Alten hätten die Menschenopfer gebracht, um ihre Götter durch die Darbringung vernünftiger Wesen um so höher zu ehren; denn je wertvoller das Vernünftige gegenüber dem Unvernünftigen ist, um so wertvoller ist auch das Opfer desselben. Dies wird noch deutlicher aus

der Geschichte des Jephtha, der seine eigene Tochter als Opfer dargebracht hat und deshalb in dem Hebräerbrief von dem Apostel in dem Katalog der Frommen erwähnt wird.

Antwort: Bei den Opfergeboten des Gesetzes hat man nicht den Nachdruck auf das Blut unvernünftiger Tiere zu legen, sondern auf die Modalität, unter der Gott es annimmt. Gott nimmt es an, wie wenn es die Seele des Darbringenden wäre, so dass es also seinen Wert von der gnädigen Gesinnung Gottes empfängt und ihm nur dann Ehrung bedeutet, wenn sich die Seele des Opfernden darin darstellt, s. Levit. 17, 11. Nicht nach der Naturbeschaffenheit des Dargebrachten, sondern nach der Disposition des Empfängers bestimmt sich also der Wert des Opfers und die Ehrung Gottes. Gott schonte des Menschengeschlechts und wollte nicht, dass es durch tägliche Menschenopfer aufgerieben werde und verschwinde, sondern verlieh ihm, dass es sich vermehre und sich behaupte, den Tieropfern aber, dass sie den höchsten Wert hätten. Die von den Hellenen verehrten Götter dagegen, da sie ja böse und menschenfeindliche Dämonen sind, freuten sich an den Opfern, die das Menschengeschlecht vermindern und zum Verschwinden bringen mussten. Dies ist der grösste Beweis für die wilde, unhumane Natur der hellenischen Götter und für die Gottlosigkeit der Hellenen, die da durch Vernichtung des menschlichen Geschlechts, wie sie selbst sagen in besonders hohem Masse, in Wahrheit aber auf die schlechteste Weise ihre Götter zu verehren bestrebt sind.

Der Grund aber, wesshalb Jephtha in den Katalog der Frommen aufgenommen ist, ist folgender. Er hatte ohne nähere Bestimmung gelobt, das erste, was ihm nach dem Siege von seinem Hause her begegnen würde, Gott zu opfern. Das benutzte der Teufel und schickte ihm seine einzige Tochter entgegen, um ihn in Bezug auf die Erfüllung des Gelübdes in Versuchung zu führen. Aber dem Jephtha war das Gelübde teurer als das Leben der Tochter. Gott gestattete aber, dass sie als Opfer dargebracht wurde, nicht weil er sich an Menschenblut erfreut, sondern zur Belehrung der folgenden Geschlechter, dass sie niemals Gott Gelübde ohne nähere Bestimmung darbrächten. Denn vieles ganz Thörichte ist die Folge von solchen. Damit sich nun eine solche üble Folge nicht einstelle, gestattete Gott, die Tochter zu opfern. Das lag ursprünglich weder im Plane

Gottes, noch Jephthas, sondern ergab sich sozusagen zufällig aus der Unbestimmtheit des Gelübdes. Da Jephtha nun, indem er die Tochter opferte, seine beharrliche Frömmigkeit Gott gegenüber erwiesen hat, desshalb ist sein Name in dem Katalog der Gerechten erwähnt.

111 (100). Wenn der Herr Christus zum Erweise, dass der von den Orthodoxen geübte Cultus wahr sei, die Gabe der Wunder in ihren Kirchen am Anfang verliehen hat, warum sind nicht, als Häretiker in diesen Kirchen den Cultus ausübten und von den Orthodoxen abfielen, den Kirchen zusammen mit den Orthodoxen auch die göttlichen Gnadengaben (der Wunder) entzogen worden, warum zog der irrtümliche Cultus in die Kirchen ein und behielten die Gaben, die zum Wachstum der Orthodoxie von Gott verliehen worden sind, auch bei den Häretikern dieselbe Kraft in den Kirchen?

Antwort: Wenn die göttliche Gnade durch lebende oder verstorbene Häretiker die Gnadengaben vollzöge, wäre ein gerechter Grund zu Bedenken vorhanden; wenn aber die, welche die göttlichen Wunder in den Kirchen thun, heilige Apostel, Propheten und Märtyrer sind, deren Gebeine in den Kirchen liegen, so ist klar, dass auch jetzt die Orthodoxen die Wunder bewirken. Denn orthodox sind die Apostel, Propheten und Märtyrer, durch deren göttliche Thaten Gott der Welt bezeugt, dass die Kirchen jenen gehören, durch welche die Wunder geschehen, nämlich den Orthodoxen.

112 (101). Wenn jeder, der durch hingebendes Nachdenken verständig geworden ist, die Erkenntnis empfängt, und es ein Gesetz der Erkenntnis ist, dem Grösseren das Geringere vorauszuschicken, was besonders deutlich bei den Juden als herrschende Regel hervortritt, die zuerst die Lehren des Gesetzes, dann die evangelischen empfingen, wie lernen wir nicht in verkehrter Ordnung, die wir vor dem Geringeren über das Grössere Unterweisung empfangen? Ich nenne nämlich die Lehren des Gesetzes die geringeren, die der Evangelien die grösseren. Da nun wir und unsere Vorfahren eine Naturbeschaffenheit haben, so muss auch ein Stufengang des Unterrichts sein, zumal da auch, wenn nicht in den Lehrgegenständen das Unbedeutendere vorangegangen ist, das Wertvollere [in seiner Erkenntnis] gehemmt wird.

Antwort: Wenn unsre Lehren unter demselben (methodischen) Zwang ständen, wie jene Lehren [die des Gesetzes], bei denen das Wertvollere gehemmt wird, wenn nicht die Unterweisung über das Geringere vorangeht, so wäre es unmöglich, ohne die richtige methodische Ordnung unsere Lehren zu lernen. Da es aber möglich ist, unsre Lehren auch ohne die methodische Ordnung zu lernen, so ist offenbar, dass diese unsre Lehren von jenem Zwang frei sind. Was aber von methodischem Zwang frei ist, unterliegt, wie es auch vorgetragen werden mag. keinem Tadel wegen der nicht richtigen Ordnung. Soviel in Bezug auf die Lösung des in der Frage liegenden verfänglichen Gedankens; die Frage selbst aber beantworten wir so: auch wir empfangen die Belehrung nicht in unrichtiger Ordnung, sondern wie die Apostel gelernt haben — zuerst die Lehren des Gesetzes, dann die evangelischen Lehren —, so haben sie auch uns belehrt. Dies bezeugen ihre Worte, in denen sie das Evangelium verkündigt haben; durchweg nämlich haben sie aus dem Gesetz Christum verkündigt, aus dem Früheren das Spätere und aus dem Geringeren das Wertvollere. Denn jene drei Sprüche Act. 3, 22 (= Deut. 18, 15), Act. 2, 34 (= Ps. 109, 1) und Act. 2. 27. 31 (= Ps. 15, 10) sind Sprüche des Gesetzes, das Christum durch sie vorher verkündigt hat und die auch der Apostel (Petrus) bei seiner Verkündigung des Evangeliums den Juden gegenüber angewendet hat. Was aber die Unterweisung betrifft, so unterscheiden sich die Evangelien in nichts vom Gesetz, wohl aber unterscheiden sie sich in Hinsicht auf die Verheissung und vergeltende Leistung. Denn was ist das Gesetz? vorherverkündigtes Evangelium. Was aber ist das Evangelium? erfülltes Gesetz.

113 (102). Wenn der Schöpfer bei der Herstellung unseres Leibes nichts Überflüssiges und Mangelhaftes geschaffen hat, warum wurde den Juden die Vorhaut als etwas Überflüssiges abgeschnitten? Zu welchem Zwecke aber haben die, welche vor der Ankunft des Herrn Christus gewesen sind, die Beschneidung nicht an einem anderen Körperteil, sondern am Zeugungsglied empfangen? Warum aber, wenn jene sie als etwas Nützliches empfangen haben, vollziehen wir nicht auch diese Operation an uns?

Antwort: Da Abraham trotz seinem und seiner Gattin

hohen Alter die Verheissung eines Sohnes empfing und glaubte, dass ihm von der greisen Gattin ein Sohn werde geboren werden, so gab ihm Gott als Siegel dieses Glaubens die Beschneidung der Vorhaut des Gliedes, das des hohen Alters wegen zur Kinderzeugung unbrauchbar geworden war, nun aber des Glaubens wegen wieder Zeugungskraft erhalten hatte. Zum bleibenden Gedächtnis des Glaubens Abrahams und der Macht Gottes (Röm. 4. 17) wurde die Beschneidung dann auf das ganze Geschlecht Abrahams ausgedehnt. Aber auch wir werden beschnitten durch die Beschneidung Christi vermittelst der Taufe, ausziehend den Adam, um dessen willen wir, Sünder geworden, gestorben sind, und Christum anziehend, um dessen willen wir, gerechtfertigt, von den Toten auferstehen, s. Kol. 2, 11.

114 (103). Wenn der, welcher angewiesen ist zu thun, was in seinen Kräften steht, Lob oder Tadel empfängt, wenn er es thut, bez. nicht thut, so trifft offenbar den kein Tadel, der das nicht thut, was seine Kräfte übersteigt, weil es unmöglich ist. Wie befiehlt also das Gesetz, nicht zu sündigen — was die Kräfte der Menschen doch übersteigt — und belegt den Sündigenden mit Strafen, während der Mensch doch ausser Stande ist. dieses Gesetz zu erfüllen? Das bezeugt auch der Apostel, s. Röm. 3, 20).

Antwort: Was allen Menschen unmöglich ist, ist auch einem einzelnen Menschen unmöglich, z. B. zu fliegen, und umgekehrt. was einem einzelnen Menschen möglich ist, ist auch allen möglich, z. B. zu schiffen. Wenn nun, wie die göttliche Schrift sagt, einige von denen, die unter dem Gesetz waren, untadelig gewesen sind, so ist es offenbar auch allen, die unter dem Gesetz waren, möglich gewesen, ebenso nach der Gerechtigkeit aus dem Gesetz untadelig zu sein. Das bezeugt auch Paulus von sich (Phil. 3, 6) und der selige Evangelist Lukas von Zacharias und Elisabet (Luk. 1, 6). Worin besteht aber die ganze Gerechtigkeit gemäss dem Gesetze? Darin, Gott mehr zu lieben als sich selbst, den Nächsten aber wie sich selbst, was beides den Menschen nicht unmöglich ist, wenn sie nur wollen. Jener Spruch Röm. 3, 20 verneint die Rechtfertigung aus den Werken des Gesetzes nicht deshalb, weil wir das Unmögliche nicht vermögen, sondern weil wir das Mögliche nicht wollen. Den Willen nämlich brauchen wir in Bezug auf das Mögliche, nicht in

Bezug auf das Unmögliche. Denn nur auf jenes, d. h. auf das, was in unserer Macht steht, bezieht sich Lob und Tadel. Dass aber die Menschen sündigen, weil sie wollen, nicht weil sie nicht anders können, dafür bietet die Thatsache den schlagenden Beweis, dass nicht alle Menschen in alle Sünden fallen, sondern die einen in diese Sünde, die anderen in jene, die einen in viele, die anderen in wenige, einige überhaupt in keine, wie die oben genannten Gerechten. Dies wäre unmöglich, wenn die Menschen nicht aus Nicht-Wollen des Guten, sondern aus naturhafter Unfähigkeit sündigen würden.

115 (104). Wenn das Gesetz in Bezug auf Vergehungen bei den Sündern die Reue nicht gelten lässt, sondern ihnen unabdinglich Strafe auferlegt, wie ist der Prophet David, nachdem er Ehebruch und Mord begangen hatte, nicht wider das Gesetz der Verzeihung gewürdigt worden? Und wenn die Verzeihung etwas Gutes ist, warum ist die Unmöglichkeit der Verzeihung dem Gesetze zugesellt worden? Wenn sie aber etwas Schlechtes ist, was ich nicht glaube, wie hat der Spender des Guten dem Propheten Böses bewilligen können?

Antwort: Wenn in Bezug auf Vergehungen das Gesetz bei dem Sünder die Reue nicht gelten lässt, wie konnte dann die Frage 108 gestellt werden, bei welcher der Fragende annahm, dass das Gesetz mehr Bereitschaft zur Verzeihung zeige als die Gnade? Jetzt aber lässt er dem Gesetz kein Titelchen von Menschenliebe mehr, sondern gesellt ihm die Unmöglichkeit der Verzeihung zu und unabdingliche Strafe! Soviel in Bezug auf den Widerspruch der beiden Fragen; in Bezug aber auf die Frage selbst antworten wir also: Wenn auch das Gesetz die Unmöglichkeit der Verzeihung involviert, so gewährte doch eben die Gnade dem Sünder die Reue; denn die beiden Sprüche Jes. 1, 15. 18 und Ezech. 33. 11 sind Sprüche der göttlichen Gnade, welche die Sünder zu dem Gehorsam gegen das Gesetz rufen, nachdem sie durch Reue Verzeihung für ihre Sünden empfangen haben. Gut ist also die Reue und Geschenk der göttlichen Gnade, und sie ist weder dem Gesetze gemäss, noch wider das Gesetz, sondern über dem Gesetz und zu Gunsten des Gesetzes: über dem Gesetz, weil Gnade, zu Gunsten des Gesetzes aber, weil sie durch Reue die Sünder zu dem Gehorsam gegen das Gesetz führt, wie auch den David.

116 (105). Wenn allen Menschen um der Schwäche ihrer Natur willen die aus dem Gebet fliessende Hülfe nötig ist, der Herr Christus aber des Gebetes nicht bedurfte, da er Herr ist und eine für alles ausreichende Kraft besitzt, weshalb erfahren wir aus der Schrift, dass Christus häufiger als die Apostel gebetet habe?

Antwort: Wie der Herr gehungert und gedürstet und sich abgemüht, geweint und geschwitzt hat, obgleich er nichts davon, seiner übergrossen Kraft wegen, hätte auszuhalten gebraucht, wie er aber, um seine menschliche Natur erkennbar zu machen. freiwillig die Schwachheiten seiner Natur auf sich genommen hat, so auch aus demselben Grunde das Beten. Denn wenn einige zu sagen wagen, dass er, sofern er freiwillig die Schwächen seiner Natur auf sich genommen hat, nicht unserer Natur teilhaftig sei, mit wie viel mehr Grund würden sie dies nicht behaupten, wenn er niemals zu Gott gebetet hätte? Da es nun in Bezug auf die Apostel ausser Zweifel stand, dass sie Menschen waren, in Bezug auf den Heiland aber ein Zweifel entstehen sollte, so hat die göttliche Schrift auch in Bezug auf das Gebet von ihm häufigere Fälle erzählt als von Jenen und den anderen Menschen. Denn wenn er, durch die Auferstehung über die Schwachheiten des Fleisches erhaben, wie der Hohepriester unseres Bekenntnisses bei Gott für uns [im Gebet] eintritt, wie viel mehr hatte er, als er noch der Schwachheit des Fleisches unterlag, grosses und starkes Geschrei nötig gehabt und Thränen, mit denen er das Flehen dem darbrachte, der ihn von dem Tode zu erretten vermochte?

117 (106). Wenn sowohl das Fleisch als die Seele bei allen Menschen dieselbe Naturbeschaffenheit besitzt, woher ist der eine träge, der andere aber geweckteren Geistes? Liegt das an der Seele, so muss man notwendig vermuten, dass die Naturbeschaffenheit der Seelen gemäss der Verschiedenheit der Erkenntnis verschieden ist, liegt es aber am Fleisch, so muss man dies in Bezug auf das Fleisch vermuten. Wenn aber der Grund für die Überlegenheit und Verschiedenheit, z. B. dass der eine dumm, der andere klug ist, in der Beschaffenheit des irdischen Stoffs liegt, bez. seiner Trockenheit oder Feuchtigkeit, oder Wärme oder Kälte, oder in einem Mehr oder Weniger, woher oder wie hat sich dieser Unterschied eingestellt und behauptet, der da

bewirkt, dass in uns Menschen, sei es das verständige, sei es das unverständige Element, zunimmt?

Antwort: Mit Recht, wie es scheint, haben einige die geistigen Unterschiede der Menschen auf die Elemente zurückgeführt, aus denen unsre Körper bestehen, auf ihre gute oder üble Mischung und die Symmetrie und Asymmetrie der organischen Teile. Es giebt solche, die in der Jugend productiv und receptiv vorzügliche Köpfe waren, im Alter aber träge (stumpf) geworden sind. Das ist ein Beweis, dass die gute oder schlechte Mischung diese Zustände bewirkt. Ebenso sind auch die, welche allzugrosse Köpfe haben — sie heissen Schwerköpfe — und die, welche allzu kleine Köpfe haben, weil ihre Köpfe der Symmetrie in Bezug auf die anderen Körperteile ermangeln, nicht geeignet, Gedanken zu finden und zu fassen. Ferner giebt es auch solche, die in Bezug auf die Erfassung der transcendenten Dinge geweckt und geschickt sind, und zwar durch die göttliche Gnade, s. III Reg. 4, 29 und I Kor. 12, 8.

118 (107). Wenn die Gesänge von den Ungläubigen zur Verführung erfunden, denen aber, die in dem Gesetze standen, gestattet worden sind um ihres geistigen Kindeszustandes willen, warum haben die, welche die vollkommenen und von der Weise jener abweichenden Lehren der Gnade erhalten haben, in den Kirchen doch Gesänge, ganz ebenso wie jene kindlichen, im Gesetze stehenden Leute?

Antwort: Nicht das Singen an sich gehört der Kindesstufe an, sondern das Singen mit Begleitung seelenloser Instrumente und Tanzen und Stampfen. Daher sind in den Kirchen bei den Gesängen die Instrumentalbegleitung und die anderen kindischen Zugaben abgeschafft und nur das pure Singen beibehalten worden. Denn das Lied erweckt die Seele zu einer glühenden Sehnsucht nach dem, was im Liede dargestellt ist; es besänftigt die vom Fleische aufsteigenden Leidenschaften; es wehrt die uns von den unsichtbaren Feinden erregten bösen Gedanken ab; es betaut die Seele, dass sie fruchtbar wird in der Hervorbringung mannichfaltiger Güter; es macht die frommen Kämpfer edel und stark in Bezug auf das Ertragen furchtbarer Übel; es wird den Frommen zu einer heilenden Salbe aller Wunden, die das Leben schlägt. „Schwert des Geistes" nennt Paulus das Lied, weil es die frommen Krieger wider die unsichtbaren Feinde wappnet; denn es ist „Wort Gottes", welches, wenn es im Geiste bewegt, gesungen und vorgetragen wird, die Kraft hat. die Dämonen zu vertreiben. Alles dies giebt der Seele die Fähigkeit, sich in den Tugenden der Frömmigkeit zu vervollkommnen, und kommt durch die Kirchengesänge den Frommen zu.

119 (108). Wenn der unfreiwilligen Unwissenheit Verzeihung gewährt wird, wie wir von der Schrift belehrt werden, warum haben die alten Juden, die Christum aus Unwissenheit gekreuzigt haben. so viele und furchtbare Übel erdulden müssen, wie Josephus in den Büchern „Über die Eroberung" erzählt, und warum sind die heutigen ungläubigen Juden aus ihrem Vaterlande vertrieben, in die ganze Welt geworfelt und den Heiden in schimpfliche Sklaverei übergeben, wie die Thatsachen dies — deutlicher als ein Pranger — bezeugen? Die Unwissenheit jener und dieser hat der Herr (Luk. 23. 34) und der Apostel Paulus (Röm. 10, 2) ausdrücklich constatiert.

Antwort: Wenn die unfreiwillige Unwissenheit den Unwissenden als Erkenntnis gilt, dann zeigt der Ausgang der in Unwissenheit gethanen Sache, ob die Erkenntnis auf Wahrheit beruhte oder auf Irrtum und Unwissenheit. Wenn sich aber die vermeintliche Erkenntnis durch den Ausgang als Unwissenheit der Sache erwiesen hat und dann doch der Unwissende bei eben dieser Unwissenheit verharrt, so erhält er schlechterdings keine Verzeihung mehr, sondern unnachsichtliche Strafe. (Es wird nun ausgeführt, dass sich die Juden in ihrer Unwissenheit trotz der deutlich sprechenden Thatsache, nämlich der Auferstehung, verhärtet haben; sie haben sogar die Grabeswächter bestochen, dass sie lügen sollten, der Leichnam Jesu sei gestohlen worden; sie haben die Apostel verhindern wollen, in Jesu Namen Thaten zu thun; also ist hier von unfreiwilliger Unwissenheit nicht mehr die Rede. Das Wort Luk. 23, 34 ist hypothetisch zu verstehen, scil. „wenn sie ihre Unwissenheit einsehen und zur Sühne bereit sind", und Röm. 10, 2 ist nach Massgabe von 1 Kor. 9, 22 zu verstehen: „Den Schwachen bin ich ein Schwacher geworden").

120 (109). Wenn Gott allen Sterblichen das Geschenk der Auferstehung zu geben versprochen hat und alle nach ihrer Auferstehung aus den Gräbern sich als Lebende dem Richter darstellen werden, wie erfüllt sich der Spruch, dass der Herr

Tote und Lebendige richten werde? Wie aber werden die Toten gerichtet werden können, deren Leiber in den Gräbern liegen, deren Seelen aber von den Leibern getrennt sind?

Antwort: Es heisst: „Nicht alle werden wir entschlafen, aber alle werden wir verwandelt werden"; somit wird er Lebende richten, nämlich die dann leben werden, und Tote, nämlich die von den Toten auferstehen werden, s. Joh. 5, 25—29. Man muss also auf Grund dieses sicheren Wortes die Sache so fassen, wie sie möglich ist, und kein unverständiges Bedenken erheben.

121 (110). Wenn der Herr verheissen hat, denen, die Vater oder Mutter oder Kinder u. s. w. verlassen, es hundertfältig in dem gegenwärtigen Äon zu erstatten, werden solche auch hundert Weiber erhalten? Wie aber ist dieses Versprechen nicht ein falsches, da doch viele, die um dieses Gebotes willen das Angegebene verlassen haben, in Armut und Einsamkeit und Ode gestorben sind?

Antwort: Wie Christus „Väter" und „Mütter" und „Brüder" und „Schwestern" die nennt, die ihn mit besonderer Inbrunst ergreifen, nachdem sie Vater und Mutter und Geschwister verlassen haben, so nennt er auch „Weib" die, welche den, der sein physisches Weib um Christus willen verlassen hat, in der Zeit dieser seiner Loslösung sorgend umgiebt (also die „geistliche" Ehefrau). Woher hätte aber die Kirche des Herrn Christus, die von Anfang der christlichen Verkündigung an von den ihr feindseligen Hellenen und Juden so lange Zeit verfolgt und ausgeplündert worden ist, in geistlichen und in irdischen Dingen solch einen Zuwachs, wie wir ihn sehen, erleben können, wenn nicht das göttliche und lebendige Wort des Heilands, welches die Vervielfältigung verheissen hatte, in ihr kräftig gewesen wäre und Erstattung bewirkt hätte? Wie hätten aber auch reiche Männer und Frauen, ihre Güter hinzutragend, in der Wüste die dort um Christus willen einsiedlerisch Lebenden aufgesucht und ihrem Mangel abgeholfen, wie wir das aus der Geschichte der heiligen Männer ersehen, wenn nicht der Herr Christus durch sie das von ihm selbst gegebene Versprechen ausgeführt hätte?

122 (111). Wenn der Apostel, um die Auferstehung der Leiber zu erhärten, in dem Korintherbrief als passend das Beispiel des Samens gebraucht hat, wir werden die Zerstückelten

oder Verbrannten auferstehen, da ihr „Samen“ nach der Zerstückelung oder Verbrennung nicht sprosst, sondern ganz und
gar vernichtet ist?

Antwort: Der Same ist allerdings nach der Verbrennung
oder Zerschneidung nicht mehr fähig, zu keimen; denn er hat
vom Schöpfer eine bestimmt abgemessene Kraft (keine absolute)
eingepflanzt erhalten. Gott aber hat keine bestimmt abgemessene
Kraft; er wird also auch nicht durch Zerstückelung oder Verbrennung gehindert, die Auferstehung der Leiber zu bewirken;
denn Gott wirkt nicht nach dem Gesetz und Mass der Natur,
sondern in Allmacht, die durch keine Schwierigkeit gestört wird.
Der Apostel aber hat das Beispiel vom Samen gebraucht, um
die Auferstehung von den Toten durch Analogie glaubhaft zu
machen; denn Gott, der der Natur die Kraft verliehen hat, vermittelst des Samens die Pflanze hervorzutreiben, vermag noch
viel mehr selbst, vom Tode die Toten zu erwecken.

123 (112). Wenn, wie einige behauptet haben, die Apostel
das „Reich Israels“ für ein Reich der Pracht und des Wohllebens
und der irdischen Behaglichkeit gehalten haben, warum hat der
Herr, als er von ihnen über das Reich befragt wurde, sie nicht
nur nicht berichtigt, sondern ihre Unwissenheit noch gesteigert,
da er zu ihnen sprach: „Euch gebührt nicht, die Zeitpunkte zu
kennen, die der Vater seiner Macht vorbehalten hat.“? Diese
Antwort verstärkte ihre Frage.

Antwort: Dies ist ein Punkt aus der Reihe derjenigen,
welche die Apostel vor der Ankunft des h. Geistes nicht erkennen konnten, vgl. Joh. 16, 12. Nachdem sie aber vom Geist
das Wort I Kor. 6, 13 gelernt hatten, wurden sie von der jüdischen
Vorstellung zu dem Begriff übergeführt, der dem Zustand derer
ziemt, die von den Toten auferstehen, wo es keine Speise noch
Trank noch Hochzeit giebt, sondern „die Söhne der Auferstehung
werden den Engeln ähnlich sein.“ Jenes Wort also Act. 1, 7
hat nicht die Absicht, die Fragenden in ihrer unwissenden Vorstellung zu bestärken, sondern es soll sie in doppelter Hinsicht
erschüttern, nämlich sowohl in ihrer falschen Vorstellung von der
Zeit als von der Art und Weise des Kommen des Reichs. Aber
auch der Apostel Paulus hat die Beschaffenheit jenes neuen Zustandes Röm. 14, 17 deutlich gemacht.

124 (113). Wenn wir das Vollkommene dann erst als voll-

kommen speculativ feststellen, wenn es alle Vollkommenheiten besitzt, vollkommen im höchsten Sinn aber nur das ist, was keinen Zusatz noch Zuwachs mehr verträgt, wie hat Gott nicht, da er zuerst vor der Schöpfung existierte, dann die Schöpfung vollzog, den Namen und die Eigenschaft des Schöpfers erst später angenommen und, sofern er vom Gott-sein zum Schöpfer-sein überging, einen Zuwachs und ein Werden erfahren?

Antwort: Ein anderes ist das „Selbst-sein" und ein anderes das „Eines anderen-sein"; jenes ist beziehungslos, dieses nicht. Die Vollkommenheit Gottes liegt in seinem Selbst, nicht in einer Beziehung zum andern, das Hinzukommen der Schöpfung kann also keine Vermehrung in ihm, sondern nur ein neues Verhältnis zu ihm hinzubringen, gleichwie die Zahl „Eins" unverändert und vollkommen bleibt, mag man sie für sich oder als Anfangspunkt der folgenden Zahlen betrachten. So war Gott also auch vor der Schöpfung vollkommen und hat durch die Schöpfung keinen Zuwachs erfahren; denn nichts Geschaffenes fügt Gott etwas hinzu — „denn du", heisst es, „bist derselbe" —; es fügt nur den Beziehungen etwas hinzu, die er in so mannigfaltiger Weise zur Schöpfung hat — „Mächtig", heisst es, „bist du über alle Götter erhoben" —, nämlich als Vater und Herr und Richter und Hirte u. s. w. Und wie Gott, obgleich er nicht mehrere Welten geschaffen hat, wiewohl er dies hätte thun können, in seiner Vollkommenheit desshalb nicht beeinträchtigt erscheint — wie er also dadurch nicht verringert ist, so hat er auch durch die Schöpfung einer Welt keinen Zuwachs erfahren.

125 (114). Wenn das Potentielle geringer ist als das Actuelle, wie fällt nicht der Schöpfer der Welt, da er vor der Welterschaffung nur Schöpfer der Potenz, nicht aber der Actualität nach gewesen ist, unter die Bezeichnung eines Geringeren?

Antwort: Jene Unterscheidung gilt nur für das Gebiet des Naturgesetzes; der aber, dessen Handeln nicht auf naturgesetzlichem Wirken beruht, sondern auf eigenem Willen, fällt nicht unter sie. „Du hast einen Gedanken gefasst", heisst es, „und alles ist dir gegenwärtig."

126 (115). Wenn das Kniebeugen bei den Gebeten mehr als das stehend Beten die Betenden Gott empfiehlt und die göttliche Barmherzigkeit stärker auf sich zieht, weshalb beugen die Betenden an den Herrentagen und von Ostern bis Pfingsten

nicht die Kniee? Woher ferner ist diese Sitte in die Kirchen gekommen?

Antwort: Da wir uns stets an das Doppelte erinnern müssen, nämlich an unseren Fall in Sünden und an die Gnade unseres Christus, durch die wir vom Fall wieder aufstehen, deshalb ist unsere Kniebeugung an sechs Tagen ein Zeichen unseres Falls in Sünden, das Nichtkniebeugen am Herrentag aber ist ein Zeichen der Auferstehung, durch die wir auf Grund der Gnade Christi sowohl von den Sünden als von dem auf sie gesetzten Tode befreit worden sind. Von den apostolischen Zeiten her aber hat diese Sitte den Anfang genommen, wie der selige Irenäus, der Märtyrer und Bischof von Lyon, in seiner Abhandlung „Über das Osterfest“ sagt, in welcher er auch der Pentekoste erwähnt, in welcher wir das Knie nicht beugen, da sie dieselbe Bedeutung hat wie der Herrentag, entsprechend dem genannten Sinn dieses Tages.

127 (116). Wenn der aus dem Grabe auferstandene Herr die Grabtücher im Grabe zurückliess, warum hat die Schrift nicht erzählt, dass er nach der Auferstehung entweder nackt erschienen sei oder von anderswoher sich Kleidung besorgt habe? Wenn aber beides nicht der Fall gewesen ist, wie ist es wahr, dass er seine Kleider im Grabe zurückgelassen hat?

Antwort: Die Kleider des Heilandes haben die Soldaten nach der Kreuzigung verteilt; die Grabtücher aber waren für den Gebrauch des Lebenden nicht geeignet; die Gewänder nun, die der Herr nach der Auferstehung getragen hat, hat er entweder geschaffen oder von anderswoher genommen, wie er auch das Eselsfüllen als Reittier genommen hat. Beides konnte er: er konnte sie schaffen oder von anderswoher nehmen. Ferner, da der Herr vieles gesagt und gethan hat, was die göttliche Schrift nicht in ihren Erzählungen berichtet, so muss man auch die nach der Auferstehung von ihm getragenen Gewänder zu dem Nichtberichteten rechnen, und es ist nicht verständig, unter allem dem, was nicht erzählt ist, nur für diese eine Geschichte eine Ursache zu suchen, warum sie nicht erzählt ist, oder daraus, dass sie nicht erzählt ist, ein Bedenken in Bezug auf die Gewandung des Herrn zu entnehmen. Man muss vielmehr aus der Erwägung über die Macht des Herrn Sicherheit in Bezug auf sein Gewand gewinnen.

128 (117). Wenn ein materieller Körper nicht durch verschlossene Thüren zu gehen vermag, wie trat der Herr nach der Auferstehung bei den Jüngern ein, da doch die Thüren verschlossen waren? Aber wenn es wahr ist, dass das, was im Gemach bei verschlossenen Thüren gesehen wurde. ein Körper war, weshalb wurde der Stein, der auf dem Herrngrabe lag, von dem Engel abgewälzt um der Auferweckung eben dieses Körpers willen? Wenn aber die Schrift mit Recht sagt, die Thüren seien verschlossen gewesen, so ist es offenbar, dass nicht ein Körper, sondern ein Geist eintrat. Wenn aber der Körper bald ein Körper, bald ein Geist wurde, wie hat nicht das Wesentliche dieses Körpers eine Veränderung erfahren?

Antwort: Auch beim Wandeln des Herrn auf dem Meer fand nicht eine Verwandelung des Körpers in den Geist statt. sondern der Herr wandelte auf dem Meere durch seine göttliche Kraft, indem er das Unbeschreitbare beschreitbar machte. Durch diese Kraft ging er auch aus dem Grabe hervor und kam bei verschlossenen Thüren zu seinen Jüngern. Die Abwälzung des Steines geschah aber nicht der Auferweckung wegen, sondern um dieselbe den Beschauern kund zu thun. Das Wandeln auf dem Meer und das durch verschlossene Thüren Hindurchgehen — beides ohne Verwandelung des Körpers — sind ganz gleichwertig; wer das eine anerkennt, muss auch dem anderen Glauben schenken und umgekehrt. Und weil das, was in der Natur durch göttliche Kraft übernatürliches geschieht, unmöglich mit logischer Beweisführung erhärtet werden kann, darum gestattete er den erschreckten Jüngern, seine Nägelmale zu betasten, damit sie erkännten, dass er nicht zu ihnen gekommen sei, indem er seinen Körper in Geist verwandelt hatte, sondern in einem materiellen Körper vermittelst seiner göttlichen Kraft, die das Übernatürliche zu bewirken fähig war.

129 (118). Wenn Gott, indem er den ganzen Kreis der Schöpfung geschaffen hat, der Herr von allem ist. weshalb auch David uns befiehlt, „an jeglichem Ort der Herrschaft des Herrn den Herrn zu loben“, und ebenso auch der Apostel vorschreibt, „dass wir an jedem Ort reine Hände zum Herrn erheben sollen,“ warum blicken wir beim Hymnensingen und Beten nach Osten, als meinten wir. dass dieser Himmelsstrich allein das Werk und

die Wohnung Gottes sei? Wer ist es denn nun gewesen, der diese Gewohnheit die Christen gelehrt hat?

Antwort: Da wir aus dem Unsrigen stets das Wertvollere zur Ehre Gottes aussondern und nach allgemeiner Vorstellung der Osten wertvoller ist als die anderen Himmelsgegenden, deshalb wenden wir uns alle in der Gebetszeit nach Osten. Wie wir mit der rechten Hand im Namen Christi die firmen, welche dieses Siegels bedürfen, da sie für wertvoller gilt als die linke, obgleich der Unterschied nicht aus der Natur, sondern aus einer Annahme stammt — ebenso ist auch der Osten, als ein wertvollerer Teil der Schöpfung, für die Verehrung Gottes ausgesondert. Diese Praxis widerspricht weder einem prophetischen noch einem apostolischen Spruch; denn überall giebt es für die Betenden die östliche Himmelsgegend. Da wir nun beim Beten unmöglich nach allen vier Himmelsgegenden ausblicken können, so blicken wir nur nach einer aus, nicht, wie wenn sie allein von Gott geschaffen wäre, auch nicht, als wäre sie von Gott zu seinem Wohnsitz bestimmt, sondern als die Gegend, die da für die Anbetung, die wir Gott darbringen, angeordnet ist. Diese Anweisung aber scheint die Kirche von denselben empfangen zu haben, von denen sie die Anweisung zum Gebet überhaupt empfangen hat, nämlich von den h. Aposteln.

130 (119). Wenn die Menschen vor der Sintflut weder Baumfrüchte noch Fleisch gegessen haben, wie einige Väter gelehrt haben, wie hat Abel vom Fette der Schafe, die er weidete, und Kain von den Feldfrüchten, die er baute. Opfer dargebracht? Und offenbar ist doch, dass beide diese Opfer darbrachten, indem sie das göttliche Wesen höher schätzten als die eigene Nahrung. Hätten sie aber das, was ihnen selbst unnütz war, Gott dargebracht, wie hätten sie nicht durch eine solche Darbringung das ewige Wesen verhöhnt? Denn ein billiges und lächerliches Geschenk hätten sie ihm dargebracht. Warum nun wurden Kains Opfer verworfen, Abels Geschenke aber als wertvoll angesehen?

Antwort: Der selige Apostel, der Vater der Väter und der Lehrer der Frömmigkeit sagt: „Wer pflegt einen Weinberg und isst nicht von seiner Frucht" usw. (I Kor. 9, 7); er meint — niemand. Also haben auch Abel und Kain von ihrer Herde, bez. ihren Ackerfrüchten gegessen. Weiter aber, wenn die Feldfrüchte dem Kain unnütz gewesen wären, weshalb ehrte er mit den wertloseren Gott [so versteht der Verf. Genes. 4, 7 nach der Fassung der LXX] und zog sich selbst durch Zurückbehaltung der besseren Gott vor? — Deshalb wurde sein Opfer verworfen. Wenn aber Abel Gott höher stellte als den eigenen Nutzen, Kain aber den eigenen Nutzen höher stellte als Gott, so ist offenbar, dass sie beide von dem gelebt haben, was sie betrieben, der Tierzucht und dem Ackerbau.

131 (120). Wenn einige gemeint haben, die Auferstehung sei „das Reich Gottes", es aber Glaubenssatz ist, dass sowohl Gerechte wie Sünder auferstehen werden, wie nennt Paulus die Frevler „enterbte", indem er sagt: „Weder Hurer noch Ehebrecher usw. werden das Reich Gottes ererben"?

Antwort: Nicht einfach die Auferstehung nennt die göttliche Schrift „Reich Gottes", sondern den Zustand nach der Auferstehung, in welcher die Scheidung der zu Strafenden und der zu Verherrlichenden gemacht wird, indem Gott nun von allen ohne Unsicherheit anerkannt wird, der Gott, der in den zu Verherrlichenden die Herrlichkeit wirkt und in den zu Strafenden die Strafe, s. Joh. 5, 28. 29. Geteilt ist also die Auferstehung in die Auferstehung zum Leben und zum Gericht nach dem Unterschiede der Gerechten und Ungerechten. Der Begriff der Auferstehung nämlich ist ein weiterer als der des Reiches Gottes: denn die Auferstehung umfasst Gerechte und Ungerechte, das Reich Gottes aber nur Gerechte.

132 (121). Wenn das alte und neue Testament die Verfluchung nur bei abscheulichen Dingen braucht, wie begann sich der selige Petrus zu verfluchen, als er bei dem Leiden [des Herrn] den Herrn verleugnete? Welches ist ferner der Unterschied zwischen dem Anathematismus und dem Katathematismus, und was bedeuten beide?

Antwort: „Anathema" ist das für Gott Geweihte und Abgesonderte und dem profanen Gebrauch Entzogene, oder [auch] das um seiner Schlechtigkeit willen Gott Entfremdete; „Katathema" aber bedeutet dem Verfluchenden beistimmen.

133 (123). Wenn das Gute das Allervorzüglichste ist und das Misshandelte das Allerelendste, und Gott gut ist, der Mensch aber misshandelt wird, wie ist nicht der Mensch das Allerelendste? Denn kein anderes Element aus dem ganzen Gebiet

des Seienden, der Himmel, die Erde, die Luft, die Gestirne usw.,
ist der Misshandlung fähig, nur der Mensch ist ihr ausgesetzt.

Antwort: Wenn alle diese genannten Elemente um des
Menschen willen da sind und das, was um eines anderen willen
ist, geringer als dieses ist, so ist der Mensch das Vorzüglichste,
weil über die um seinetwillen existierenden Dinge erhaben.
Wenn aber eben das Misshandeltwerden etwas zur Besserung
des Menschen beiträgt, so ist der Mensch das Vorzüglichste auch
in dieser Hinsicht, sofern er von der göttlichen Vorsehung durch
Misshandlungen geheilt und von der Schlechtigkeit seiner Gesinnung befreit wird. Wer aber den Vorzug des Menschen erkennen will, muss auf das Ende schauen, welches dem Menschen
nach dem Tode bereitet ist. Das nämlich ist des gegenwärtigen
Lebens Frucht — die ewige Seligkeit für ein kurzes von Leiden
geplagtes Leben.

134 (124). Wenn der Herr die Lebensweise eines jeden vor-
hersieht, warum hat er die Seelen der Frommen nicht in starke
Körper gekleidet? Wenn er innen aber den Lohn für die zukünftige Zeit aufgehäuft hat und deshalb zulässt, dass sie hienieden Leid erfahren, warum werden nicht in gleicher Weise
alle Frommen von Trübsal heimgesucht, so dass sich das Gute
und das Böse in klarer Unterscheidung zeigt? Wenn sich aber
Leiden und wiederum glückliche Lage bei beiden finden, bleibt
da nicht notwendig der Anhänger des Guten verborgen? Ergiebt sich aber hieraus nicht, dass alles in der Welt ohne Vorsehung durch den blossen Zufall regiert wird, da ja kein Unterschied zwischen fromm und gottlos ersichtlich ist?

Antwort: Gott hat nicht gewollt, dass in dem gegenwärtigen Zeitlauf eine Belohnung der Tugend stattfindet. Wie es
von den Frommen heisst, dass sie nicht von der Welt seien, so
ist auch ihr Ruhm und ihr Reichtum nicht irdisch. Wenn wir
daher sehen, dass die Frommen und die Gottlosen dasselbe erleiden, so schliessen wir daraus, dass das Gegenwärtige keine
Vergeltung ist für die Leiden der Tugend. Hat Gott nun einige
seiner Anhänger hier auf Erden erhöht, wie Joseph und David,
so war das keine Vergeltung für ihre Tugenden, sondern durch
Joseph hat er die Vermehrung des israelitischen Volks in die
Wege geleitet, durch David aber hat er das Reich Israels auf-
gerichtet. Im Materiellen und Körperlichen giebt es keinen Un-

terschied zwischen den Frommen und Gottlosen; Lust und Leid
trifft sie in gleicher Weise; sie unterscheiden sich aber vornehmlich durch die Hoffnung auf das Zukünftige und die Leiden für
die Frömmigkeit, sodann auch durch die göttliche Hülfe, durch
die Gott oftmals die Seinen kenntlich gemacht hat, indem er
bald die Macht der Ägypter vernichtet, bald die Kananiter den
Israeliten unterwirft, bald den Übermut der Assyrer bricht, bald
das babylonische Reich zerstört, bald der Sonne gebietet, wider
den Gang der Natur zu laufen und stille zu stehen. In solchem
Thun zeigt sich die göttliche Vorsehung, durch jene Schickungen
aber erzieht er die Frommen, auf ein anderes Leben auszu-
blicken, in welchem sich die Unterscheidung der Gerechten und
Ungerechten nach Ehre und Schande vollzieht.

135 (125). Wenn der Apostel verboten hat, Böses mit Bösem
und Schimpf mit Schimpf zu vergelten, wie hat er selbst dem
entgegen gehandelt, sofern er sowohl dem Hohenpriester als dem
Schmied Alexander Böses wünschte?

Antwort: Wenn Paulus den Hohenpriester, der ihn ge-
schlagen, wiedergeschlagen, oder dem Alexander, der ihm Böses
gethan, also vergolten hätte, dann könnte man sagen, dass er
wider seine eigenen Worte gehandelt hätte. Aber zu sagen,
was jedem von ihnen Gott anthun werde — dem Hohenpriester
„Gott wird dich schlagen, du übertünchte Wand", dem Alexander: „der Herr möge es dir heimsuchen an jenem Tage" —, das
ist weder Fluch- noch Schmährede, sondern das ist eine Vorhersagung, wie sie einem Apostel ziemt, der sich nicht selbst rächt,
sondern Raum dem Zorne giebt.

136 (126). Wenn Gott die Frommen mit irdischer Herrlichkeit lohnt, wie Abraham, Isaak und Jakob und ihre Nachkommen mit Reichtümern und zahlreicher Nachkommenschaft
und Überfluss an Früchten, wie konnte er den Hellenen dasselbe gewähren, da sie doch überall den Idolen dienten? Ferner,
erscheint der Hellenismus nicht dadurch als frömmer, dass, solange er die Städte beherrschte, diese alle und das Land Wohlstand und Überfluss genossen (und dies, ohne von häufigeren
Kriegen zu leiden) [1], dass aber, seitdem die christliche Predigt in

---

1) Cod. H liest καὶ ταῦτα ου συχνότερον πολεμούμεναι, P bietet ου
nicht. Nach dem Schluss der Antwort ist vielleicht doch die LA von P
vorzuziehen.

ihnen Platz gegriffen hat, sie an Häusern und Bewohnern und
an dem übrigen Wohlstand die grössten Verluste erlitten haben
und fast nicht einmal mehr an den Überresten der vor alters von
den Hellenen geschaffenen Werke erkannt werden kann, dass
einst hier. Städte gewesen sind, sodass der einstige Wohlstand
und die nun eingetretene Öde notwendig den verschiedenen
Cultus als einzige Ursache haben?

Antwort: Von Gott dem Herrn, der seine Sonne aufgehen
lässt über Böse und Gute und regnen lässt über Gerechte und
Ungerechte, wird beiden das irdische, sinnenfällige Glück gegeben (denn der Schöpfer ist auch der, dessen Vorsehung die
Welt unterliegt). Damit nun die Gerechten, wenn sie sehen,
dass sie für die Frömmigkeit viel leiden und doch in Bezug auf
die irdischen Dinge den Gottlosen ganz gleich stehen, ein anderes
Leben erwarten, in welchem die gerechte Scheidung und Vergeltung eintritt, wie dies bereits (s. Quaest. 134) ausgeführt ist . . . .
Aber auch zur Zeit, als der Hellenismus in Blüte stand, sind
Städte und Länder untergegangen (Babylon, Assyrien, Niniveh
und viele andere Völker sind zur Wüste geworden); welche be-
rühmte Stadt aber, seitdem das Christentum herrscht, untergegangen ist, kann niemand zeigen. Aus Wohlstand und Ver-
ödung der Städte und Länder lässt sich auf die sittliche
Vortrefflichkeit überhaupt nicht schliessen — Gott schickt sie
oder versagt sie, wie er es für nützlich hält —; die sittliche
Vortrefflichkeit kann immer nur aus den freien Thaten der
Menschen beurteilt werden. Den Dämonen dargebrachte Menschenopfer — „sie haben ihre Söhne und Töchter den Dämonen geopfert“, heisst es — und die Verehrung lebloser Wesen, wie
wenn sie Gott seien, haben unter dem Hellenismus stattgefunden;
erst als die Christen die Oberhand bekamen, ist dieser hellenische
Greuel verboten worden. Von diesen Thatsachen aus muss man
also die Frömmigkeit der Christen beurteilen, nicht aber aus dem
Überfluss und der reichen Besiedelung von Stadt und Land.
Doch auch in dieser Hinsicht zeigt sich das Christentum überlegen, sofern, seitdem es zum Siege gekommen, die Kriege in
der Welt minder zahlreich geworden sind als zur Zeit der Herrschaft des Hellenismus.

137. Wenn, wer die Lüge redet, vom Bösen ist, wie der
Herr gesagt hat, wie kann der selige Jakob für unantastbar ge-

halten werden, der seinem Vater im Interesse seiner eigenen Person so oft vorgelogen und den Segen des Bruders mit List wider die Absicht des Vaters davongetragen hat? Wie aber unterliegt nicht auch Paulus, da er in Bezug auf den Hohenpriester gefragt wurde und erklärte, er wisse nicht, dass es der Hohepriester sei, dem Tadel der Lüge? Dass er aber wohl wusste, dass der Richter Hohepriester sei, zeigt die Situation selbst aufs klarste.

Antwort: Beide haben nicht gelogen; denn Jakob war durch Kauf im Besitz des Erstgeburtsrechts, und somit musste die hl. Schrift die Sache so leiten, wie sie geleitet worden ist, damit Jakob den Segen empfinge. Paulus' Wort aber: „Ich wusste nicht, dass es der Hohepriester ist“, bezog sich auf das ungerechte Gericht desselben. Desshalb hat er ihn mit Recht „übertünchte Wand“ genannt. Denn wie die Tünche der Wand des Grabes die Wand nicht wirklich als rein darstellt (wegen des im Innern befindlichen Gestanks und Schmutzes), so zeigt auch das hohepriesterliche Amtskleid nicht den Hohenpriester, wenn er im Innern in seiner Seele ungerechtes Gericht hat. Der Herr aber hat die Schriftgelehrten und Pharisäer „übertünchte Gräber“ offenkundig genannt, sie, die sich mit Würden und Kleidern schmücken, im Innern aber Raub und Unreinigkeit verborgen haben.

138. Wenn es als eine Gesetzübertretung erachtet wird, das im „Gesetz“ stehende Gesetz nicht zu erfüllen, und das Gesetz es verbietet, ausserhalb Jerusalems eine gesetzliche Bestimmung zu vollziehen, wie hat Daniel in Babylon nicht das Gesetz übertreten, indem er etwas gesetzliches that bez. nicht that? Dass er zu Gott dem Herrn gebetet hat — es war das dem Gesetze gemäss — sagt die Schrift deutlich von ihm; „Daniel“, heisst es, „war drei Zeiten des Tages gen Osten im Gebet versenkt.“ Wenn aber die Schrift auch das übrige verschwiegen hat, so muss man doch annehmen, dass er alles erfüllt hat. Darum wird er auch „gerecht“ von der Schrift genannt.

Antwort: Dass die in der Gefangenschaft befindlichen Juden Gebote und Flehen verrichteten, hat das Gesetz nicht nur nicht untersagt, sondern hat sie sogar dazu ermuntert. Das können wir aus vielen Propheten lernen. Verboten hat sie die Darbringung von Opfern und die Passah-Feier. Dies geht aus dem

Buch des Propheten Daniel hervor [Folgt Dan. 10,2—4]. Und
am 24. Tage des ersten Monats kam der Engel zu ihm, der
ihm sagte, dass sein Gebot und Flehen erhört sei, und er sprach
zu ihm [folgt Dan. 10, 12. 13]. Da nun in den 21 Tagen der
drei Wochen des ersten Monats, in denen der Prophet ein Trauer-
fasten hielt, der 14. Tag des Passah und die Woche der Unge-
säuerten enthalten sind, so hat es der Prophet offenbar für un-
gesetzlich gehalten. ausserhalb Jerusalems Passah zu feiern. War
dem aber nicht so, sondern hat der Prophet widergesetzlich gehandelt, indem er ausserhalb Jerusalems das Passah nach der
gesetzlichen Bestimmung nicht gefeiert hat, wie wurde sein Gebet und Flehen erhört? Gott erhört doch die Sünder nicht!
Wenn er aber eben dadurch, dass er das Passah ausserhalb
Jerusalems nicht feierte, das Gesetz beobachtet hat, wie handeln
die Juden in der Jetztzeit nicht offenbar widergesetzlich, die
da ausserhalb Jerusalems das Passah feiern?

139. Wenn von Anbeginn an Kriege und Kriegsgeschrei
gewesen sind, Volk gegen Volk und Reich gegen Reich aufge-
standen ist, und Hunger und Pest und Erdbeben hier und dort
gewesen sind, wie nicht nur die h. Schriften, sondern auch die
profanen Bücher angeben, wie hat der Herr diese Vorzeichen
des Endes als unerhörte bezeichnen können, da sie doch, wie
bemerkt, die Welt stets betroffen haben? Wie hat er ferner
nicht durch die Weissagung. dass die Völker sich wider einander
erheben werden, das umgestürzt, was vor alters von dem Propheten Jesajas über den Frieden der Völker gesagt worden ist
[folgt Jes. 2, 4]?

Antwort: Die Calamitäten der Endzeit unterscheiden sich
von den oft eingetretenen Calamitäten durch Grösse und Zahl
und Stetigkeit und Universalität: hierdurch zeigen sie die Nähe
des Endes an. Wenn aber der Heiland zum Heile derer, die ihn
aufnehmen, gekommen sein wird, wird alles Traurige aufhören,
und dann wird die Weissagung des Jesajas ihre volle Erfüllung
erhalten; denn diese friedliche Katastase hat der Prophet Jesajas in dem oben citierten Wort vorherverkündigt, die sich in
der zweiten Parusie des Heilands erfüllen wird: in ihrer Zeit
wird aller Ungehorsam und jeglicher Widerspruch der Menschen
und Dämonen aufhören; in allem aber wird das, was Gott gefällt, regieren.

140. Wenn die Menschen die Hauptelemente und die übrigen Teile der Schöpfung in Irrtum zu Göttern gemacht oder als Götter bezeichnet haben — entweder so, wie sie sind, z. B. den Himmel, die Erde, die Sonne, den Mond, die Gestirne, das Feuer, das Wasser, die Luft, oder in mythologischer Umnennung (die Sonne als Apollo, die Erde als Demeter, die Luft als Zeus, usw.) — Gott aber wider sie das Wort gesprochen hat: „Die Götter, die den Himmel und die Erde nicht geschaffen haben, sollen vergehen," wie hat er diese Ankündigung des Untergangs doch nicht in Bezug auf alle Elemente durchgeführt?

Antwort: Die Ankündigung des Vergehens bezieht sich auf die bösen Dämonen; wie Deut. 32, 17 und Ps. 95, 5 darthun, sind sie gemeint. Das „Vergehen" besteht aber für die Dämonen erstlich in dem völligen Verlust der Götterbezeichnung und Ehre, die ihnen der Irrtum der Menschen gebracht hat, zweitens in nie endenden Qualen, in denen sie ihr Leben jammervoll hinbringen müssen. Wenn sie so zum Erweise, dass sie keine Götter sind, gequält werden, so fällt damit auch die ihnen und den Teilen der Schöpfung aus Irrtum gespendete, lügnerische Bezeichnung (als Götter) dahin. Und wie die göttliche Schrift wenn sie über den Himmel und die Erde sagt, dass „sie vergehen, du aber bleibst usw.", nicht die Nichtexistenz ihrer Hypostase unter dem Ausdruck „Vergehen" meint, sondern ihr Veralten. so spricht sie auch hier vom Vergehen der Götter nicht in dem Sinne, dass sie die Existenz verlieren sollen, sondern die Bezeichnung als Götter, die sie sowohl als die Teile der Schöpfung von den verführten Menschen erhalten haben.

141. Wenn jeder, der einen entsendet, ihn dorthin entsendet, wo er selbst nicht ist, und der Gesandte dorthin gesandt wird, wo der Entsendende nicht ist, Gott aber, da er nicht umschrieben ist, Allgegenwart zukommt — wie sagt der Herr Christus, dass er von Gott in die Welt gesandt worden sei?

Antwort: Gott ist nicht umschrieben und ist daher überall [folgt Ps. 138, 8]. Es wird aber von ihm die Gegenwart ökonomisch ausgesagt, nämlich wenn er erscheint und sich durch besondere Kraftthaten erweist.... Nichts ist hier widersinnig, sobald man das, was dem Wesen Gottes angemessen ist und was der Ökonomie Gottes angemessen ist, unter den entsprechenden Gesichtspunkten überdenkt; denn beides ist ver-

schieden.   Das Wesen Gottes übersteigt die Grenzen unserer
Fassungskraft, die Ökonomie Gottes aber liegt innerhalb dieser
Grenzen; denn sie ist's eben, durch die Gott zu uns kommt. Wir
könnten ja gar nicht Erkenntnis von Gott gewinnen, wenn uns
nicht Gott auf diese Weise zur Erkenntnis führte. Darum, wie
wir das Kommen zu uns (τὸν περίπατον) verherrlichen (κυριο-
λογεῖν), so auch das „Er hat gesandt." Beides ist von Gott und
beides für uns und beides um unsretwillen und beides stammt
aus der Ökonomie: „Und es hörte Adam", heisst es, „die Stimme
des Herrn Gottes, der in dem Paradiese ging (περιπατεῖν)":
desgleichen: „Es sandte Gott seinen Sohn."

142. Wenn die Seraphim ihr Antlitz verhüllen, da sie die
Herrlichkeit Gottes nicht anzublicken vermögen, wie blickten sie
sie nicht doch an, da sie ja ganz von Augen erfüllt sind?
Blickten sie sie aber nicht an, wie ist ihnen der Besitz einer
solchen Menge von Augen an allen Körperteilen nicht überflüssig?

Antwort: Die Seraphimvision bei Jesajas und die Vision
bei Ezechiel sind zu unterscheiden. Dort sind sie sechsflügelig,
hier sind die Cherubim vierflügelig und haben vier Gesichter.
Und in der Ezechielischen Vision war die Bedeckung des Ant-
litzes der Seraphim nicht nötig, da sie sich sowohl beim Stehen
als beim Fliegen unterhalb der krystallenen Feste befanden,
auf der der Thron Gottes war. Es sahen aber die Seraphim
nicht nur mit den Augen, die sie in ihrem Kopfe hatten, sondern
auch mit denen der anderen Körperteile. Und da die Seraphim
bei dem Hin- und Herschweben ihr Angesicht nicht kehrten und
wandten, deshalb mussten sie mit den Augen, die sie besassen,
nach allen Seiten sehen. Also hatten sie die Menge von Augen
nicht umsonst.

143. Wenn die Juden ihres Ungehorsams gegen Christus
wegen denen unterworfen worden sind, die Christo gehorchen, die
Christen aber, welche den wahren Christus nicht erkennen, in
Wahrheit Christen nicht sein können, obgleich sie so heissen
(so die Bünde der Häretiker), wie haben diese nicht nur über
Juden, sondern auch über die, welche den wahren Christus als
Herrn des Alls erkennen, Gewalt bekommen und ihnen unzähliges Böse gethan, während doch das wahre Christentum
nicht nur über Juden, sondern auch über Pseudochristen um

seiner Wahrheit willen herrschen sollte? Wenn aber das, was herrschen sollte, von dem Irrtum beherrscht wird, wie dürfen wir die Knechtschaft der Juden ihrem Ungehorsam gegen Christus zuschreiben, da sie doch zusammen mit den wahren Christen den fälschlich so genannten Christen so oft dienstbar geworden sind?

Antwort: Die Kraft der Herrschaft des Herrn Christus zeigt sich in der Vernichtung der ihm ungehorsamen Juden, sofern sie alle Ehren und Würden, die sie einst besassen, total verloren haben und in die Sklaverei der anderen Völker gekommen sind. Aber die irdischen Dinge in dem gegenwärtigen Leben in die volle Gewalt bekommen ist nicht Sache der wahren Christen, da doch I Kor. 15, 19 gilt. Wer also die Herrschaft der wahren Christen erkennen will, muss auf die zukünftige Katastase blicken. Denn in der Gegenwart die irdischen Dinge beherrschen ist nicht der Lohn des Glaubens der Christen, sondern ein Beruf, der nach göttlicher Anordnung zur Herstellung des wohlgeordneten menschlichen Gemeinwesens Menschen übertragen wird — bald Christen, bald Häretikern, bald Hellenen. Denn solange sich die Christen in den Kämpfen um die Tugend befinden und den engen und schmalen Weg wandeln, jedem zum Dienste bereit, der sie nötigen will, solange vermögen sie nicht zu herrschen. Wenn aber die Kämpfe aufhören werden und die Zeit der Kränze gekommen sein wird, dann werden die Würdigen mit einer unerschütterlichen Herrschaft herrschen, cf. I Kor. 6, 2; Matth. 19, 28.

144. Wenn Gott am Anfang den Sand dem Meere als Grenze gesetzt hat nach dem Spruch: „So weit sollst du kommen und nicht überschreiten“, wie überschreitet doch offenbar an verschiedenen Orten das Meer diese Grenze? Denn in dieser Provinz hat es sich von einigen Strichen zurückgezogen, an anderen aber das Festland in Wasser verwandelt.

Antwort: Die betreffenden Schriftstellen beziehen sich darauf, dass sich die allgemeine Sintflut nicht mehr wiederholen wird. Dass aber partielle Überflutungen der Meere oder der Flüsse eintreten — zum Nutzen oder zur Strafe der Menschen —, das kann man nicht als eine Überschreitung jener dem Wasser von Gott gesetzten Grenzen auffassen; s. Ps. 107, 33 und 35. Diese Grenze besagt, dass Gott die Wassermassen aus den Gebieten, in die sie natürlicherweise nicht hingehörten, in die Gebiete versetzt hat, die ihrer Natur nach für sie geeignet waren. Und dabei ist es geblieben.

145. Wenn der ausgeführte Wille die Macht und das Vorherwissen des Wollenden darthut, so ist offenbar, dass der nicht ausgeführte Wille die Schwäche und Unwissenheit dessen erweist, der da wollte, was doch nicht geschehen ist. Wie will nun Gott, der Allmächtige, dass alle gerettet werden, und sie werden nicht gerettet, und den Tod des Sünders will er nicht und fügt hinzu, dass er die Kinder Jerusalems oft habe sammeln wollen, und, da sie nicht wollten, sind sie nicht gesammelt worden?

Antwort: Gott hat uns Fähigkeit und Kraft zu freier Wahl gegeben, uns so zu Herren unserer Entschlüsse gemacht und feuert uns zur Tugend an durch die Verheissung des Lebens und mahnt uns vom Bösen ab durch die Androhung des Todes. Wenn daher der Wille der Geretteten mit dem Willen Gottes, der da will, dass alle Menschen gerettet werden, zusammengeht, so tritt die Errettung durchweg ein. Wenn aber der Wille der Menschen dem Willen Gottes nicht folgt, so geschieht der Wille Gottes nicht — nicht aus Schwäche Gottes, sondern aus Schwäche der Menschen, die nicht gewollt haben, was Gott wollte. Bei denen allen aber, in denen der Wille Gottes nicht getrennt ist von dem Wollen des Vernünftigen, geschieht folgerecht der Wille Gottes ungehindert.

146. Wenn die Vergänglichkeit der Körper Anfang, Mitte und Ende in dem ehelichen Verkehr ist, wie hat Gott, der unvergänglich ist und die Menschen zur Unvergänglichkeit anfeuert, doch den Gläubigen verkündigt, sie sollen sich durch die Ehe verbinden, da diese Vorschrift sowohl dem Wesen als der Absicht Gottes widerspricht?

Antwort: Nicht alles, was zur Natur eines als Vorschrift geltenden Beispiels gehört, gilt von der Sache selbst, sondern die Analogie bezieht sich nur auf einen Punkt. Wird z. B. das Himmelreich mit einem Senfkorn verglichen, so muss man davon absehen, dass das Senfkorn vergänglich ist, und muss nur auf das unermessliche Wachstum sehen. So ist auch lediglich zur Kundbarmachung der wahrhaften Liebe, die Gott zur Kirche und die Kirche zu Gott hat, von der heiligen Schrift das Bild von der ehelichen Gemeinschaft übernommen worden. „Wie sich ein Bräutigam", sagt Jesajas, „an seiner Braut freut. so wird sich Gott an dir freuen."

147. Wenn von Anfang an und vor aller Welt durch göttliche Bestimmung das, was uns betrifft und uns werden soll, festgestellt ist, wie ratschlagen und flehen wir nicht vergeblich zur Zeit von Dürre oder Regenüberfluss und ähnlicher Calamitäten, da doch die göttliche Bestimmung ein für allemal in Bezug auf alles feststeht? Wie sündigen wir nicht noch mehr durch solches Flehen, indem wir Gott zwingen wollen, seiner eigenen Bestimmung entgegenzutreten, was doch unmöglich ist? Denn wenn sich dies so verhält, wie gesagt ist, wie sind trotzdem von allen Frommen Gebete dargebracht worden und wie konnten einige durch Gebet zahlreiche und heilsame Wunder verrichten?

Antwort: In Übereinstimmung mit unserem Zustande (Katastase) hat Gott auf den Gehorsam Belohnung gesetzt, auf den Ungehorsam aber Strafe. Und da wir einen freien Willen haben und des Wandels fähig sind, so hat uns Gott der Herr an der Busse das Hülfsmittel gegeben, durch das wir aus freien Stücken den Ungehorsam und die auf ihn gesetzte Strafe vermeiden können. Denn auch dieses ist göttliche Bestimmung. Busse zu thun und Verzeihung für seine Fehltritte zu erlangen ist ohne Flehen und Willensentschluss unmöglich. Zum Erweise aber, dass das, was geschieht, nicht von selbst durch blinden Zufall geschieht, sondern dass unsere Angelegenheiten durch göttliche Vorhersehung verwaltet werden, ist den Gebeten der Heiligen Kraft verliehen, nicht so, dass sie die göttliche Bestimmung umstürzen — das ist unmöglich —, sondern dass sie der guten Bestimmung teilhaftig werden, nämlich der Belohnung der Heiligen, die da um ihres Gehorsams Gott gegenüber willen von Gott erhört werden. Denn mit Mühen verbunden ist der Besitz (Erwerb?) der Güter, die um der Natur willen notwendig sind, aber um des Besitzes willen aufgenommen werden [Diesen Satz verstehe ich nicht]. Und es bedürfen die Erwerbenden der göttlichen, durch Gebet bewirkten Hülfe, um die Mühe leisten zu können.

148. Wenn die Sabbathruhe für die Juden nach dem Vorbild der göttlichen Ruhe, sei es der bei der Weltschöpfung, sei es der beim Ende — angeordnet worden ist, der Herr aber bei

jenem Vorbilde von dem Schaffen-Wollen bez. dem Vorsehungswirken ausgeruht hat bez. ausruhen wird, wie zeigt dieses Wort der Schrift nicht die Energie seines Schaffens als eine zeitliche? Denn wenn er nicht mehr wirkt, hört offenbar auch die Energie selbst auf, ganz ebenso wie das Feuer, wenn es aufhört, zu brennen und zu strahlen, auch zu sein aufhört.

Antwort: Der Herr Gott hat in den sechs Tagen jegliche Schöpfung aus dem Nichtsein in das Sein geführt und hat am siebenten Tage davon geruht, noch weiter etwas nach seiner eigenen Art aus dem Nichtsein in das Sein zu rufen [folgt Genes. 2, 2]. Er befahl aber den Juden, sechs Tage zu arbeiten und am siebenten Sabbath zu feiern, damit durch ihre Arbeit und ihr Feiern typisch bei ihnen das Gedächtnis der Arbeit und der Feier Gottes bewahrt würde. Das Vermögen nun, mit dem Gott die Schöpfung geschaffen hat, hatte er ewig und hat es noch; er wirkt aber mit diesem ewigen Vermögen, wenn er will, indem das Vermögen in der ihm eigenen Kraft ewig bleibt sowohl vor als nach der Bethätigung, ohne dass es ein Aufhören oder eine Erneuerung durch die Zeit erleidet. Daher vermag er immer alles das zu schaffen, was er schaffen will. Aber nicht will er auch alles das schaffen, was er zu schaffen vermag. Denn er vermochte und vermag auch mehrere Sonnen zu schaffen, aber dennoch hat er nur eine geschaffen, weil er nur eine schaffen wollte. Da nun Gott durch seinen Willen und nicht durch seine Existenz schafft, so hört seine Existenz nicht auf, wenn sein Wirken aufhört. Denn nur bei den Wesen, bei denen mit dem Aufhören des Wirkens auch die Existenz aufhört, verhält es sich so, dass ihr Sein, nicht ihr Wollen, Wirken ist; z. B. beim Feuer ist Sein und Wirken und Nichtsein und Nichtwirken identisch. Daher fällt hier die Bejahung und Verneinung der Existenz und des Wirkens zusammen: Wirkt das Feuer, so ist es vorhanden; wirkt es nicht, so ist es nicht vorhanden.

149 (127). Wenn das, was von dem Mordenden gemordet wird, zu Grunde geht und das Mordende aus Schlechtigkeit die Geschäfte der Vernichtung ausübt, diese Erscheinungen aber sich massenhaft in der ganzen Tierwelt finden — nicht nur einander, sondern auch den Menschen stellen die Tiere nach —, wie hat der die Wahrheit gesprochen, der gesagt hat, Gott habe alles gut und sehr gut gemacht? Hat er aber wahr ge-

sprochen, und es findet sich doch Gutes und Böses in der Schöpfung, wie führt das Gute nicht auf einen guten, das Schlechte auf einen schlechten Schöpfer, sodass sich also die zwei entgegengesetzten Principien der Manichäer enthüllen? Wenn aber der Mord derer, die gemordet werden, einem guten Zwecke dient, wie das von einigen angenommen wird, wie wäre es nicht besser gewesen, gleich anfangs den Eintritt Jener aus dem Nichtsein in das Sein [1]) zu hindern?

Antwort: Wer aus der Erschaffung der beseelten vernünftigen und unvernünftigen Wesen die Untersuchung über den Schöpfer in entsprechender Weise führt, der muss ihre Natur ins Auge fassen, die da nach der Bestimmung des Schöpfers alle sterblichen Wesen wie zur Geburt, so zur Vernichtung und zum Untergang führt. Ist nun in dieser Hinsicht kein Unterschied unter den Lebewesen, und hat das, was gleichartig ist, einen und denselben Schöpfer, so folgt, dass alle Lebewesen einen und denselben Schöpfer haben. Die Vernichtung, die eines dem anderen bereitet, ist von der göttlichen Vorsehung zugelassen. Denn wenn einige ihnen, obschon sie der natürlichen und gewaltsamen Auflösung und Vernichtung unterworfen sind, unbedenklich göttliche Eigenschaften beigelegt haben, um wie viel mehr hätten sie sie vergottet, wenn sie stets über jede Schädigung und Vernichtung erhaben geblieben wären? Damit nun aus dem, was sie erleiden, erkannt würde, was sie sind, nämlich unwürdig göttlicher Ehre und Benamung, deshalb sind sie der natürlichen und der gewaltsamen gegenseitigen Vernichtung unterworfen. Geschaffen aber sind die unvernünftigen Tiere teils zum Dienst für den Menschen, teils zur Speise, teils zur Straferziehung (cf. Deut. 32, 24). Sind diese drei Zwecke gut, so ist es auch gut, dass die Tiere ins Leben gerufen sind, und weder ihre Naturbeschaffenheit noch der Zweck. zu dem sie bestimmt sind, unterliegt als schlecht einem Tadel. Ist dem so, so ist es offenbar, dass alle die vernunftlosen Lebewesen die Geschöpfe eines guten Schöpfers sind.

150. Wenn der Feind das Schlechte, von dem wir oben gesprochen, aus Missgunst in Bezug auf das Heil der Menschen bei den Menschen bewirkt, indem er dadurch anstrebt, sie unter

---

1) εἰς τὸ μὴ εἶναι liest H, aber das scheint mir zu acuminös.

die zukünftigen Strafen zu verhaften, wenn aber die unvernünftigen Tiere in der zukünftigen Welt weder Heil noch Strafe
erhalten werden und deshalb unangreifbar sind, wie ist es nicht
lediglich eine schlechte Natur, aus der heraus sie das Schlechte
thun?

Antwort: Es widerspricht der Vernunft, die Naturbeschaffenheit unvernünftiger Tiere um schlechter Handlungen
willen zu tadeln: denn nur die Vernunftwesen, nicht aber die
unvernünftigen Tiere vermögen gut oder schlecht zu handeln.
Und da nun um des oben besprochenen Zwecks willen die Natur
der unvernünftigen Wesen ins Leben gerufen ist, dieser Zweck
aber gut ist, so ist auch ihre Natur etwas Gutes.

151 (134). Wenn Gott durch Moses den Israeliten das Gesetz herabgesandt hat, wie wird an vielen Stellen der h. Schrift
Moses als der Gesetzgeber genannt? [Der Text ist unsicher.]

Antwort: Nicht nur die Menschen, sondern auch die göttliche Schrift hat die Sitte, mit dem Namen dessen, der die
Rede gesprochen hat, die Rede zu bezeichnen, um anzugeben,
wessen sie ist, vgl. Act. 8, 28 und Matth. 24, 15. So pflegen auch
wir zu sagen: „Ich habe den Propheten Jeremias oder den
Apostolos käuflich erworben".

152 (135). Wenn der wahrhaftige Christus der ist, dessen
Thun und Name der göttlichen Schrift entspricht und diese
vorausgesetzt hat, der Christus werde Emmanuel heissen, wie
kann der Herr als der wahrhaftige Christus anerkannt werden,
da er doch nach seiner Geburt niemals den Namen Emmanuel
empfangen hat? Denn niemand hat den erschienenen Christus so
bezeichnet.

Antwort: Wenn in den evangelischen Berichten die Erfüllung der göttlichen Vorhersagungen über Christus enthalten
ist, der selige Matthäus uns aber überliefert, dass Er der sei, der
nach der göttlichen Vorhersagung den Namen Emmanuel tragen
soll, wie kann man da noch behaupten, der Herr heisse nicht
Emmanuel? Ferner, die h. Kirche Gottes, unterwiesen aus der
Lehre des h. Evangeliums, hat ihn stets Emmanuel genannt.
Weiter, in der Bezeichnung „Christus" sind alle übrigen Namen
des Herrn eingeschlossen, wenn wir auch nicht alle immer
brauchen; denn nicht, weil er Emmanuel genannt wird, ist er
es, sondern, weil er es ist, wird er so genannt.

153 (136). Wenn die göttliche Schrift verbietet, die Eltern zu verachten, und der, der dies thut, ein Sünder genannt wird, wie kann Christus sündlos sein, da er bei verschiedenen Gelegenheiten seine Eltern verachtet hat? Denn bei jener Hochzeit, als er zu seiner Mutter sprach: „Was ist's mir und dir, Weib?", da hat er sie angefahren. Und als ihn seine Mutter sehen wollte, da nannte er seine Mutter und Brüder die, die den Willen Gottes thun. Und wiederum, als der Leib selig gepriesen wurde, der ihn getragen, und die Brüste, die er gesogen, da pries er die selig, die den Willen Gottes thun. Man muss alle diese Aussprüche als Beleidigungen seiner Mutter auffassen, weil er, wo seine Mutter genannt und selig gepriesen wird, andere im Gegensatz zu ihr selig preist. Solche Entgegensetzung bezeichnet stets das Entgegengesetzte als etwas innerlich Verschiedenes. Übrigens, wenn er sich die h. Jungfrau zu einem so hohen Dienst [zu seiner Menschwerdung] erwählt hat, wie ist sie der Seligpreisung unwürdig nach dem, was vorher von ihr gesagt war? Enthalten aber die Aussagungen einen Widerspruch, wie hebt · sich das Widersprechende nicht gegenseitig auf?

Antwort: Das Wort: „Was ist's mir und dir, Weib?", ist vom Erlöser nicht gesagt, um seine Mutter anzufahren. sondern er wollte damit darthun: „Nicht wir sind es, die uns um den ausgetrunkenen Wein zu kümmern haben. Doch, aus herzlicher Liebe, wenn du so willst, damit der Wein nicht fehle, sage den Dienern, dass sie thun, was ich ihnen sage, und du wirst sehen, dass ihnen der Wein nicht fehlen wird", was auch geschah. Wie soll er die Mutter mit Worten angefahren haben, die er doch durch dies Thun vielmehr geehrt hat? In den übrigen Aussprüchen aber entzieht er der Mutter nicht die schuldige Ehre, sondern zeigt nur, wie die Mutterschaft beschaffen ist, um deren willen die Jungfrau selig zu preisen ist. Denn wenn der, der Gottes Wort hört und bewahrt, der Bruder und die Schwester und die Mutter Gottes ist, und beides bei seiner Mutter zu finden war, so ist offenbar, dass sie um dieser Beschaffenheit ihrer Mutterschaft willen selig zu preisen ist; denn das Wort Gottes zu hören und zu bewahren ist Sache der Tugend einer reinen Seele, die ganz auf Gott sieht. Und da Gott nicht ein beliebiges Weib erwählt hat, die Mutter Christi zu werden, sondern die, welche unter allen Weibern durch ihre Tugenden hervorragte, so wollte auch Christus, dass seine Mutter auf Grund dieser Tugend selig gepriesen werden sollte, durch welche die Jungfrau gewürdigt worden war, seine Mutter zu werden. Dass aber Christus nichts gethan hat, was als Verunehrung der Eltern oder als Ungehorsam gegen sie erscheint, bezeugt der Evangelist Lukas durch sein Wort c. 2, 51.

154 (137). Wenn Maria den Herrn vor dem Begräbnis mit Myron gesalbt hat, wir aber bei der Taufe die Symbole seines Leidens und seiner Auferstehung vollziehen, wie stimmt es, dass wir zuerst mit Ol gesalbt werden und dann erst, nachdem in der Taufe jene Symbole vollzogen sind, mit Myron versiegelt werden? Das ist doch das Umgekehrte in Bezug auf das, was mit dem Herrn geschah, da er zuerst mit Myron gesalbt worden ist und dann gelitten hat. Dazu, ist nicht die Ölsalbung vor der Taufe unnütz, wenn doch der Herr nur mit Myron bei seinem Leiden gesalbt worden ist?

Antwort: Da einer das, was er in Bezug auf das Begräbnis thut, [ideell] nach dem Tode dessen thut, der zu begraben ist, die selige Maria aber den Herrn vor dem Tode gesalbt hat (nach der Stelle Mark. 14, 8; das Wort „sie ist zuvorgekommen“ an dieser Stelle bedeutet: „Vor der zutreffenden Zeit hat sie meinen Leib gesalbt“), so geschieht hier nichts in verkehrter Ordnung, sondern das, was bei dem Herrn vor der rechten Zeit geschah, das geschieht bei den Täuflingen zur rechten Zeit. Wir werden aber mit Ol gesalbt, damit wir „Christi“ würden, mit dem Myron aber zum Gedächtnis des Heilands Christus, der die Myronsalbung wie sein Begräbnis betrachtete und der uns im Typus für dieses Leben, in Wahrheit aber für das zukünftige zur Gemeinschaft sowohl seiner Leiden als seiner Herrlichkeit berufen hat.

155 (138). Wenn der gerecht ist, der den Sünder seines Vergehens wegen bestraft, wie ist Gott gerecht, der ein so grosses Volk um der Vergehungen anderer willen dem Tode hingab? Ich meine bei den Vergehungen des Jonathan und David, als der eine in Unwissenheit das Fasten brach, indem er Honig genoss, der andere unbedacht das Volk zählen liess. Wenn aber jemand behaupten sollte, dass der Tod der Unterthanen zur Strafe der Herrscher geschehen sei, wie ist der nicht

ungerecht, der die Unschuldigen den Züchtigungen preisgiebt? Das widerspricht auch der Schriftstelle: „Die Seele, die gesündigt hat, sie soll sterben".

Antwort: Dass für sündigende Könige die an ihrem Volke vollzogene Strafe die bitterste Strafe sei, bezeugt der selige David selbst, sofern er Gott bittet, die Plage vom Volk auf sich und sein Haus zu übertragen; denn die Verminderung der Beherrschten bedeutet eine Erschütterung der Herrschaft. Ebenso wollte auch Saul seinen Sohn Jonathan töten, um durch seinen Tod die Plage des Volks zu heilen, wenn ihn nicht das Volk durch den Schwur, es werde den Tod des Jonathan nicht zulassen, gehindert hätte. Und wie der Mensch aus Seele und Leib besteht, so besteht die Herrschaft aus dem Könige und den Unterthanen. Und wie man nicht Unrecht thut, wenn man einen Menschen, der mit der Hand gesündigt hat, auf den Rücken schlägt, so thut Gott nicht Unrecht, wenn er die Vergehungen der Könige an dem Volke straft; denn er weiss, dass die Plage des Volks einen besonderen Kummer für die Könige bedeutet; denn die am Volk vollzogene Plage trifft das Reich als Strafe.

156 (140). Wenn Christus sich selbst den „Erben" nennt, diesen aber nach der Parabel die Landbauer, d. h. die Juden, erkannt haben und, weil sie die Herren des Ackers zu werden begehrten, den Erben als Erben getötet haben, wie bezeugen Christus selbst und der Apostel Paulus ihnen doch, dass sie bei dieser Frevelthat in Unwissenheit gewesen seien, sofern jener sagt: „Vergieb ihnen, sie wissen nicht, was sie thun", und dieser: „Wenn sie erkannt hätten, hätten sie den Herrn der Herrlichkeit nicht getötet"?

Antwort: Es giebt eine doppelte Unwissenheit; nach der einen ist man unwissend, ohne es zu wollen, wenn man nämlich über die Thatsachen nicht verfügt, die zur Erkenntnis führen; nach der andern ist man wollend unwissend, wenn einem diese Thatsachen zu Gebote stehen, man sie aber nicht erkennen will. Diese gewollte Unwissenheit pflegt die göttliche Schrift bald Unwissenheit, bald Erkenntnis zu nennen. Erkenntnis, wenn sie sagt: „Und mich kennt ihr, und woher ich bin, wisst ihr", d. h.: Ihr könnt aus dem, was ich wirke, die Wahrheit meiner Selbstbezeichnung und meiner Reden erkennen; denn ein Lügner vermag nicht solche Werke zu thun. Dass aber von den Land-

bauern der Erbe erkannt worden ist, das geschah, weil sie ihn
an seinen Werken als einen Menschen erschauten, der in dem
irdischen Leben über alles hervorragte; weiter auch mussten sie
ihn — nach der Darstellung der Parabel — an seinem Sohnes-
namen erkennen. Nicht aber erkannten sie, dass ihn Gott nach
dem Tode von den Toten zu unsterblichem Leben wiedererweckt
und ihn zum Erben über alles setzt; denn die Darstellung der
Parabel enthält das nicht. Iu Bezug auf diese Unwissenheit
nun hat Christus gesagt: „Vater, vergieb ihnen; denn sie wissen
nicht, was sie thun", und ebeuso der Apostel: „Denn wenn sie
erkannt hätten, hätten sie den Herrn der Herrlichkeit nicht getötet."

157 (141). Wenn Christus allein das göttliche Gesetz ganz
genau erfüllt hat, wie sind doch Zacharias und Elisabeth „im
Gesetz untadelig" gewandelt, über welche Lukas dies bezeugt
hat, und wie sagt Paulus: „Nach der Gerechtigkeit im Gesetz
bin ich untadelig gewesen."?

Antwort: „Untadelig" und „sündlos" ist etwas Verschiedenes; denn der Sündlose ist in jeder Hinsicht auch untadelig,
nicht aber ist der Untadelige notwendig auch sündlos; denn wer
wider das Gesetz verstösst und eine verzeihliche Sünde begeht
und dann durch Opferdarbringung und Sündenbekenntnis Verzeihung erlangt, wird rein und untadelig nach der Gerechtigkeit
aus dem Gesetz. Christus aber, da er sündlos war und das
Gesetz an keinem Punkte übertreten hat, hat auch nichts gethan, was der Verbesserung bedurfte; er kam auch dem Täufer
Johannes entgegen und liess sich von ihm taufen, um „alle Gerechtigkeit zu erfüllen", die Paulus, bevor er an Christus gläubig
geworden ist, noch nicht empfangen hatte, denn sonst hätte er
die Kirche nicht verfolgt. Daher wird nur von Christus gesagt,
dass er sündlos gewesen sei.

158 (142). Wenn die Engel erhabener als die Menschen sind
und die Schrift die Menschen Götter nennt, warum geht es nicht
an, dass wir auch die Engel Götter nennen?

Antwort: Diejenigen unter den Engeln, welche an Stelle
Gottes erschienen sind oder zu den Menschen geredet haben,
haben auch die Bezeichnung „Gott" erhalten, wie der, der zu
Jakob und zu Moses gesprochen hat. Aber auch die Menschen
sind Götter genannt worden. Beiden ist in diesen Fällen die

Würde und der Name „Gott" der übertragenen Dienstleistung wegen erteilt worden; mit dem Erlöschen derselben aber hört die Bezeichnung auf. Z. B. als Gott dem Engel die Aufsicht über das Volk übertrug, sprach er zu Moses über denselben: „Sei ihm nicht ungehorsam; denn mein Name liegt auf ihm." Und als er den Oberen das Gericht über das Volk übertrug, sprach er zu ihnen: „Richtet ein gerechtes Gericht; denn das Gericht ist Gottes", und wiederum sprach er zu denselben: „Ich habe gesagt, dass ihr alle Götter seid und Söhne des Höchsten." Das will sagen: „Ich habe euch meine Ehre und meinen Rang und Namen gegeben; wie wenn ich selbst nun das Volk richtete, so richtet ihr es."

159 (143). Wenn Gott hoch erhaben, der Mensch aber ganz niedrig ist, wie wird nicht der Mensch wider die Ordnung Gott genannt?

Antwort: Diese Frage ist für einen Christen und Hellenen gleich unpassend; denn nach beiden wird die Bezeichnung des hoch Erhabenen auf die Niedrigen übertragen nach Massgabe der Würde eines Jeden (als Ehrenbezeichnung). Probleme soll man aber nicht ex concessis, sondern aus dem Unsicheren formen.

160 (145). Wenn Fleisch und Blut aus demselben Stoff bestehen, warum gestattet Gott den Genuss von Tierfleisch, es aber mit Blut zu geniessen verbietet er, wie Genes. 9, 4 geschrieben steht?

Antwort: Um uns auch dadurch von der Ähnlichkeit mit den wilden Tieren zu scheiden, die da mit dem Fleisch auch das Blut derer lecken, deren Fleisch sie essen.

161 (146). „Es giebt eine Zeit zu reden und eine Zeit zu schweigen", sagt Salomo; ich aber, indem ich mich ans Ende meiner Zeit und meines Stoffs gekommen sehe, will noch Eines den Untersuchungen hinzufügen und dann die Fragen beschliessen. Es ist Folgendes: Wenn Gott wirklich erfüllte Prophezeiungen auch durch hellenische Wahrsager hat ergehen lassen, ... [hier fehlt etwas] wenn Hellenen mit Hellenen kämpften, oft diejenigen, welche auf Geheiss eines Orakelspruchs Dinge unternahmen, die die göttliche Schrift untersagt hat, doch von den Plagen, von denen in der 17. Quaestio die Rede gewesen ist, befreit worden sind? z. B. im Kriege: damals als „die Sieben gegen Theben" diese Stadt von Grund aus zer-

stören sollten, da hat Menökeus, dem Geheiss des Wahrsagers Tiresias folgend, sich selbst freiwillig den Tod gegeben, und so ist die Stadt der Vorhersagung des Wahrsagers gemäss errettet worden, die Feinde aber sind von den Bürgern der Stadt getötet worden. Und dies Beispiel eines im Kriege erlangten Sieges ist nur eines unter vielen.

Antwort: Wer die Lösung von Streitfragen unternehmen will, muss zuerst das Anerkannte feststellen und dann auf Grund desselben die Lösung der Streitfragen geben. Zum Anerkannten gehört aber, dass ein Gott ist, Schöpfer und Leiter der ganzen Welt, den die göttlichen Schriften der Christen in Aussagen verkündigen, welche durch göttliche Kräfte bezeugt sind; bei ihm steht es, die Zukunft vorherzuwissen, vorherzusagen und heraufzuführen. Die Schriften nun, die ihn verkündigen, die beseitigen die hellenischen Götter als Götter. „Wenn", heisst es, „die Heiden ihre Götter wechseln, so sind sie keine Götter". Deren Götter aber keine Götter sind, deren Wahrsager sind auch keine Propheten der Wahrheit, und ihre Vorhersagung wird auch nicht durch eine notwendig eintretende und wahrhaftige Erfüllung gekrönt; denn wie sie weit entfernt sind von der wahren Gottheit, so auch von der Vorschau der Zukunft. Dass aber auch in den Kämpfen zwischen Hellenen und Hellenen, die da auf mancherlei Weise, besonders im Kriege, sich der Orakel bedienen, der Gott der Wahrheit der Christen seine Entschliessung durchsetzt, bezeugt der Kampf zwischen Alexander und Darius, wo er die Orakel des einen bestätigt, die des anderen zunichte gemacht hat, bezeugt aber auch der Krieg des Assyrers mit vielen anderen hellenischen Völkern, den Gott „Rute des Zorns" und „Säge" genannt hat: „Siehe der Assyrer", heisst es, „ist Rute meines Zorns; gegen ein sündiges Volk werde ich ihn senden", und an einer andern Stelle: „Kann auch die Säge erhöhet werden ohne den, der sie handhabt?" Und es steht fürwahr fest, dass der Assyrer kraft der glücklich eintreffenden Orakelsprüche, die er von seinen Göttern durch die Wahrsager erhalten hat, wie eine Säge die hellenischen Völker zersägt und zerrissen hat, die da, ebenso wie er, im Vertrauen auf ihre Orakelsprüche mit ihm Krieg geführt haben; sie wurden in ihrer Hoffnung auf die Orakel betrogen, indem Gott es zuliess, dass es dem Assyrer so glücklich ging, wie die Orakelsprüche es ihm verkündigt hatten, die andern Völker aber sich getäuscht sahen. Über sie sagt Gott durch den Propheten Jesajas: „Ich, Gott, habe meine Hand zurückgezogen, und sie sind verdorrt"; der Assyrer aber sagt: „Haben etwa die Götter der Völker ihr Land aus meiner Hand reissen können, dass der Herr Jerusalem aus meiner Hand reissen konnte?" Nach den Orakeln, die der Assyrer von seinen Wahrsagern empfangen hatte, hat er diese Aussprüche gethan, gegen die Völker und gegen Jerusalem, und unter Gottes Zulassung erfüllten sich ihm die Orakel gegen die Völker, aber die gegen Jerusalem erfüllten sich nicht, da Gott es nicht zuliess. Wie also sind die Sieben gegen Theben um die Erfüllung der Wahrsagung, sie würden die Stadt von Grund aus zerstören, gekommen? Der Fehlschlag der Weissagung ist doch ein Beweis der Schwäche des Gottes, der durch die Wahrsagung das verkündigt hat, was nicht eingetreten ist. Und wenn nach dem truglosen Ausspruch des Heilands ohne Gott kein Sperling zur Erde fällt, um wieviel weniger geht ein ganzes Volk und eine ganze Stadt nicht zu Grunde ohne Gottes Zulassung! Dass aber jegliches hellenische Volk, das durch ein anderes hellenisches Volk zu Grunde geht, von der Rute und Säge des Zorns Gottes zu Grunde gerichtet wird, das ist an dem offenbar, was über den Assyrer ausgeführt ist. Weiter aber, wenn das von den Hellenen über den Wahrsager Tiresias Gesagte ganz und gar lächerlich ist, wie kann das, was durch ihn verkündigt worden ist, wahr sein? Denn sie erzählen von ihm, er sei Mann und Frau gewesen und habe die Bildungen beider Geschlechter gehabt und er habe viele Streitigkeiten der Götter (H Völker) geschlichtet, dann aber habe ihm Hera deswegen gezürnt und habe ihn geblendet, Zeus aber habe ihm zum Trost dafür die Wahrsagegabe geschenkt. Aber wenn ganz unglaubwürdig ist, was von ihm gefabelt wird, wie kann das wahr sein, was er gewahrsagt hat? Dazu, wenn, wie die Hellenen sagen, das, was die Moiren gesponnen haben, nicht mehr aufgetrennt werden kann, wie sind nicht die Orakelsprüche für die, die sie benutzen, ohne Wert, da doch die Moiren das zu einem unausweichlichen Ende führen, was sie angesponnen haben? Da dem nun so ist, wie sind nicht lügenhaft die Moiren und die Wahrsagungen, da sie sich gegenseitig aufheben? Wie hat sich also Menökeus nicht ganz umsonst den Tod gegeben nach dem Spruch des Orakels,

da doch die Ursache, weshalb die Feinde getötet wurden, die
Stadt aber erhalten blieb, nicht bei dem Dämon lag, der durch
den Wahrsager geredet hat, sondern in der Zulassung des Herrn
der Welt?

Nun hast du die Lösungen der Streitfragen, fehlerlos, so
weit es unsre Einsicht vermag, aber doch nur wie einen
Schatten und Abstrahlung die Wahrheit enthaltend. Denn wenn
jener Mann, der sich nichts bewusst gewesen ist, der Seher der
unsäglichen Geheimnisse, der Apostel Paulus, nur stückweise
erkennt und nur stückweise weissagt, wie können wir, die wir
von seiner Tugend und von seinem Wandel so weit abstehen,
die ganze Wahrheit schauen? Daher wollen wir, indem wir hier
die Darlegung beschliessen, zugestehen, dass allein die alle Begriffe übersteigende Dreiheit die vollständige Kenntnis aller
Dinge besitze, und flehen, dass wir die uns von ihr verheissenen
ewigen Güter erlangen durch die Gnade und Leutseligkeit unseres
Herrn Jesus Christus, dem die Ehre und die Kraft in Ewigkeit
der Ewigkeiten ist.   Amen.

II. Hellenische Fragen an die Christen über das Unkörperliche und über Gott und über die Auferstehung der Toten.

1. Woraus lässt sich erkennen, ob es etwas Unkörperliches giebt?

2. Und wenn es Unkörperliches giebt — woraus lässt sich erkennen, ob es an und für sich zu existieren vermag, ohne Körper?

3. Und wenn es ein an und für sich existierendes Unkörperliches giebt — woraus lässt sich erkennen, ob das Unkörperliche vorzüglicher ist als der Körper?

4. Und wenn das Unkörperliche vorzüglicher (codd. οὐ κάλλιον) ist als der Körper — was ist das Unkörperliche? ist es „Seele“ oder etwas Vorzüglicheres als Seele wie Gott?

5. Und wodurch unterscheidet sich „Seele“ von „Gott“?

6. Und woraus lässt sich erkennen, ob Gott überhaupt existiert?

7. Und wenn Gott existiert, so ist zu fragen, ob er schafft oder je geschaffen hat oder auch schaffen wird das, was einst sein wird?

[8. Und ob er geschaffen hat oder schafft oder schaffen wird?]

9. Und was er schafft und wie er schafft, ob mit Willen oder auch ohne Willen?

10. Und wenn mit Willen, ob sich eines Werkzeugs bedienend oder ohne ein Werkzeug?

11. Und wenn ohne Willen, ob er vernunftlos schafft ohne Nachdenken und Erwägung oder mit einer Art von kritischer Reflexion?

12. Und wenn mit kritischer Reflexion, aus welchem Mangel
heraus bedarf er ihrer? Wenn aber ohne eine solche, so ist zu
erforschen, in welchem Sinne?

13. Und wenn wir annehmen, es werde etwas von ihm gewirkt, ob dieses Gewirkte unvergänglich oder vergänglich ist?
Und wenn unvergänglich (codd. φϑαρτόν), so erhebt sich das
Bedenken, ob etwas, was lediglich geworden ist, unvergänglich
sein kann und (καί fehlt in den codd.) in welchem Sinne? Und
wenn es vergänglich ist — worin besteht der Unterschied zwischen den Werken des Unsterblichen und denen der Menschen?
Denn auch viele Werke der Menschen behalten oft lange Zeit-
räume hindurch unvergänglich ihre Dauer, wenn ihr Schöpfer
bereits dahingegangen ist, wie man an Gebäuden und ähnlichem
wahrnehmen kann.

14. Und wenn das von Gott Gewirkte zerstört wird, durch
wessen Schlechtigkeit wird es zerstört, durch die des Schöpfers
oder durch seine eigene oder durch die eines dritten, ausserhalb
Befindlichen, der ein Feind des Schöpfers ist? Welche dieser
drei Möglichkeiten wir aber auch für wirklich halten mögen, so
fällt die Schlechtigkeit offenbar auf den Schöpfer. Denn wenn
das Gewordene durch eine gewisse ihm eingepflanzte Schlechtigkeit zu Grunde gehen muss, so ist der Schöpfer der Urheber,
weil er das Gewordene so geschaffen hat, dass in ihm ein Rest
von Schlechtem geblieben ist; wenn aber ausserhalb etwas dem
Schöpfer Feindseliges existiert, so ist auch dann der Schöpfer
schlecht, weil er seine Feinde nicht zu bezwingen vermag;
stammt aber die Schlechtigkeit vom Schöpfer selbst, so ist
vollends offenbar, dass er schlecht ist. Soviel für jetzt, und nur
wenige Zweifelfragen aus vielen; denn wenn wir wollten, müssten
wir auch fragen, was ein Körper sei und aus welchen Teilen
der Körper besteht und die zugehörigen Fragen. Doch dies
lassen wir für jetzt . . . . [im folgenden sind einige Worte ver-
dorben] und wählen aus einem edleren Bereich etwas besonders
Staunenswertes, nämlich aus den Lehren über die Auferstehung:
denn diese gehört zu den Fragen von ausnehmender Bedeutung, die da von den Leuten „mit steinernen Herzen" erwogen
werden.

15. Denn wenn, wie man sagt, die Toten unversehrt aufstehen müssen, wie ist das möglich, wenn doch Menschenfleisch

unter Umständen von Menschen verzehrt wird? Z. B. einer fällt
ins Meer, Fische verzehren sein Fleisch, und diese Fische werden
dann von Menschen gegessen. Entweder muss der Verzehrte
ohne sein Fleisch auferstehen, oder die anderen müssen Teile
ihres Fleisches entbehren. So sagen spottend die Leute „mit
steinernen Herzen“. Mich aber treibt's, ganz abgesehen von
der Aporie, eine Unterweisung zu empfangen, wie die Lehre
von der Auferstehung zu beweisen ist. eine solche, welche die
Notwendigkeit der Auferstehung aus stringenten und einwurfs-
freien Argumenten zwingend darlegt. Denn seid gewiss, dass
ich mich, wenn die Argumente zuverlässig sind, nicht hinter
irgend eine Aporie verschanzen werde; denn nur der Thor und
der Streitsüchtige streitet noch, wenn bereits ein vollgiltiger Beweis erbracht ist.

Christliche Antworten auf die vorstehenden Fragen auf Grund der natürlichen Theologie.

Diese [aufgestellten] Sätze sind nicht logische Aporieen, sondern kunstlose Fragen; denn bei jenen verfährt man so, dass in
den (angeblichen) Schlüssen das Thörichte liegt, z. B.: Nur der
Mensch ist des Lachens fähig — alles, was des Lachens fähig
ist, ist ein Tier: also ist nur der Mensch ein Tier. Hier sind
die Behauptungen ganz in Ordnung, aber der Schluss ist thöricht. In den vorstehenden Sätzen aber liegen in den Schlüssen
keine Fehler; daher sind sie unrichtig Aporieen genannt worden.
(Ad 1). Woraus lässt sich erkennen, ob es etwas
Unkörperliches giebt?
Wenn es unmöglich ist, dass man ein Ding zugleich nicht
kennt und kennt (denn unverbrüchlich gilt, dass überall entweder
die Bejahung oder die Verneinung Recht hat), wie kann der,
der nicht weiss, ob es etwas Unkörperliches giebt, doch von
Willen und kritischer Reflexion, von Nachdenken und Erwägung,
von Verstand und Vernunft wissen, alles Dinge, die die Energieen des Unkörperlichen sind? Denn bei Unkenntnis der Existenz des Unkörperlichen doch die Energieen des Unkörperlichen
erkennen — wer das behauptet, gehört zu denen, die nicht wissen,
was sie sagen.
Ferner: Eine Aporie aufzustellen und eine Aporie zu lösen,

ist weder Sache der Empfindung noch des Körpers. Was aber nicht Sache des Körpers ist, ist notwendig Sache des Unkörperlichen. Von hier nehmen wir den Ausgangspunkt bei der Erforschung der Existenz des Unkörperlichen. Denn wenn das Erforschen — ob etwas existiert oder nicht existiert — Sache der Vernunft ist, die Vernunft aber Energie eines Vernünftigen ist, der Körper aber an sich des Vernünftigen ermangelt, so ist offenbar, dass es etwas Unkörperliches giebt, dessen Eigenart das Erforschen und Beurteilen ist.

Ferner: Der, der nicht zugesteht, dass es etwas Unkörperliches giebt, ist gar nicht in der Lage, mit der Vernunft zu erforschen und zu beurteilen, ob es etwas Unkörperliches giebt; denn es ist widervernünftig, sich der Energieen des Unkörperlichen zu bedienen, die Existenz des Unkörperlichen aber in Abrede zu stellen.

Ferner: Wir besitzen zwei Fähigkeiten, um die Dinge zu erfassen. die Empfindung und das Denken. Ihre Energieen sind in demselben Masse voneinander verschieden, wie das, was von dem einen erfasst wird, nicht von dem anderen erfasst werden kann. Da aber alle Kräfte Kräfte von Essenzen sind, desshalb muss es auch zwei Essenzen geben, von denen der einen die Empfindung, der anderen das Denken eigentümlich ist. Ist dem aber so, so existiert folgerecht eine unkörperliche Essenz, deren Eigentümlichheit das Denken ist, wie die des Körpers das Empfinden.

Ferner: Wenn es etwas Beseeltes giebt, so muss es auch die Seele geben; denn nur durch Teilnahme an der Seele ist das Beseelte beseelt. Wenn das Wissen nicht an und für sich existiert, sondern in der Seele, so muss die Seele an und für sich sein, in der das Wissen existiert.

Ferner: Wenn der Körper der Seele zum Leben und zum Empfinden bedarf, die Seele aber nicht des Körpers, weder zum Leben noch zum Denken, so ist die Seele etwas anderes als der Körper.

Ferner: Wenn die Seele dem Körper gebietet, der Körper aber den Geboten der Seele gehorcht, so ist die Seele etwas anderes als der Körper.

Ferner: Wenn die Seele wie ein Künstler ist, der Körper aber wie ein Werkzeug, die Werkzeuge aber nicht dasselbe sind wie der Künstler, so ist der Körper nicht dasselbe wie die Seele.

Ferner: Wenn die Vernunft das Prius ist und das, was gemäss der Vernunft ist, das Posterius (denn in der Seele ist die Vernunft, in der Materie aber das, was der Vernunft gemäss ist), so ist die Materie etwas anderes als die Seele. Was sich aber von der Materie als ein anderes unterscheidet, unterscheidet sich auch vom Körper als ein anderes.

Ferner: Wenn das, was kein Körper ist, auch keine Essenz ist, wie zerfällt die Essenz in Körper und Unkörperliches? Denn das, was zerfällt, findet sich notwendig in den Teilen, in die es zerfällt. [1])

(Ad 2) Wenn es etwas Unkörperliches giebt, woraus lässt sich erkennen, ob es an und für sich zu existieren vermag?

Das, durch dessen Gegensätze der an sich des Lebens und der Empfindung und des Denkens unteilhaftige Körper dieser Dinge teilhaftig wird [τούτων γίνεται μέτοχον ergänze ich], während er, wenn es sich entfernt, wieder tot und empfindungslos und des Denkens unfähig wird — das muss notwendig an und für sich existieren, als etwas, was seiner Natur nach unvergänglich ist.

Ferner: Logische Aporieen wissenschaftlich zu construieren und ebenso sie wissenschaftlich zu lösen, das ist nicht Sache der Empfindung; denn es ist allgemein zugestanden, dass die Empfindung ausser stande ist, zur Erkenntnis der Essenz und der Wahrheit vorzudringen. Ist dem so, und ist es Sache des Wissens, bis zur Erkenntnis der Essenz und der Wahrheit vorzudringen, nicht aber Sache der Empfindung, und ist, was nicht Sache der Empfindung ist, auch nicht Sache des Körpers, so folgt notwendig, dass es etwas an und für sich existierendes Unkörperliches giebt, in welchem das Wissen seine Existenz hat.

Ferner: Wenn die Essenz notwendig an und für sich existiert, und sie — gemäss der ersten Differenzierung — in Körper und Unkörperliches zerfällt, wie ist nicht das Unkörperliche eine an und für sich existierende Essenz?

Ferner: Das, was sich von den Affecten, denen der Körper unterliegt, zu scheiden vermag, ohne deshalb aufzuhören, kann

---

1) Dieses Stück passt m. E. nicht in den Zusammenhang.

sich auch vom Körper selbst scheiden, ohne deshalb aufzuhören;
deshalb ist es vorzüglicher und wertvoller als der Körper, da
es die Ursache ist, dass der Körper — durch die Gegenwart eben
dieses — vorzüglicher ist. So beschaffen aber ist, wie wir behaupten, die vernünftige Seele, die da ein denkender Geist ist,
lebendig und erkenntnisfähig und von selbständiger Bewegungs-
kraft, der die Engel und Dämonen nach unsrer Lehre gleichwesentlich sind.[1]) Und von dem Göttlichen sagen wir, dass
es unkörperlich sei, nicht weil es unkörperlich ist (denn Gott
ist seiner Essenz nach, wie jenseits des Körpers, so auch jenseits
des Unkörperlichen, da er der Schöpfer von beiden ist und da
er das Geschaffene nicht so geschaffen hat, wie er selbst ist),
sondern, wie wir mit dem, was von den materiellen Dingen
wertvoller ist, das Göttliche zu ehren pflegen, so thun wir es
auch mit den Bezeichnungen — nicht als ob Gott ihrer bedürfe,
sondern um unsre Vorstellung von Gott dadurch auszudrücken.
In diesem Sinne nun nennen wir ihn unkörperlich, obschon wir
wissen, dass er jenseits des Unkörperlichen sich befindet, da er
der Schöpfer desselben ist. Doch gehört auch dieses hierher,
um zu zeigen, dass es etwas Unkörperliches giebt. Wenn es
aber in dem Seienden überhaupt kein Unkörperliches gebe,
so gebe es auch keinen Körper. Aber da es etwas Unkörperliches giebt, wie es etwas Körperliches giebt, deshalb ist es notwendig, das, was sich entgegengesetzt ist, mit entgegengesetzten
Namen auseinander zu halten. So nennen wir auch Gott ungeschaffen, um ihn durch diese Bezeichnung vom Geschaffenen zu
trennen. Gebe es kein Geschaffenes, so würde man auch Gott
nicht durch die Bezeichnung „ungeschaffen“ von ihm unterscheiden. Durch die in der Bezeichnung „ungeschaffen“ enthaltene Unterscheidung wird Gott als jenseits der Körper und
des Unkörperlichen seiend aufgewiesen. Denn wenn die Bezeichnung „geschaffen“ alles zusammen umfasst, die Körper und das
Unkörperliche, so ist offenbar, dass der, welcher durch die Bezeichnung „ungeschaffen“ von dem Geschaffenen getrennt ist,

---

1) Der nun folgende Satz: *Kaí, καθόλου εἰπεῖν, πᾶν ἐνούσιον, τὸ
ὑπό τινος μὴ δυνάμενον κρατεῖσθαι, σῶμά ἐστι τῷ κρατοῦντι αὐτό,* ist
verdorben; die Weglassung des *μή* ist unstatthaft (s. den Schluss des Ab-
schnitts) und hilft auch nicht. Ich vermute überdies, dass hier ein ganzer
Satz ausgefallen ist; denn die Zusammenhangslosigkeit ist unerträglich.

auch notwendig von den Körpern und dem Unkörperlichen getrennt ist. Und was den anderen unkörperlichen Wesen zukommt, nämlich dass sie von den Körpern nicht umschlossen (gehalten) werden, das kommt auch Gott zu, nicht weil er unkörperlich ist, sondern weil er jenseits des Unkörperlichen ist. Und weil keinen Schöpfer und keinen Herrn zu haben vorzüglicher ist als solche zu haben, deshalb nennen wir Gott ungeschaffen. Denn das, was ungeschaffen ist, kann weder einen Schöpfer haben noch einen Herrn. Ebenso, da das von niemandem umschlossen (gehalten) werden vorzüglicher ist als das Gegenteil, deshalb nennen wir Gott unkörperlich. [1])

(Ad 3. 4). Ob das Unkörperliche vorzüglicher als der Körper? [2])

Wenn der Körper belebt und denkfähig wird, nicht durch die Gegenwart eines anderen Körpers, sondern durch die des Unkörperlichen, wie ist das Unkörperliche nicht vorzüglicher als das Körperliche?

Ferner: Wenn jede körperliche Essenz aus der Materie und der Form besteht und die Form nicht aus der Materie stammt, sondern von anderswoher der Materie zukommt, wie ist das Unkörperliche nicht vorzüglicher als die Materie, da aus ihm die Form der Materie zukommt?

Ferner: Wenn es unmöglich ist, etwas zu erkennen, wenn sein Gegenteil unbekannt ist, wie kann der Körper erkannt werden, wenn das Unkörperliche unbekannt ist?

Ferner: Wenn alles Körperliche im Körper als Form existiert, die Seele aber als Vernunft, wie ist die Seele nicht unkörperlich?

Ferner: Wenn die Seele fähig ist, sich vernunftgemäss (als Vernunft) zu bethätigen — sie bethätigt sich aber so, wenn sie sich von aller Empfindung (Sinnlichkeit) scheidet — wie existiert die Seele nicht an und für sich?

---

1) Die ganze Ausführung passt schlecht zur Überschrift und gehört vielleicht gar nicht hierher.

2) Steht in den Handschriften an späterer Stelle als Quaestio 5. Übrigens müsste in der Aufschrift auch die 4. Frage wiederholt sein; aber auch dann scheinen nicht alle die folgenden Ausführungen hierher zu gehören.

(Ad 5). Wodurch unterscheidet sich „Gott“ von
„Seele“?[1])

So, wie das Schöpfer und Herr Sein sich von dem einen
Schöpfer und Herrn Haben unterscheidet, und wie das über dem
Seienden Seiende von dem Seienden.

(Ad 6). Woraus lässt sich erkennen, ob Gott überhaupt existiert?[2].

Aus dem Bestande und der Dauer des Seienden; denn das
Seiende existierte überhaupt nicht, wenn Gott nicht vor ihm
existierte und alle Teile der Schöpfung zweckmässig zum Nutzen
der ganzen Schöpfung gestaltet hätte, er, der uns kundgethan
ist durch die Weissagung und Lehre der Propheten und unseres
Herrn und Heilands Jesu Christi und seiner Apostel in Reden,
die durch göttliche Kräfte bezeugt worden sind.

(Ad 7. 8. 9). Ob Gott schafft oder geschaffen hat,
oder schaffen wird? Und wenn er schafft, ob mit Willen
oder ohne Willen?[3])

Gott hat geschaffen und schafft und wird schaffen durch
seinen eigenen Willen; denn er hat die Schöpfung, die früher
nicht war, durch seinen Willen geschaffen; er erhält sie durch
seine Vorsehung in dem Sein, d. h. er schafft; und er wird sie
erneuern und in die bessere Katastase überführen durch die Erneuerung, d. h. er wird schaffen, damit er sie reinige von jeder
Makel, die ihr aus der Fahrlässigkeit der vernünftigen Wesen
zugekommen ist — nicht vermöge kritischer Erwägung und
Überlegung findet er nachträglich das Bessere, sondern von Anfang an, bereits vor der Weltschöpfung, hat er so zu verfahren
beschlossen; denn weder in Bezug auf Erkenntnis noch in Bezug
auf Kraft kann Gott irgend etwas nachträglich zukommen, was
er nicht schon früher gehabt hätte. Erkenntnisgrund aber dafür, dass Gott durch seinen Willen die Welt geschaffen hat, ist,
dass er, obschon er mehrere Sonnen hätte schaffen können, doch
nicht mehrere, sondern nur eine geschaffen hat; denn wer nicht
mehrere Sonnen schaffen kann, kann auch nicht eine schaffen,
und wer die eine Sonne zu schaffen vermag, muss auch mehrere

---

1) Steht in den Handschriften als Quaestio 6.
2) Steht in den Handschriften als Quaestio 3.
3) Steht in den Handschriften als Quaestio 4.

schaffen können. Wie hat nun Gott doch nicht mehrere Sonnen geschaffen, die er schaffen konnte, wenn es nicht sein Wille gewesen ist, nicht mehrere zu schaffen? Wenn er sie aber nicht geschaffen hat, weil er sie nicht schaffen wollte, so folgt, dass er auch die, die er geschaffen hat, mit seinem Willen geschaffen hat, und wie die Sonne, so auch die übrigen Teile der Schöpfung alle, die unvergänglichen und die vergänglichen, die da aus dem Willen Gottes sowohl ihr Sein als ihre besondere Beschaffenheit erhalten haben.

(Ad 10). Wenn Gott mit Willen schafft, bedient er sich eines Werkzeuges oder nicht?[1]

Gott bedarf keines Dings, das ausserhalb seiner Natur liegt, und wie er ohne Werkzeug will, so schafft er auch ohne Werkzeug. Denn wenn, sobald er will, dass etwas werde, es, indem er will, auch schon da ist, wie ist der Gebrauch gewordener Werkzeuge nicht ganz überflüssig?

(Ad 11. 12). Wenn Gott ohne Willen schafft, schafft er vernunftlos ohne Nachdenken und Erwägung und kritische Reflexion oder mit einer gewissen kritischen Reflexion? Und wenn mit einer solchen, aus welchem Mangel heraus bedarf er ihrer? Wenn aber ohne eine solche, in welchem Sinne?

Wenn für Gott seine Werke erkennbar sind, das Erkennbare aber durch die Vernunft erkennbar ist, wie erkennt Gott nicht mit Vernunft, was er thut? Aber mit Nachdenken und Erwägung und kritischer Reflexion etwas thun, ist Sache unserer Künstler, die dadurch das, was sie thun, zu grösserer Vollkommenheit bringen; Gott aber, da er weder Erkenntnis hinzunimmt noch aufgiebt, bedarf solcher Mittel nicht.

(Ad 13). Wenn, was lediglich ein Gewordenes ist, unvergänglich zu sein vermag — in welchem Sinne gilt das?[1]

Die Dinge, deren Unvergänglichkeit vom Willen eines anderen abhängt, können nicht in ungewordener Weise unvergänglich sein; daher sagen wir, dass Gott allein Unsterblichkeit hat, weil ihm

---

1) Steht in den Handschriften als Quaestio 7.
2) In den Handschriften Quaestio 9.

das aus seiner eigenen Natur und nicht aus dem Willen eines anderen zukommt.

(Ad 14). **Wenn das von Gott Gewirkte zerstört wird, durch wessen Schlechtigkeit wird es zerstört, durch die des Schöpfers oder durch seine eigene oder durch die eines dritten, ausserhalb Befindlichen, der ein Feind des Schöpfers ist?**[1])

Weder durch die Schlechtigkeit des Schöpfers noch durch die des Feindes wird das, was zerstört wird, zerstört, sondern durch die Bestimmung des Schöpfers, der in den Einzelnen die Zerstörung bewirkt, in dem Ganzen aber die Unvergänglichkeit. Denn wenn die Zerstörung durch die Schlechtigkeit eines. der genannten Factoren bewirkt würde, so würde der gesamte Bestand zerstört werden, das Einzelne und das Ganze. Denn wenn wir den Fall setzten, die Zerstörung käme aus der Schlechtigkeit eines jener Factoren, so würde sich in den Creaturen die Gattung der Zerstörten nicht unzerstört erhalten; denn die Schlechtigkeit würde sich wie des Einzelnen so auch des Ganzen bemächtigen. Wenn aber die Schlechtigkeit das Ganze nicht zu zerstören vermag, so ist auch die Zerstörung des Einzelnen nicht auf sie zurückzuführen, sondern auf die Bestimmung Gottes. Denn wenn in den Dingen keine Schlechtigkeit vorhanden ist, die zu hindern vermag, dass sie (immer wieder) entstehen, so giebt es folgerecht in den Dingen überhaupt keine Schlechtigkeit, die das Ganze (die Gattungen) zerstört.

Ferner: Wenn Gott über den Unvergänglichen erhaben ist als ihr Schöpfer, über dem Ungewordenen aber nicht erhaben ist — denn er ist nicht der Schöpfer des Ungewordenen — so folgt nicht, dass (alles) Unvergängliche auch ungeworden ist [vielmehr das Umgekehrte folgt].[2])

Ferner: Wenn Gott unvergänglich ist durch seine Natur, unvergänglich aber auch die Seele ist, jedoch durch den Willen des Schöpfers, wie könnt ihr bei solcher Verschiedenheit der Unvergänglichkeit behaupten, dass das Unvergängliche ungeworden sei?

---

1) In den Handschriften Quaestio 10.

2) Sylburg und Otto haben diesen und die folgenden fünf Abschnitte zur vorigen Quaestio gestellt; sie fügen sich zu beiden nur unvollkommen.

Ferner: Wenn nun die unvergänglichen Wesen in mancher Beziehung zur Erhaltung der vergänglichen wirken[1]), wie sind sie nicht Diener der vergänglichen Wesen, da der Zweck ihrer Unvergänglichkeit eben diese Dienstleistung ist? Ist dem aber so, so folgt, dass jemand Unvergänglichkeit [lediglich] um eines bestimmten Zweckes willen haben kann; dies gilt aber niemals vom Ungewordensein; denn das Ungewordene muss ohne jeglichen Zweck ungeworden sein.

Ferner: Wenn das Element der erste Körper ist, der zweite aber das, was aus Elementen zusammengesetzt ist, dieses aber unmöglich ungeworden sein kann (denn nichts Ungewordenes kann später sein als das Werden), wie sind, wenn die aus Elementen zusammengesetzten Körper unvergänglich sind, sie nicht als gewordene unvergänglich?

Ferner: Wenn alle Elemente gewordene sind, wie ist es nicht thöricht, das, was aus Elementen zusammengesetzt ist, ungeworden zu nennen? Denn wenn die Materie an und für sich weder ein Element noch eine Essenz [Substanz] ist, sondern erst durch Annahme von Qualität und Quantität ein Element und eine Essenz wird, wie können die aus solchen Elementen entstandenen Bildungen ungeworden sein, mag ihnen auch die Eigenschaft des Unvergänglichen zukommen?

Ferner: Wenn ein anderes ist der Körper, ein anderes der unvergängliche Körper und ein anderes der vergängliche Körper, der Körper aber nach der Verschiedenheit der Unvergänglichkeit und der Vergänglichkeit in den unvergänglichen und den vergänglichen Körper zerfällt, wie ergiebt sich da nicht mit Notwendigkeit, dass entweder das Gewordene oder das Ungewordene Eigenschaften des differenzierten Körpers sind? Wenn sie aber nicht Eigenschaften des differenzierten Körpers sind, wie folgt da nicht, dass der differenzierte Körper weder geworden noch ungeworden ist? Wenn es aber unmöglich ist, dass der differenzierte Körper nicht eines von beiden ist, so muss notwendig behauptet werden. dass dieser differenzierte Körper der unvergängliche Körper und der vergängliche ist, in denen sich eben die Differenzierung des differenzierten Körpers darstellt.

---

1) Codd.: εἰ οὖν τελεῖ τι πρὸς σύστασιν τῶν φθαρτῶν, aber aus dem Zusammenhang ergiebt sich, dass nach οὖν die Worte τὰ ἄφθαρτα ausgefallen sind.

(Ad 15). Antworten über die Auferstehung auf die oben stehenden Fragen über sie.[1])

1. Wenn ein Fisch einen Menschen frisst und ein Mensch einen Fisch, so verwandelt sich damit der Mensch nicht in einen Fisch, noch der Fisch in einen Menschen, sondern beide lösen sich in die Elemente auf, aus denen sie anfänglich zusammengesetzt waren. Wenn auch die Weise der Auflösung beider so geschieht, dass einer den anderen auffrisst, so ist doch das Ende jedes Auflösungsprocesses, mag er sich wie immer vollziehen, die Auflösung in die Elemente. Somit ist es unstatthaft, um des gegenseitigen sich Verzehrens von Mensch und Fisch willen eine sophistische Aporie zum Zweck der Aufhebung der Auferstehung zu construiren, sondern man muss seinen Blick auf die Macht Gottes richten, der nicht nur versprochen hat, die Auferstehung der Toten zu bewirken, sondern auch durch die bereits bewirkte Auferstehung unseres Heilands Christus uns die Zuversicht auf sie gewährt hat. Dazu, wenn die Elemente für die Schöpfung dessen, was ins Leben getreten ist, und für die Neuschöpfung des Zerstörten dienen, wie ist nicht, wenn die Neuschöpfung des Zerstörten für unglaublich und unmöglich gilt, auch die Schöpfung des am Anfang Gewordenen unglaublich und unmöglich? Dies aber ist absurd.

2. Weder die Schöpfung der Welt noch ihre Neuschöpfung glauben die Hellenen. Aber ob sie in Bezug auf den ersten Punkt im Rechte sind, wird sich, wie folgt, zeigen: Sie behaupten, die Zeit sei ewig. Aber wenn die Zeit ewig ist, so sind notwendig auch die Teile der Zeit ewig, d. h. die Stunden und die Tage, die Monate und das Jahr. Wenn aber diese nicht ewig sind, da in ihnen das eine früher, das andere später ist, so ist auch die Welt, die in der Zeit ist, unmöglich ewig.

3. Zwei Gründe gegen die Glaubhaftigkeit der Auferstehung der Toten kann es nur geben, entweder weil Gott nicht im stande ist, die Toten zu erwecken, oder weil dem Auferstandenen die Unvergänglichkeit nicht nützlich sei. Das eine ist gottlos und das andere lächerlich. Wenn dem so ist, wie besteht nicht aus Gottlosigkeit und Lächerlichem die Behauptung derer, die die Auferstehung der Toten nicht glauben?

---

1) Steht in den Handschriften als Quaestio 11.

4. Was Gott in eigener Kraft schafft, das schafft er durch [blosses] Gebot: dem Gebot Gottes ist die Existenz des von ihm Geschaffenen gleichzeitig. „Du hast gedacht", heisst es, „und es ist da." Aber wenn dies in zutreffender Weise über Gott ausgesagt ist, wie entzieht der, welcher an die Auferstehung nicht glaubt, nicht auch Gott den Glauben und verneint, dass er diese Macht habe? Denn die von den Toten Auferstehenden bedürfen keines anderen ausser dem (Macht)gebot Gottes.

5. Wenn das Wort: „Gott weiss das Paradoxe zu wirken" [Euripides], wahr ist, und es ist wahr, wie straft nicht der, der die Auferstehung der Toten nicht glaubt, dies Wort Lügen?

6. Wenn nach Vollzug der Neuschöpfung notwendig jeder Zweifel unter den Menschen über den Schöpfer der Welt und über seine Werke aufhört, wie ist nicht die Neuschöpfung der Welt vorzüglicher als ihre Schöpfung? denn um der Neuschöpfung willen ist auch die Schöpfung vorzüglich. Wenn aber jener als unmöglich der Glaube versagt wird, wie ist die Schöpfung der Welt nicht grundschlecht?

7. Ein anderes ist das schlechthin Unmögliche und ein anderes das jemandem Unmögliche. Schlechthin unmöglich ist z. B., dass der Durchmesser so gross ist wie die Seite; jemandem, nämlich z. B. der Natur, ist es unmöglich, ohne Samen ein Lebewesen zu schaffen. Unter welche Art von Unmöglichkeit bringen die Ungläubigen die Auferstehung? Wenn unter die erste, so urteilen sie falsch; denn nicht wird kraft einer Neuschöpfung der Durchmesser gleich [1]) der Seite; die, welche auferstehen, stehen aber kraft einer Neuschöpfung auf. Wenn unter die zweite, so gilt, dass Gott alles möglich ist, was [nicht an sich, sondern nur] jemandem unmöglich ist.

8. Wenn sich in dem gegenwärtigen Leben der Fromme von dem Gottlosen lediglich durch die Hoffnung unterscheidet, wie hebt der, der die Hoffnung auf das Zukünftige aufhebt, damit nicht auch den Unterschied zwischen fromm und gottlos auf?

9. Wenn das Ganze [die Gattung] nicht sein kann ohne das Einzelne, wie ist nicht, wenn das Einzelne geschaffen ist, nicht auch das Ganze geschaffen? Ist dem aber so, wie ist es nicht unwahr zu behaupten, der Mensch und die übrigen Teile der

---

1) Die Handschriften bieten *ἀσύμμετρος*; ich corrigiere mit Lange.

Schöpfung seien gleichewig mit Gott? Z. B. wenn Plato geschaffen ist, wie ist nicht der Mensch geschaffen?

10. Wie haben die Hellenen, die Ewigkeit der Welt voraussetzend, das, was aus dieser Voraussetzung notwendig folgt, angesehen und beurteilt?[1]) Aber wenn die Welt, wie sie wollen, ewig wäre, würden sie mit Recht sagen, dass es keine Neuschöpfung der Welt geben werde; denn die Neuschöpfung setzt die geschaffene Welt voraus und nicht die ungeschaffene. Dass aber die Welt nicht ewig ist, folgt daraus, dass der Mensch nicht gleichewig mit Gott ist, denn wenn das Ganze gleichewig mit Gott wäre, wäre notwendig auch das Einzelne gleichewig; wenn aber nicht das Einzelne, dann auch nicht das Ganze.

11. Alle Menschen auf einmal durch die Neuschöpfung in den Zustand der Unvergänglichkeit hinüberzuführen, ist viel gotteswürdiger in Bezug auf die Grösse der Sache, als sie in diese todeshaftige Katastase, in der wir jetzt sind, einzuführen. Er hat uns aber das Würdigere und Gotteswürdigere für die Zukunft aufgespart, da in ihm der Zweck unseres Wesens enthalten ist. Wenn wir desselben beraubt wären — wie die annehmen, welche die Auferstehung nicht glauben —, wie viel besser wäre es, nicht zu sein als zu sein? Denn alles, was seines Zweckes entbehrt, ist unnütz.

12. Wenn es keinem möglich ist, für etwas, was gar nicht existiert, den Tod dem eigenen Leben vorzuziehen, wie nun sind die Märtyrer, da doch nach Eurer Meinung die Lehre von der Auferstehung unwahr ist, für diese Lehre gestorben? Welche andre Religion hat eine Lehre, die durch so vielfache Qualen und Todesarten besiegelt worden ist, wie diese, ich meine die der Christen in Bezug auf die Auferstehung der Toten?

13. Wenn das, was die Hellenen nicht glauben, weder ist noch sein wird, so liegt also die Existenz des Seienden in der Erkenntnis der Hellenen begründet. Wie werden sie nun in den meisten und hauptsächlichen Lehren als solche erfunden, die mit sich selbst und untereinander im Streite liegen? Dieser Streit lässt nicht zu, dass die Existenz des Seienden in der Erkenntnis der Hellenen begründet liegt.

---

1) Mir scheint, dass hier etwas fehlt.

14. Wenn [die Hellenen] dem Bericht derer den Glauben
versagen, die den Fürsten der Auferstehung von den Toten zu
unsterblichem Leben auferstanden gesehen haben, so vermögen
sie doch nicht, solange der Beweis unvernichtet ist, das Dogma
der Auferstehung zu vernichten. Denn dass der Mensch vom
Fisch verzehrt wird, bietet zwar eine Aporie, aber keinen [Gegen]-
beweis.[1) .... Ist aber ein Vorgang durch den Thatbestand
erwiesen,[2) so vermag kein Syllogismus ihn zu widerlegen.

15. Die Sonne befindet sich, wenn sie über der Erde steht,
nicht unter der Erde, und umgekehrt. Wo ist nun nach Eurer
Meinung die Sonne ewig, da sie doch weder über der Erde noch
unter der Erde das Sein in zeitloser Weise besitzt? Wenn aber
die Hellenen die nicht ewige für ewig halten, wie können sie
für glaubwürdige Meister gelten, wenn sie die Auferstehung der
Toten in Abrede stellen?

16. Das, was bald oben, bald aber unten ist, gehört zu den
Dingen, die einmal nicht waren, weder oben noch unten. Wie
ist nun die Sonne ewig, die da, bevor sie oben bez. unten war,
nicht war? Denen aber, die verkennen, dass die Sonne nach
ihrer eingeborenen Art ein Gewordenes ist — wie ist es nicht
thöricht, ihnen in Bezug auf das Nicht-Auferstehen der Toten
Glauben zu schenken, deren Fürst [der Auferstehung] bereits ihr
Erstgeborener geworden ist durch die Auferstehung?[3)

17. Wo die Macht des Schaffenden hinreichend kräftig ist,
da ist auch der Stoff zur Schöpfung dessen, was werden soll,
geeignet. Und wenn ein Toter für Gott in Bezug auf die Erweckung geeignet ist, so sind auch alle notwendigerweise geeignet, wenn aber nicht alle, dann auch keiner. Nicht aber
dürfen wir die Werke Gottes mit unseren Gedanken messen;
denn sie sind über dem Verstande und der Empfindung und der

---

1) Die nun folgenden Wörter sind in den Handschriften so entstellt,
dass ich an der Herstellung und Übersetzung verzweifle. Sie lauten:
Ἀδύνατον γὰρ τὸ αὐτὸ πρᾶγμα καὶ θεότητι ὑποπεσεῖν ὡς γεγονός.

2) Auch hier ist nur der Sinn klar, die Worte aber schwerlich in
Ordnnug: τοῦ δὲ πράγματος τῇ οὐσίᾳ δυνάμει ἀποδεδειγμένου.

3) Ὧν [scil. τῶν νεκρῶν] ὁ ἀρχηγὸς τῆς ἀναστάσεως πρωτότοκος
αὐτῶν ἤδη γέγονεν ἐκ τῆς ἀναστάσεως. Das Wort ἀναστάσεως ist an
erster Stelle vielleicht zu tilgen, αὐτῶν lässt sich halten.

Vernunft; zu ihnen gehört, dass auch ein von einem Fisch Verschlungener prompt in das Sein zurückkehrt, wenn es ihm auch zugestossen ist, dass er vernichtet wurde.

18. Wie ist es wahr, dass „der Herr über Lebende und Tote herrscht", wenn er doch nach Eurer Meinung nicht die Macht hat, den einen in den anderen zu verwandeln?

19. Wenn Gott wohl der Schöpfer des Geringeren ist, nicht aber des Besseren, wie ist das nicht ein Beweis der Schwäche Gottes? Das zu behaupten aber ist gottlos. Wenn aber die Macht Gottes gleich stark ist in Bezug auf die Schöpfung von Beidem, weshalb glaubt ihr die Auferstehung der Toten nicht, die da zur Unvergänglichkeit auferstehen?

20. Wenn es für Gott in Bezug auf das Wirken nicht unmöglich, für uns aber in Bezug auf das Werden nützlich ist, aus dem seufzervollen und vergänglichen Leben in eine selige und unvergängliche Katastase durch die Auferstehung geführt zu werden — nützlicher, als die philosophierenden Hellenen aus der anstrengenden Arbeit der Philosophen zu der anstrengenden Arbeit der Ameisen durch Metempsychose zu führen, was ist lächerlicher als an jenes Wohlbezeugte nicht zu glauben, dieses aber haltlos zu glauben und es zu behaupten, sodass also der einst in Athen lehrende Philosoph Plato später als Ameise gearbeitet hat?

21. Wenn nach den Hellenen Gott durch sein (blosses) Sein und nicht durch seinen Willen die Menschen schafft, wie ist Plato erst ein vernünftiges Wesen (ein Mensch), dann ein unvernünftiges (eine Ameise) — durch die Metempsychose? Wenn, dass Plato ein Mensch geworden ist, aus dem Sein Gottes folgt, so muss sich, wenn sich Plato aus einem Menschen in eine Ameise verwandelt, notwendig auch das Sein Gottes verwandeln. Verwandelt sich aber Plato, während das Sein Gottes sich nicht verwandelt, wie schafft Gott durch sein Sein und nicht durch seinen Willen die Menschen?

22. Wenn das, was Gott wirkt, nicht vernichtet wird, der Mensch aber vernichtet wird, so ist der Mensch in dem Sinne derer, die das behaupten, nicht das Werk Gottes.

23. Wenn unser Geschlecht durch die Entstehung ins Sein geführt und aus demselben durch die Vernichtung herausgeführt

wird, wie ist es möglich, dass Gott nicht durch seinen Willen sondern durch sein Sein der Urheber des Seins und Nicht-seins ist?

24. Wenn das, was aus den Elementen besteht, wieder zu Elementen wird, wie soll es thöricht oder unmöglich erscheinen, dass das, was aus den Elementen besteht, auch wieder wird?

25. Wenn Gott nicht unter einer Zwecksetzung steht, sondern der Herr jeglicher Zwecksetzung ist, wie ist er der Mächtige in Bezug auf das Werden und Vergehen der Menschen, in Bezug auf das Werden und Nicht-Vergehen aber nicht der Mächtige?

26. Wenn Gott, indem er uns zur Unvergänglichkeit neu schafft, dies — nach Eurer Meinung — aus Reue thut, wie verstattet er es nicht vielmehr aus Reue, dass wir ewig im Sein bleiben?

27. Wenn Gottes Gnadengeschenke unwiderruflich sind und er uns das Sein geschenkt hat, wie erfüllt Gott nicht den Zweck, den er ursprünglich in Bezug auf uns ins Auge gefasst hat, wenn er uns zur Unvergänglichkeit neuschafft?

28. Nach der Meinung derer, die die Auferstehung der Toten glauben, sterben wir und werden wieder lebendig gemacht infolge Gottes gerechten Gerichts — jenes um des Ungehorsams des Menschen, dieses um seines Gehorsams willen. Die nun, welche die Ursache des Todes nicht kennen, bei denen ist auch der Schöpfer der Natur des Menschen unbekannt. Kennen sie aber die Ursache des Todes und den Schöpfer der Natur des Menschen nicht, wie ist's nicht Unwissenheit, wenn sie sagen, dass es keine Auferstehung der Toten gebe?

29. Ein anderes ist das überhaupt nicht Sein, und ein anderes, das nicht in einer bestimmten Beschaffenheit Sein, z. B. ein anderes ist, dass zunächst überhaupt keine Menschen sind, und ein anderes, dass sie, nachdem sie geworden sind, zu Grunde gehen.[1]) Und da für Gott kein Werk mühevoller ist als ein anderes, wie ist es nicht unvernünftig, zwar Gott die Schöpfung von etwas zuzutrauen, was überhaupt nicht

---

1) Man erwartet nach dem, was folgt: καὶ ἄλλο τὸ μετὰ τὸ γενέσθαι καὶ φθαρῆναι αὐτοὺς μεταποιηθῆναι.

war, ihm aber die Umschaffung des Vernichteten nicht zuzutrauen?

30. Wenn der Mensch, wie er, bevor er wurde, potentiell in den Elementen war, aus denen er geworden ist, so auch nach seiner Vernichtung noch potentiell in den Elementen ist, wie trauen die Hellenen Gott, der die Auferstehung der Toten versprochen hat, ihm das nicht zu, wie wenn es etwas Unmögliches wäre, da der Mensch doch potentiell in den Elementen ist, also auch, wie er einst geschaffen worden ist, so jetzt neugeschaffen werden kann?

31. Wenn Gott am Anfang die Menschen nicht unvergänglich zu schaffen vermochte, so ist offenbar, dass er es auch jetzt nicht vermag. Wenn er aber auch am Anfang die Macht hatte, uns unvergänglich zu schaffen, und diese Macht nicht verloren hat, wie ist es nicht unvernünftig, Gott — wie wenn es eine unmögliche Sache wäre — den Glauben zu versagen, der da verheissen hat, nach dem Bilde des von ihm von den Toten zu unvergänglichem Leben Auferweckten auch die übrigen Menschen unvergänglich zu machen?

32. Das Leben steckt potentiell in dem Samen — in Ansehung der Natur; das Bett steckt potentiell im Holz — in Ansehung der Kunst; die, welche auferstehen, stecken potentiell in den Elementen — in Ansehung Gottes. Ist dem aber so, wie ist es nicht thöricht, zwar der Natur und der Kunst solche Werke zuzutrauen, Gott aber das Göttliche nicht zuzutrauen?

33. Der göttlichen Macht gegenüber giebt es keinen Ungehorsam. Wenn das Meer und die Erde einst dem göttlichen Gebot gegeben haben, was sie nicht empfangen haben,[1] wie werden sie nicht jetzt noch vielmehr geben, was sie empfangen haben, wenn Gott es befiehlt?

34. Wenn, wie die Natur aus dem vernichteten Samen kein Lebewesen zu machen vermag, und wie die Kunst aus dem vernichteten Holze kein Bett zu machen vermag, so auch Gott aus dem vernichteten Menschen keinen unvergänglichen Menschen zu machen vermag, so ist also die Macht Gottes begrenzt wie die der Natur und der Kunst. Wenn es aber thöricht ist, das

---

1) Was ist damit gemeint?

zu behaupten, so ist es auch thöricht, Gott nicht zuzutrauen, dass er aus dem vernichteten Menschen einen unvergänglichen machen kann.

35. Wenn, weil ungläubigen Menschen die zukünftige Auferstehung unmöglich scheint, es wirklich für Gott unmöglich ist, sie zu bewirken, so unterscheidet sich Gott in dieser Beziehung nicht vom Menschen. Wenn er sich aber unendlich unterscheidet, wie er sich ja wirklich unterscheidet, wie ist es nicht thöricht, Gott nicht das Bewirken dessen zuzutrauen, was er zu bewirken die Macht hat?

36. Wie ist es nicht thöricht, Gott nicht die die Natur überbietende Neuschöpfung solcher zuzutrauen, die er, die Natur überbietend, zu schaffen vermag?

37. Wenn die Schöpfung dessen, was nicht der Natur gemäss entstanden ist, für unglaublich und unmöglich gehalten werden soll, wie ist nicht auch die Schöpfung des ersten Menschen unglaublich und unmöglich, der doch nicht der Natur gemäss geworden ist? Denn es ist unmöglich, dass ein Mensch der Natur gemäss aus einem anderen wird, wenn nicht zuvor der Mensch auf eine die Natur überbietende Weise geworden ist.

38. Wenn ich nicht wieder werde, was ich war, wie kann ich die Vergeltung für die Tugend oder die Schlechtigkeit empfangen, die ich in diesem Leben nicht empfangen habe? Denn wenn es keine Totenauferstehung giebt, wie werden da nicht die, welche die Märtyrerkämpfe inscenierten, und welche sie erlitten, einander gleich sein? Wenn dies aber ungerecht ist, wie ist es nicht ungerecht, dass es keine Totenauferstehung giebt, die es allein ermöglicht, dass eine Scheidung zwischen denen, die das Ungerechte gethan und die es erlitten haben, eintritt — gemäss der Unterscheidung von Lohn und Strafe?

39. Wenn der Mensch das, was er war, auch ist, wie soll er, wenn er gestorben ist, der Kenntnis Gottes entfallen? Er entfällt ihr nicht, wenn er wieder das ist, was er war.[1]) Denn die Werke Gottes sind ihm [Gott] erkennbar und möglich; wenn sie ihm nicht möglich wären, wären sie ihm auch nicht erkennbar.

---

1) Οὐκ ἀπέστη το εἶναι αυτὸν πάλιν ὃ ἦν, Codd., ich corrigiere το in τῷ.

40. Wenn es gut ist, dass wir in dem gegenwärtigen Zustande sterblich sind, besser aber, dass wir in dem zukünftigen unsterblich sind, wie ist es nicht thöricht zu behaupten, Gott sei imstande, das Gute zu schaffen, aber das Bessere zu schaffen sei er nicht imstande?

41. Wenn es Gott unmöglich ist, den sterblichen Leib unsterblich zu machen, wie ist nicht der Tod mächtiger als Gott, da Gott die dem Tode Unterworfenen nicht aus ihm zu befreien vermag?

42. Wenn Gott eine die Toten zum Leben erweckende Kraft besitzt, wie sind die, welche auferstehen sollen, nicht für die Auferstehung geeignet? Wenn aber Gott jene Kraft besitzt, und die, welche auferstehen sollen, für die Auferstehung geeignet sind, welchen Spielraum hat da der Unglaube derer noch, die die Auferstehung nicht glauben?

43. Wenn es Ausfluss der Macht Gottes ist, dass wir sind und nicht sind, wie ist es nicht Ausfluss eben dieser Macht, dass wir unsterblich werden? Wenn dies aber ausserhalb des Machtbereiches Gottes liegt, wie folgt daraus nicht, dass auch, dass wir nicht sind, ausserhalb des Machtbereiches Gottes liegt?

44. Wenn das Unsterbliche und das Sterbliche seine Natur aus dem Willen Gottes hat, wie soll es unmöglich sein, dass die Toten unsterblich werden, wenn Gott es will?

45. Die Schwäche des Gegensatzes bekräftigt die Festigkeit der Position. Wenn nun die Hellenen, obgleich sie mit jedem Kampfesmittel die Lehre von der Auferstehung aufzuheben versucht haben, sie doch nicht aufzuheben vermochten, da dieselbe durch die Macht Gottes, der die Auferstehung bewirkt, bei den vielfachen Angriffen unerschüttert bewahrt blieb —, in welcher Beziehung ist die Totenauferstehung unglaublich, da diese Lehre weder durch die Fäuste noch durch die Mäuler erschüttert worden ist?

46. Wenn es der grösste Beweis für die unüberwindliche und durch nichts umschriebene Macht Gottes ist, dass er von allen Menschen, den lebenden und den toten, die guten und bösen Gedanken und Thaten kennt, wie ist nicht die Totenauferstehung ein Beweis der durch nichts umschriebenen Macht und Erkenntnis Gottes, durch die er die Menschen wieder ins Sein zurückführt? Ist dem aber so, wie beraubt der nicht Gott dieses so

herrlichen Beweises, welcher die Toten der Auferstehung beraubt?

47. Wenn die Hellenen sich um die Hoffnung betrogen sehen mussten, durch ihren Angriff die Lehre von der Auferstehung aufzuheben, wie werden sie nicht nochmals um die Hoffnung betrogen werden, dass die Totenauferstehung nicht geschehen werde?

48. Die Hellenen sollten bei ihrem Kampfe gegen die Lehre von der Auferstehung entweder nicht unterliegen oder nach der Niederlage die Auferstehung nicht mehr bezweifeln; thun sie es doch, so wird das Vergebliche ihrer ersten Bemühungen ein Beweis sein, dass ihr Unglaube unvernünftig ist.

III. [Christliche Fragen an die Hellenen samt den Antworten der Hellenen und der Duplik].

I. Erste christliche Frage an die Hellenen:

Wenn dem höchsten Gut, das es für Menschen giebt, das höchste Übel entgegensteht, den wahrhaft seienden Gott zu kennen aber das höchste Gut für die Menschen ist, so ist es das höchste Übel, ihn nicht zu kennen. Aber da dieses Übel bei einigen Menschen verbreitet ist — was ist für Gott, den Schöpfer der Welt, geziemender, die Katastase des gegenwärtigen Zustandes zu verändern und die Menschen von dem höchsten Übel zu befreien, wie die Lehre der Christen will, oder die Welt in derselben Katastase stecken und die Menschen von dem höchsten Übel stets bezwungen sein zu lassen?

Hellenische Antwort an die Christen:

Erstlich ist auf den ersten Satz in der Aporie zu sagen, dass es ein höchstes Übel überhaupt nicht giebt. Denn wenn Gott das höchste Gut ist, so ist offenbar, dass bei der Annahme eines höchsten Übels ein zweites, Gott entgegengesetztes Princip aufgestellt wird — das aber ist die Behauptung der eine falsche Lehre führenden Manichäer. Denn es ist thöricht zu sagen, dass Gott nicht alles umfasse und nicht allen seine Gutheit leuchten lasse. Also giebt es kein höchstes Übel. Denn auch die Unwissenheit ist den Menschen oft zum Guten gegeben; sehen wir doch oftmals bei vielen, dass sie geneigter sind, das Bekannte zu verachten als das Unbekannte. Weiter aber auch: Den wahrhaft seienden Gott nicht zu kennen, hat seine Ursache nicht in einem Dritten, sondern in der eigenen Vergessenheit der Seele. Umgekehrt kommt aber auch den Seelen in dem gegenwärtigen Zustande Gotteserkenntnis zu; sehen wir doch, dass Menschen auch in dem gegenwärtigen Zustand Gott erkennen. Doch — um zu sagen, wie es eigentlich ist — es giebt überhaupt keine Unwissenheit in Bezug auf Gott; denn alle bekennen in gemeinsamer Vernunftbegabung, dass Gott ist. Dass aber auch die Menschen in dem gegenwärtigen Zustand Gott erkennen können, das sagt auch der Glaube der Orthodoxen mit aller Deutlichkeit, indem er verkündigt, dass Gott selbst herabgestiegen und den Menschen bekannt geworden sei. Wenn es demnach möglich ist, dass die Menschen auch in dem gegenwärtigen Zustande Gott erkennen, so kann sie überhaupt kein höchstes Übel infolge ihres gegenwärtigen Zustandes treffen. Denn denen, die Gott nicht kennen, ist die Unkenntnis Gottes aus ihrer eigenen ungläubigen Natur entstanden. Wenn aber auch jemand einräumen wollte, was übrigens absurd ist, der gegenwärtige Zustand sei das höchste Übel, und besser sei es, er existierte überhaupt nicht, als dass er ist, wie er ist — wenn er also sagen würde, der Schöpfer habe den Zustand, wie er gegenwärtig ist, aus Schwäche schlecht gemacht, so ist er wahnsinnig; denn er behauptet damit, dass die Macht Gottes nicht alles umfasse. Wenn aber Gott den gegenwärtigen Zustand wohl hätte gut schaffen können, anderen aber verstattet hätte, ihn schlecht zu machen, so ist auch dies eine Anklage wider Gott; denn wer etwas verhindern kann, es aber unterlässt, der ist in Wahrheit der Thäter. Wenn aber Gott selbst der ist, der den gegenwärtigen Zustand geschaffen hat, so ist offenbar, dass, da derselbe Gott stets bleibt, auch weiterhin und immer dasselbe bleiben wird. Denn was er einst vermochte, vermag er auch jetzt. Wenn er aber jetzt mehr vermag, als er vormals vermochte, so ist diese seine so beschaffene Macht zeitlich bestimmt, was eine thörichte Behauptung ist; denn was zeitlich bestimmt, ist vergänglich. Wenn er aber, obgleich er auch vorlängst schon das höchste Übel zu hemmen vermochte, es nicht gehemmt hätte, so wäre er missgünstig, was auch nur vorzustellen gottlos ist. Also folgt: Er, der Derselbe ist und in Demselben bleibt, schafft Dasselbe.

Widerlegung der nicht richtig gegebenen Antwort:

1. Zur Widerlegung der haltlosen Ausführung genügt, sie durchzudenken. Im Anfang wurde die Existenz eines höchsten Übels geleugnet, am Schluss wurde gesagt, es sei gottlos, auch nur in der Vorstellung Unwürdiges über Gott zu denken — heisst das nicht, heimlich doch das höchste Übel einführen, das von dem Responsor unkritisch beseitigt war? Wenn aber dieser so grossen, obgleich nur in der Vorstellung sich vollziehenden Gottlosigkeit noch die Aussprache hinzugefügt wird, so wird die Gottlosigkeit noch grösser; wenn aber auch noch die schriftliche Fixierung, so übersteigt die Gottlosigkeit notwendig jedes Mass von Schlechtigkeit. Ist dem aber so, und liegt in allem, was unwürdig von Gott ausgesagt und geschrieben oder auch nur vorgestellt wird, eine Gottlosigkeit, die die Herrlichkeit Gottes aufhebt, so giebt es unzweifelhaft bei den Menschen das — aus der Unkenntnis Gottes stammende — höchste Übel. Aber da Deine Gottseligkeit beschlossen hat, es solle auch von uns schriftlich die haltlose Ausführung widerlegt werden, so habe ich schriftlich das Folgende in Kürze aufgesetzt. Denn ausführlich eine offenbare Unwahrheit zu widerlegen, ist sowohl für den Schreiber als auch für den Leser betäubend. [1]

2. Der Responsor hat zwei Arten des höchsten Übels in seiner Antwort aufgestellt und drei Arten der Unkenntnis Gottes — jene nach der Lehre der Manichäer, diese aber nach eigener Meinung. Und von den zwei Arten des höchsten Übels sagte er, dass die eine substantiell sei, die andere in der Energie des substantiellen Übels bestehe. [2] Die drei Arten der Unkenntnis Gottes aber unterschied er so: die eine entspringe aus der Vergessenheit, die andere aus der Natur, sofern sie ungläubig sei, die dritte sei die Folge eines gespendeten Gutes. Aber das, was die Manichäer lehren, und was er selbst lehrt, hat er in kurzem

---

1) *Ναρκώδης* ist hier activisch gebraucht.

2) Dieser Satz fehlt in der Anwort des heidnischen Responsors (s. o.); es liegt daher nahe, dort eine Lücke anzunehmen; allein, wie die folgenden Ausführungen zeigen (man lese das Capitel bis zum Schluss), ist der Text in Ordnung; die vom Christen hier gemachte Unterscheidung ist von ihm aus den Worten seines Gegners lediglich herausgeklügelt.

Process aufgehoben — jenes, indem er behauptete: „Es giebt kein höchstes Übel; denn bei der Annahme eines höchsten Übels ergiebt sich ein zweites Gott entgegengesetztes Princip, das aber ist die Behauptung der eine falsche Lehre führenden Manichäer.“ Aber seine eigene Lehre hat er aufgehoben in den Worten: „Den wahrhaft seienden Gott nicht zu kennen, hat seine Ursache nicht in einem Dritten, sondern in der eigenen Vergessenheit der Seele.“ So hat er das höchste Übel als substantielles und als wirkendes aufgehoben. Er hebt aber auch die Arten der Unkenntnis Gottes auf, die er selbst statuiert hat, indem er sagt: „Es giebt überhaupt keine Unwissenheit in Bezug auf Gott; denn alle bekennen in gemeinsamer Vernunftbegabung, dass Gott ist.“ Wenn es nun überhaupt keine Unwissenheit in Bezug auf Gott giebt, so ist offenbar die Behauptung von der Unkenntnis Gottes, die entweder aus Vergessenheit entspringt oder aus der Natur, sofern sie ungläubig ist, oder aus einem gespendeten Gut, falsch. Aber auch wenn er „gemeinsame Vernunftbegabung aller“ jene nennen würde, die doch von der phantastischen „Vernunft“ jeder falschlehrenden Secte aufgehoben wird — so liesse sich auch dann nicht erweisen, dass alle Menschen Gotteserkenntnis besitzen. Indess, wir haben weder den manichäischen Begriff des höchsten Übels noch auch die Unkenntnis Gottes, wie der Responsor sie fasst, in unserer Frage statuiert, sondern wir sprechen von dem höchsten Übel, wie es der Vernunft (dem Geist) innewohnt, nämlich als falscher Begriff von Gott (Lüge), und unter Unkenntnis Gottes verstanden wir jene Unkenntnis, welche diese Lüge verkündigt. Das ist die dritte Art des höchsten Übels, und der freiwillige Ungehorsam und Unglaube der Menschen ist allein Schuld an ihr. Der Responsor wollte sie aufheben; aber er hat wohl die beiden manichäischen Arten des höchsten Übels aufgehoben, unsere jedoch nicht. Deshalb müssen wir in Bezug auf den Responsor die Alternative stellen: entweder er hat die dritte Art des höchsten Übels, wie wir es fassen, nicht erkannt, oder er hat keine zutreffende Widerlegung desselben gewusst. Dass aber das, was wir für das höchste Übel halten, existiert und den Menschen aus der Unkenntnis Gottes erwächst, erweist sich wie folgt: Von dem höchsten Übel — welches kein substantielles ist — haben die Menschen in ihren Lehren selbst behauptet, dass es an der Unkenntnis Gottes seine Ursache habe. Es

bezeugt dies auch der Responsor selbst: denn also führte er
aus: „Es giebt also kein höchstes Übel. Denn bei der Annahme
eines höchsten Übels wird ein zweites, Gott entgegengesetztes
Princip aufgestellt; das aber ist die Behauptung der eine falsche
Lehre führenden Manichäer. Denn es ist thöricht zu sagen,
dass Gott nicht alles umfasse und nicht allen seine Gutheit
leuchten lasse. Also giebt es kein höchstes Übel." In dieser
Ausführung ist das substantielle höchste Übel aufgehoben, geblieben aber ist jenes höchste Übel von subjectiver Bedeutung
in der Sphäre des Gedankens, welches wir in der Frage behauptet
hatten. Aber da der Responsor, um das höchste Übel, wie wir
es vorstellen, aufzuheben, behauptet hat: „Es giebt kein höchstes
Übel", so ist klar, dass er entweder nicht verstanden hat, wie
wir das höchste Übel gefasst wissen wollten, oder sich von
einem wirklichen Gegenbeweis verlassen sah. Ist dem aber so,
so ist offenbar, dass es bei den Menschen ein höchstes Übel
giebt, nämlich von subjectiver Bedeutung in der Sphäre des
Gedankens. Denn wenn, wie der Responsor erklärt hat, „Gott
das höchste Gut ist," so ist es wahr und fromm gesagt, dass
Gott das höchste Gut sei.[1] Aber da einige Menschen aus
Unkenntnis Gottes den wahrhaft seienden Gott seiner ihm
zukommenden Namen und Ehren berauben und sie solchen
anheften, die überhaupt nicht sind, scheint es da nicht dem
Responsor eine doppelte Gottlosigkeit zu sein, wie es keine grössere
geben kann, den wahrhaft seienden Gott zu verkennen, dagegen
den nicht seienden mit den Namen und Ehren jenes zu ehren?
Wie kann es sich nun so verhalten, wie der Responsor sagt,
dass es kein höchstes Übel unter den Menschen giebt, da doch
die höchste Gottlosigkeit unter den Menschen thatsächlich vorhanden ist, er müsste denn die höchste Gottlosigkeit nicht für
das höchste Übel halten? „Bei der Annahme eines höchsten
Übels," erklärte er, „wird ein zweites, Gott entgegengesetztes
Princip aufgestellt, wie die eine falsche Lehre führenden Manichäer lehren; denn es ist thöricht zu sagen, dass Gott nicht
alles umfasse und nicht allen seine Gutheit leuchten lasse.
Also giebt es kein höchstes Übel." Giebt es unter den Menschen
kein höchstes Übel, wie beschuldigst Du die Manichäer, dass

[1] Hat der Verfasser wirklich so geschrieben?

sie eine falsche Lehre führen? Ist dem nämlich so, so ist klar, dass das, was sie lehren, ein Übles ist; denn ein jeglicher, der übel lehrt, lehrt das Üble (Schlechte) übel. Das Schlechte aber, als welches sich die manichäische Lehre darstellt, ist so schlecht, dass es gar nicht übertroffen werden kann. Ist dem so, so giebt es unzweifelhaft ein grosses Übel bei den Menschen — wenn nicht ein substantielles, so doch ein subjectives in der Sphäre des Gedankens.

3. „Denn auch die Unwissenheit", sagt der Responsor, „ist den Menschen oft zum Guten gegeben; sehen wir doch oftmals bei vielen, dass sie geneigter sind, das Bekannte zu verachten, als das Unbekannte. Wieder aber auch: den wahrhaft seienden Gott nicht zu erkennen, hat seine Ursache nicht in einem Dritten, sondern in der eigenen Vergessenheit der Seele. Umgekehrt kommt aber auch den Seelen in dem gegenwärtigen Zustande Gotteserkenntnis zu; sehen wir doch, dass Menschen auch Gott erkennen. Doch — um zu sagen, wie es eigentlich ist — es giebt überhaupt keine Unwissenheit in Bezug auf Gott; denn alle erkennen in gemeinsamer Vernunftbegabung, dass Gott ist. Dass aber auch die Menschen in dem gegenwärtigen Zustande Gott erkennen können, das sagt auch der Glaube der Orthodoxen mit aller Deutlichkeit, indem er verkündigt, dass Gott selbst herabgestiegen und den Menschen bekannt geworden sei." Der Responsor hat also behauptet, dass die Unwissenheit den Menschen oft zum Guten gegeben sei. Aber wenn er die Unwissenheit (Unkenntnis) Gottes meint, über die wir hier verhandeln, so ist die Behauptung absurd, dass die Unkenntnis Gottes den Unwissenden zum Guten (zum Vorteil) gegeben werde; denn dann werden alle die Religionen, die Gott nicht kennen, zu ihrem Vorteil Gott nicht kennen, die aber, welche Gott kennt, wird davon Nachteil haben. Meint er aber eine andere Unkenntnis, über die wir hier verhandeln sollen, so vertauscht er in ungehöriger Weise die Unkenntnis, die uns hier beschäftigt, mit einer, um die es sich gar nicht handelt. Er hat ferner behauptet, dass die Seele aus der eigenen Vergessenheit zur Unkenntnis Gottes kommt; weiter, dass auch in dem gegenwärtigen Zustande den Seelen Gotteserkenntnis zukommt; weiter, dass wir auch in dem gegenwärtigen Zustande solche sehen, die Gott erkennen; weiter, dass es überhaupt keine Unwissenheit in Bezug

auf Gott giebt, weil alle in gemeinsamer Vernunftbegabung bekennen, dass Gott ist; weiter, dass auch in dem gegenwärtigen Zustande die Menschen Gott erkennen können, und zum Beweise dafür hat er den Glauben der Orthodoxen angeführt, der da sagt, dass Gott selbst herabgestiegen und den Menschen bekannt geworden sei. Aber wie es richtig ist, dass die Seele aus der eigenen Vergessenheit zu der Unkenntnis Gottes kommt, so ist der Satz klärlich falsch, dass es überhaupt keine Unkenntnis Gottes giebt, da ja alle, dass Gott ist, in gemeinsamer Vernunftbegabung bekennen. Warum muss aber dann noch den Seelen hienieden Gotteserkenntnis zugeführt werden, wenn doch alle Gott erkennen und bekennen in gemeinsamer Vernunftbegabung? Welche Menschen meint er aber, wenn er sagt: „Auch in dem gegenwärtigen Zustande sehen wir Menschen, welche Gott erkennen"? Meint er damit die, welche nach dem Glauben der Orthodoxen Gott erkannt haben, der da herabgestiegen ist und sich ihnen kundgethan hat, so ist sein Satz richtig; denn wir sehen sie. Wie aber kann er — wenn er die Erscheinung Gottes bei den Menschen zum Beweise der These braucht, dass es den Menschen möglich ist, auch in dem gegenwärtigen Zustande Gott zu erkennen — doch dem den Glauben versagen, was Gott über die Neuschöpfung der Welt verkündigt hat? Denn wenn der Beweis mit Unglauben behaftet ist, so vermag er das zu Beweisende nicht sicher zu stellen. Versteht er aber unter denen, die in dem gegenwärtigen Zustande Gott erkannt haben, nicht die Menschen, welche diese Erkenntnis aus der Lehre Gottes, der da herabgestiegen ist, geschöpft haben, so ist sein Satz: „Wir sehen Menschen, die in dem gegenwärtigen Zustande Gott erkannt haben", falsch; denn ich sehe solche nicht. Und „wenn es überhaupt keine Unkenntnis Gottes giebt; denn alle bekennen Gott in gemeinsamer Vernunftbegabung" — welche Erkenntnis Gottes kommt in dem gegenwärtigen Zustande den Menschen zu ausser jener specieller Erkenntnis,[1]) nach welcher sich alle in der Welt befindlichen Religionen von den wahren Religionen lediglich durch die Lüge unterscheiden, von-

---

1) *Eἰδικὴ γνῶσις* (nachher folgt ἡ *καϑόλου γνῶσις*); aber das „Specielle" hat hier den Nebensinn des Ungenügenden; denn nur die *καϑόλου γνῶσις τοῦ ϑεοῦ* kann die richtige sein.

einander aber durch die Spielarten der Lüge? Ist dem aber so, so kommt den Seelen in dem gegenwärtigen Zustande Gotteserkenntnis nicht im Sinne des Responsors zu, sondern vielmehr die Unkenntnis Gottes; denn die Religionen unterscheiden sich ja nicht voneinander durch die generelle Gotteserkenntnis, die ihnen innewohnt, sondern vielmehr durch die specielle [daher ungenügende], die ihnen in dem gegenwärtigen Zustande zukommt.

4. „Wie es demnach möglich ist, dass die Menschen auch in dem gegenwärtigen Zustande Gott erkennen, so kann sie überhaupt kein höchstes Übel infolge ihres gegenwärtigen Zustandes treffen. Denn denen, die Gott nicht erkennen, ist, wie gesagt, die Unkenntnis Gottes aus ihrer eigenen ungläubigen Natur entstanden.“ Zwei sich gegenseitig aufhebende Sätze hat der Responsor zusammengeflochten und in seiner Antwort poniert: „Wenn es möglich ist, dass die Menschen auch in dem gegenwärtigen Zustande Gott erkennen, so kann sie überhaupt kein höchstes Übel treffen“, und „denen, die Gott nicht kennen, ist Unkenntnis Gottes aus ihrer eigenen ungläubigen Natur entstanden“. Das höchste Übel, welches er durch den ersten Satz aufgehoben hat, hat er durch den zweiten wieder eingeführt, wenn es doch das grösste Übel ist, in einem Doppelfrevel wider den wahrhaft seienden Gott zu freveln, sofern man ihn der Ehre, die seinem Wesen gebührt, beraubt und sie in verkehrter Weise auf die Götter überträgt, die nicht Götter sind — nichts Schlimmeres giebt es überhaupt! Der Satz aber „Weil es möglich ist, dass die Menschen auch in dem gegenwärtigen Zustande Gott erkennen, so kann sie überhaupt kein höchstes Übel treffen“, involviert nicht die Aufhebung des höchsten Übels, sondern steigert es, weil die Menschen bei gegebener Möglichkeit das Mögliche infolge ihres eigenen, selbstgewollten Unglaubens nicht vollziehen und, obgleich sie gemäss der schlichten Frömmigkeit, die sie zu retten imstande ist[1]), fromm sein könnten, ihr jene doppelte Gottlosigkeit vorziehen, die nicht das grösste Übel zu nennen grundverkehrt ist.

5. „Wenn aber auch jemand einräumen wollte, was übrigens absurd ist, der gegenwärtige Zustand sei das grösste Übel, und besser sei es, er existierte überhaupt nicht, als dass er ist, wie

---

1) Hier ist das specifisch aristotelische Wort σωστικός gebraucht.

er ist — wenn er also sagen würde, der Schöpfer habe den
Zustand, wie er gegenwärtig ist, aus Schwäche schlecht gemacht,
so ist er wahnsinnig; denn er behauptet damit, dass die Macht
Gottes nicht alles umfasse. Wenn aber Gott den gegenwärtigen
Zustand wohl hätte gut schaffen können, anderen jedoch verstattet hätte, ihn schlecht zu machen, so ist auch dies eine Anklage wider Gott; denn wer etwas verhindern kann, es aber
unterlässt, der ist in Wahrheit der Thäter." Wenn, wie oben
gesagt worden ist, denen, die Gott nicht kennen, die Unkenntnis
aus der eigenen ungläubigen Natur entsteht, was zugestandener-
massen das grösste Übel ist, wie kann der Responsor das nun
als eine Einräumung bezeichnen, die da etwas Absurdes ein-
räumt? Meinte er aber damit nicht dies, sondern bezeichnete
etwas anderes in seiner Einräumung als absurd, so ist es nicht
unsere Auffassung vom grössten Übel, sondern die der Manichäer.
Denn nach unserer Lehre ist alles hier auf Erden gut, weil es
den Allerbesten zum Schöpfer hat, und ein grösstes Übel sub-
stantieller Art ist überhaupt nicht in dem Geschaffenen — auch
nicht in Form der Energie des substantiellen Übels —, sondern
ein grösstes Übel freiwilliger Art, sofern die Menschen die Lüge
der Wahrheit vorziehen, bestimmt von jener obenerwähnten
doppelten Gottlosigkeit. Um sie zu corrigieren, hat der Schöpfer
und Gott der Welt einen Tag verordnet, an welchem er die
Aufhebung aller Übel, die durch den Unglauben und den Ungehorsam (Gott gegenüber) in der Welt sind, bewirkt — nach
dem Glauben der Orthodoxen, die, auch nach dem Zeugnis des
Responsors, Gott hienieden erkannt haben. Der Responsor
durfte also nicht, während es sich doch um den Begriff des
grössten Übels nach unserer Lehre handelte, zu dem manichäischen Begriff desselben übergehen; denn das ist ein Zeichen
von Unwissenheit und Verlegenheit in Bezug auf die Beweisführung, wie ich bereits oben gezeigt habe. Gott gestattet aber,
dass wir das freiwillig erwählte Schlechte thun — nicht weil
seine Kraft schwach ist, sondern damit sich bei uns die Freiheit
des Willens und bei ihm die Langmut erweise, ohne welche in
der gegenwärtigen Katastase weder wir Menschen sein könnten
noch er gut.

6. „Wenn aber Gott selbst der ist, der den gegenwärtigen
Zustand geschaffen hat, so ist offenbar, dass, da derselbe Gott

stets bleibt, er auch weiterhin und immer dasselbe bleiben wird. Denn was er einst vermochte, vermag er auch jetzt. Wenn er aber jetzt mehr vermag, als er vormals vermochte, so ist diese seine so beschaffene Macht zeitlich bestimmt, was eine thörichte Behauptung ist; denn was zeitlich bestimmt, ist vergänglich." Von welchen Dingen das „er schuf" [Aorist] gilt, von denen gilt auch das „er hat geschaffen" [Perfect] und das „er wird schaffen"; da sie gleichwertig sind, so ist gegen ihren Gebrauch nichts einzuwenden; das „er hat geschaffen" geht aber dem „er wird schaffen" notwendig voran; sie bezeichnen die beiden Spitzen des zeitlichen Verlaufs. Wer aber diese beiden Spitzen hat, nämlich das Vergangene und das Zukünftige, hat notwendig auch das, was zwischen ihnen liegt, nämlich das Gegenwärtige. Und da der Ausdruck „er schuf", eine zeitliche Bedeutung hat, so hat notwendiger Weise auch Gott, der nach der Aussage des Responsors den gegenwärtigen Zustand geschaffen hat, ihn in der Zeit geschaffen. Indem aber Gott den gegenwärtigen Zustand geschaffen hat, hat er das Unvergängliche und das Vergängliche geschaffen; denn das sind die Teile des gegenwärtigen Zustandes. Daher ist klar, dass der Responsor richtig von Gott das „er schuf" ausgesagt, unrichtig aber durch den Begriff „was zeitlich bestimmt ist" das Vergängliche von dem Unvergänglichen getrennt hat, während dieses doch von jenem nicht durch die Aussage „er schuf" unterschieden ist, wenn Gott doch das Vergängliche und das Unvergängliche geschaffen hat. Demnach, wenn der, der von Gott das „er wird schaffen" aussagt, damit die Neuschöpfung meint, die sich unter Hinzunahme der zeitlich bestimmten Kraft vollzieht, so gilt die Hinzunahme der zeitlich bestimmten Kraft ebenso von der Aussage „er schuf", sofern ja das „er schuf" überall dem „er wird schaffen" vorangeht. Umgekehrt, wenn das „er schuf" ohne Hinzunahme der zeitlich bestimmten Kraft gilt, so gilt das „er wird schaffen" ebenfalls ohne diese Hinzunahme.

7. „Wenn er aber, obgleich er auch vorlängst schon das höchste Übel zu hemmen vermochte, es nicht gehemmt hätte, so wäre er missgünstig, was auch nur vorzustellen gottlos ist. Also folgt: Er, der Derselbe ist und in Demselben bleibt, schafft Dasselbe." Dass die Menschen aus Unkenntnis Gottes in viel-

facher Weise freveln, sofern sie den wahrhaft seienden Gott nicht
kennen, haben wir oben gezeigt. Denn entweder verwerfen sie
Gott, indem sie ihn seiner Ehre berauben, und ehren die Götter,
die es nicht sind, in trügerischer Weise mit seinen Namen und
Dingen, oder sie behaupten, dass die Schöpfung und Vorsehung
der Welt von sich gegenseitig bekämpfenden Schöpfern vollzogen
werde, oder sie benennen mit dem Namen „Ungeworden“, der
doch ausschliesslich Gott, dem Schöpfer der Welt, gebührt, die
Teile der Welt und legen Gott den Namen „Schöpfer“ bei, während er doch nichts geschaffen haben soll — um die anderen
Arten von höchsten Übeln, die unter den Menschen verbreitet
sind, zu übergehen, die eine gleiche, ja grössere Gottlosigkeit
involvieren als die Gottlosigkeit ist, Gott sich als missgünstig
zu denken. Wenn nun solche und so beschaffene höchste Übel
unter den Menschen grassieren, der Responsor aber die von den
Christen verkündigte Neuschöpfung nicht glauben will, bei der
doch alle Übel der Seele und des Leibes, welche unter den
Menschen verbreitet sind, aufgehoben werden — wie ist nicht
nach ihm Gott missgünstig, der, obgleich er jene höchsten Übel
zu verbannen vermag, es nicht thut, sondern, dasselbe Verhalten
beobachtend, stets solche schafft, die gegen ihn und untereinander freveln? Weshalb aber glaubt der Responsor die Neuschöpfung der Welt nicht? Weil der Schöpfer zu schwach ist
oder weil die Neuschöpfung unwürdig ist? Aber in jenem Falle
müsste Gott die Welt auch nicht geschaffen haben; denn hat
er nicht die Kraft zu ihrer Umschaffung, so hat er auch nicht
die Kraft zu ihrer Schöpfung. In dem anderen Falle würde
folgen, dass das vorzüglichere Werk seiner unwürdig wäre; das
wäre absurd; denn damit wäre gesagt, die Menschen als vergängliche zu schaffen, sei Gottes würdig, sie aber als unvergängliche zu schaffen, sei seiner unwürdig.

11. Zweite christliche Frage an die Hellenen:

Wenn ein Gott, der nichts geschaffen hat, unmöglich existieren kann, wie kann, wenn die Welt, wie einige meinen, ungeworden ist, Gott existieren?

Hellenische Antwort an die Christen:

Es ist absurd zu behaupten, dass ein Gott, der nichts geschaffen hat, nicht existieren könne; denn auch hier ist wiederum der Satz geltend zu machen, dass bei Gott nichts Zeitliches ist. Ist aber nichts Zeitliches bei Gott, so ist auch die Vergangenheit nicht auf ihn anzuwenden. Ist dem aber so, so ist es unzutreffend zu sagen, Gott habe irgend etwas geschaffen. Wie nun? Du wirst wohl sagen, es sei eine Sünde, dass wir Gott „thatenlos“ nennen. Aber nicht dies behaupten wir, sondern dies, dass er weder geschaffen hat, noch schafft, noch schaffen wird in der Zeit; denn nicht hat er [jemals] mehr geschaffen, als er schafft, oder schafft mehr, als er schaffen wird, sondern das Vergangene steht bei Gott in dem Gegenwärtigen und das Zukünftige in dem bereits Geschehenen, so dass nichts Fliessendes bei Gott ist, sondern er stets dasselbe thut und schafft vermöge seiner vollkommenen und unwandelbaren Kraft und Energie. Er schafft demnach die Welt in eben dem, was sie ist, indem er ihr die Bewegung als eine unaufhörliche verleiht, damit sie in Ewigkeit leuchte. Also hat er nichts geschaffen und wird nichts schaffen. Er schafft aber stets als derselbe dasselbe, ohne einen Anfang des Schaffens zu haben, damit er nicht auch ein Ende habe; denn wenn seine Energicen einen Anfang und ein Ende hätten, würde Gott durch seine Energie vergänglich sein, was absurd ist. Es würde aber auch seine Kraft wandelbar sein, da sie bald dieser, bald jener Energieen sich bedienen würde, und sein Wesen würde erschüttert werden, da es bald diese, bald jene Kräfte erzeugen und nicht in denselben verharren würde. Demnach — wenn dies sich durchweg vollzöge — wäre Gott wandelbar sowohl in seinem Wesen, als in seiner Kraft, als in seiner Energie; das aber ist absurd. Er bleibt also derselbe und hat deshalb nichts Zeitliches. Er schafft also die Welt, sofern er sie stets ordnet; die Welt aber wird, sofern sie stets bewahrt wird; sofern sie aber immer ist, ist eben diese Welt ungeworden.

Widerlegung der nicht richtig gegebenen Antwort:

„Es ist absurd zu behaupten, dass ein Gott, der nichts geschaffen hat, nicht existieren könne; denn auch hier ist wiederum

der Satz geltend zu machen, dass bei Gott nichts Zeitliches ist“.
Wenn es deshalb absurd ist, von Gott das „er hat geschaffen“
auszusagen, weil bei ihm nichts Zeitliches ist, so ist es ebenso
absurd, „er schafft“ zu sagen, da es ebenfalls in die Zeit fällt.
Wie kann also der Responsor behaupten, das „er hat geschaffen“,
sei auf Gott nicht anwendbar, wohl aber das „er schafft“? Und
wenn das „er hat geschaffen“ gleichwertig ist dem „er schafft“,
so ist auch das „er schafft“ dem „er wird schaffen“ gleichwertig;
ist dem so und darf Gleichwertiges gleich gebraucht werden,
wie hebt der Responsor nun das „er hat geschaffen“ und „er
schafft“ in Bezug auf Gott auf, während er doch in der ersten
Antwort beides von ihm gelten liess? Jenes „er hat geschaffen“,
indem er in der ersten Antwort von Gott sagte: „Er selbst,
Gott, der den gegenwärtigen Zustand geschaffen hat“, dieses „er
schafft“, indem er sagte: „Er, der derselbe ist und in demselben
bleibt, schafft dasselbe“. Nun aber hebt er in der zweiten Antwort das, was er in der ersten behauptet hatte, auf und sagt:
„Es ist absurd zu behaupten, dass ein Gott, der nichts geschaffen
hat, nicht existieren könne“, und „Gott hat weder geschaffen,
noch schafft er, noch wird er schaffen in der Zeit“. Aber vielleicht floss ihm der Selbstwiderspruch aus der „eigenen Vergessenheit“, von der er ja [in der ersten Antwort] behauptet hat,
dass aus ihr den Menschen die Unwissenheit käme. Indessen,
wir wollen das, was nun folgt, prüfen.

2. „Nichts Zeitliches ist bei Gott. Also ist auch die Vergangenheit nicht auf ihn anzuwenden. Ist dem aber so, so ist
es unzutreffend zu sagen, Gott habe irgend etwas geschaffen“.
Der Responsor geht von dem absurden Satz aus, dass nichts
Zeitliches bei Gott sein könne, und zieht daraus die Consequenzen,
die ihm vernünftig scheinen: „Wenn nichts Zeitliches bei Gott
ist, so ist auch die Vergangenheit nicht auf ihn anzuwenden.
Ist dem aber so, so ist es unzutreffend, zu sagen, Gott habe
irgend etwas geschaffen“. Dass aber die Voraussetzung, „dass
nichts Zeitliches bei Gott sei“, aus der er dann die weiteren
Consequenzen für die Beweisführung gezogen hat, absurd ist,
das zeigt der Responsor durch den Widerspruch, in den er sich
zu dem in der ersten Antwort von ihm Gesagten gesetzt hat.
Dort heisst es; „Wenn aber Gott selbst der ist, der den gegenwärtigen Zustand geschaffen hat, so ist offenbar, dass, da der-

selbe Gott bleibt, er auch weiterhin und immer derselbe bleiben wird. Denn was er einst vermochte, vermag er auch jetzt". Ist nun nichts Zeitliches bei Gott, so auch nicht das „er hat geschaffen", noch das „er schafft", noch „das Frühere oder Spätere" noch „das Einst und Jetzt" noch das „er konnte" und „er kann". Denn das „er hat geschaffen" und „das Frühere" und das „Einst" und das „er konnte" sind Bezeichnungen der Vergangenheit, und die anderen Ausdrücke sind Bezeichnungen der Gegenwart und Zukunft. Wenn sie aber, von Gott geltend, aussagen und feststellen, dass alle Schöpfungen Gottes als zeitliche bei ihm sind, so ist die Behauptung offenbar absurd, dass nichts Zeitliches bei Gott sei. Ist diese Behauptung aber als eine absurde abgethan, so ist damit zugleich auch die andere notwendig abgethan, dass das „er hat geschaffen", auf Gott nicht anwendbar sei. Ist nun dies abgethan, so gilt notwendig sein Gegenteil, nämlich dass das „er hat geschaffen" auf Gott anwendbar ist. Denn durchweg gilt die Regel, dass entweder die Bejahung oder die Verneinung wahr ist. Gilt nun das „er hat geschaffen" von Gott, so ist es unmöglich zu sagen, es gebe einen Gott, der nichts geschaffen hat. Denn dies ergiebt sich aus jenem.

3. „Wie nun? Du wirst wohl sagen, es sei eine Sünde, dass wir Gott „thatenlos" nennen. Aber nicht dies behaupten wir, sondern dies, dass er weder geschaffen hat noch schafft noch schaffen wird in der Zeit. Denn nicht hat er [jemals] mehr gethan als er thut, oder thut mehr als er thun wird, sondern das Vergangene steht bei Gott in dem Gegenwärtigen und das Zukünftige in dem bereits Geschehenen, so dass nichts Fliessendes bei Gott ist, sondern er stets dasselbe thut und schafft vermöge seiner vollkommenen und unwandelbaren Kraft und Energie". Aber die Sünde, Gott thatenlos zu nennen, zwar zu fliehen, aber zugleich von ihm zu sagen, dass er weder geschaffen hat noch schafft noch schaffen wird in der Zeit, heisst: in dieselbe Sünde fallen. Denn wenn du sündigen wolltest und Gott thatenlos nennen, was brauchst du mehr zu sagen, als du nun gesagt hast, obschon du nicht sündigen und Gott nicht thatenlos nennen wolltest, nämlich Gott habe nicht geschaffen noch schaffe er noch werde er schaffen? Denn wenn man die Worte, die eine zeitliche Bedeutung haben, in Bezug auf die göttliche Energie nicht

gelten lässt, so wird Gott dadurch als thatenlos erfunden und
somit ist er nicht Schöpfer.

4. Wenn nichts Zeitliches bei Gott ist, so ist also auch
weder die Vergangenheit noch die Gegenwart noch die Zukunft
bei ihm. Wie behauptet nun der Responsor, der das Zeitliche
von Gott entfernt und aufgehoben hat, das Zeitliche doch von
Gott, indem er sagt: „Aber das Vergangene steht bei Gott in
dem Gegenwärtigen und das Zukünftige in dem bereits Geschehenen"? Dieser Satz hat zwei Bedeutungen, entweder: Das
was nicht ist, steht bei Gott in dem, was nicht ist, oder: Das,
was nicht ist, steht bei Gott in dem, was ist. Soll das erste
gelten, so ists ein Unmögliches; denn in etwas zu sein oder
nicht zu sein vermag nur das Seiende. Soll aber das zweite
gelten, so ist bei Gott das, was nicht ist, in dem was ist, d. h.
das Vergangene in dem Gegenwärtigen. Ist dem so, so folgt
aus dem Satze „das Vergangene steht in dem Gegenwärtigen
und das Zukünftige in dem bereits Geschehenem", dass die Behauptung, nichts Zeitliches sei bei Gott, unrichtig ist; denn jene
Begriffe sind zeitlich. Und wenn der Responsor auch die Art
und Weise, wie die Teile der Zeit bei Gott sind, modificiert hat,
so hat er doch zugestanden, dass bei Gott die Vergangenheit,
Gegenwart und Zukunft ist, auch wenn er „niemals mehr geschaffen hat als er schafft und mehr schafft als er schaffen
wird." Denn warum schien es ihm nötig, den Begriff „mehr"
in Bezug auf die Schöpfungen Gottes, die sich als vergangene,
gegenwärtige und zukünftige unterscheiden, aufzuheben, wenn
es keine Schöpfungen giebt, die sich nach dem Mehr oder
Weniger voneinander unterscheiden? Durch den Satz, dass Gott
nicht mehr geschaffen hat oder schafft, wird doch das Schaffen
selbst nicht aufgehoben, sondern im Gegenteil constatiert. So
ist es also offenbar, dass der Responsor alles das Zeitlose, was
er im Anfang seiner zweiten Antwort von Gott entfernt und
aufgehoben hat, ihm hier wieder gelassen hat: „so dass nichts
Fliessendes bei Gott ist, sondern er stets dasselbe thut und schafft
vermöge seiner vollkommenen und unwandelbaren Kraft und
Energie." Wer das Zeitliche aufhebt, poniert es doch nicht! Wie
kann nun Gott, bei dem nach dem Responsor nichts Zeitliches ist,
doch immer dasselbe thun und schaffen? Denn das „er schafft"
ist ohne die Zeitkategorie der Gegenwart denkunmöglich. Ferner,

wie kommt Gott die vollkommene Kraft und Energie zu, wenn er unaufhörlich dasselbe schafft? Denn wenn die Bewegung deshalb unvollkommene Energie genannt wird, weil sie immer in Bewegung ist, so ist, wenn auch Gott in dieser Weise schafft, seine Energie unvollkommen und nicht vollkommen; denn die vollkommene Energie wird in dem bereits vollendeten Werke angeschaut und nicht in dem unvollendeten. Sagt nun aber der Responsor um der Unvollkommenheit der Energie [und der völligen Unvollkommenheit der Beweisführung] willen, Gott habe nichts geschaffen, so sagt er Falsches, da er doch behauptet, dass die Energie Gottes vollkommen sei, während sie nichts weder in dem Ganzen noch in dem Teil zu Ende führt. Kann aber die Energie des Schaffenden nicht vollkommen sein, wenn das Werk nicht vollkommen ist, so besitzt Gott offenbar nicht die vollkommene Energie, da er das, was geschaffen wird, immerfort schafft.

5. „Er schafft demnach die Welt in eben dem, was sie ist, indem er ihr die Bewegung als eine unaufhörliche verleiht, damit sie in Ewigkeit leuchte." Wenn Gott durch die Verleihung der Bewegung die Welt schafft, so schafft er sie offenbar in der Zeit; denn nicht ohne Zeit ist die Bewegung, die der Welt von Gott zu ihrer Bewegung verliehen wird. Wenn nun das Schaffen zur Gegenwart gehört und die Bewegung etwas Zeitliches ist, wie ist nicht der Satz unrichtig, dass nichts Zeitliches bei Gott sei? Wie aber ist es möglich, dass sich die Welt, die noch nicht geworden ist, sondern sich stets in dem Geschaffenwerden befindet, bewegt, wenn Gott zeitlos schafft, die Welt aber in der Zeit geschaffen wird? Denn notwendigerweise muss, wenn der Schaffende zeitlos schafft, auch das Geschaffenwerden dessen, was geschaffen wird, zeitlos sein. Wenn aber Gott durch die Verleihung der Bewegung die Welt schafft, und es nicht statthaft ist, von ihm zu sagen, dass er die Welt geschaffen hat, so ist es auch nicht statthaft, von der Welt die Bewegung aus-zusagen. Wenn das Bewegte etwas anderes ist als die Bewegung, wenn also z. B. die Sonne das Bewegte ist, ihre Bewegung aber die Ortsveränderung, und die Bewegung der Sonne nicht die Essenz verleiht, sondern nur das Bewegtwerden, so hat die Sonne offenbar eine doppelte Erschaffung, nämlich die ihrer Essenz und die ihrer Bewegung. Die Sonne ist concret, der

Essenz nach ätherisch, der Erscheinung nach leuchtend, der
Gestalt nach rund: dies alles hat sie nicht aus der Bewegung
empfangen. Hat sie es aber nicht aus der Bewegung, so auch
nicht aus der Schöpfung Gottes. Wenn aber Gott durch die
Verleihung der unaufhörlichen Bewegung die Sonne schafft, die
da ein Teil der Welt ist, wie er die ganze Welt schafft, und
zuerst doch das Bewegte sein muss und dann erst die Bewegung.
so folgt, dass die Sonne entweder ihrer Essenz nach ungeschaffen
ist, oder dass es zwei Schöpfungen giebt, die eine, durch welche
die Essenz der Sonne geschaffen worden ist, die andere, durch
welche ihre Bewegung geschaffen worden ist, und zwar schuf
Gott zuerst die Essenz der Sonne und dann verlieh er ihr die
Bewegung. Aber wenn er, dass sie sich bewegt, immer schafft,
ihre Essenz aber nicht immer schafft, so ist offenbar, dass er ihr
nach der Schöpfung ihrer Essenz die unaufhörliche Bewegung
verleiht, und dass das Ende der Schöpfung ihrer Essenz der
Anfang ihrer Bewegung ist. Ist dem aber so, so ist offenbar
nichts Zeitloses bei Gott; denn die Schöpfung, sofern sie einer
Schöpfung folgt, ist nicht zeitlos.

6. „Also hat er nichts geschaffen und wird nichts schaffen.
Er schafft aber stets als derselbe dasselbe, ohne einen Anfang
des Schaffens zu haben, damit er nicht auch ein Ende habe.“
Nachdem gezeigt worden ist, dass die Schöpfung der Essenz der
Sonne eine Schöpfung ist und eine andere Schöpfung die durch
Verleihung der Bewegung (die der Responsor unaufhörlich genannt hat), und dass jene dieser vorangeht, wie ist es nicht absurd,
die Schöpfung der Sonne, die sich in der Verleihung der Bewegung vollzieht, zeitlos zu nennen, da doch die Sonne vor
dieser unaufhörlichen Schöpfung jene abgeschlossene Schöpfung
der Essenz gehabt hat? Entweder also ist Gott nicht der Schöpfer
der Essenz der Sonne, oder jene durch die Bewegung sich voll-
ziehende Schöpfung der Sonne ist nicht zeitlos. Aber wenn das
erste gilt und Gott nicht Schöpfer der Essenz der Sonne ist,
so ist er auch nicht durch die Verleihung der Bewegung ihr
Schöpfer; denn der muss der Urheber der Bewegung sein, von
dem sie die Essenz empfangen hat. Gilt aber das zweite, so ist
Gott seiner Energie nach vergänglich, wenn — nach der Meinung
des Responsors — beim Aufhören der Energie Gottes Gott selbst
in Bezug auf die Energie vernichtet wird. Wenn aber Gott der

Schöpfer der Essenz der Sonne ist und sie nicht immer schafft, so ist offenbar, dass er sie geschaffen hat, bevor sie sich bewegte. und dass keine Schöpfung bei Gott ist, die zeitlos wäre.

7. „Denn wenn seine Energieen einen Anfang und ein Ende hätten, würde Gott durch seine Energie vergänglich sein, was absurd ist. Es würde aber auch seine Kraft wandelbar sein, da sie bald dieser, bald jener Energieen sich bedienen würde, und sein Wesen würde erschüttert werden, da es bald diese, bald jene Kräfte erzeugen und nicht in denselben verharren würde. Demnach — wenn dies sich durchweg so vollzöge — wäre Gott wandelbar sowohl in seinem Wesen, als in seiner Kraft, als in seiner Energie; das ist aber absurd.“ Wenn, wie Gott selbst weder Anfang noch Ende hat, so auch seine Energie und seine Werke (denn seine Energieen liegen in seinen Werken) keinen Anfang noch Ende haben, so brauchen seine sogenannten Werke ebensowenig einen sie Schaffenden, wie er selbst, und es ist unrichtig, Gott Schöpfer der zu ihm gehörigen Dinge zu nennen, da sie ja weder Anfang noch Ende haben. Wenn aber durchweg der Schöpfer sich von dem Geschaffenen durch die Präexistenz und Postexistenz unterscheidet, so ist offenbar, dass der, der von Gott und seinen Werken diesen Unterschied entfernt, beide beraubt, Gott sowohl als die Geschöpfe, jenen, sofern er ihm den Namen „Schöpfer“, diese, sofern er ihnen den Namen „Geschöpfe“ entzieht. Und wenn die Kraft Gottes unendlich ist, wie sie es ist, endlich aber seine Geschöpfe, wie ist nicht Gott in Bezug auf die Kräfte, die er zwar hat, aber nicht ausübt, nach der Meinung des Responsors corruptibel? Ist er aber in Bezug auf Kräfte, die er hat, aber nicht ausübt, nicht corruptibel, so wird Gott in Bezug auf seine Energie nicht zerstört, wenn seine die Welt hervorbringende Energie aufhört. Soviel nämlich, als er will, nicht soviel, als er kann, wirkt er, und nicht macht die Zurückziehung der Energie Gott corruptibel. Auch wenn er seine Energie zurückzieht, zieht er sie nicht vermöge einer Wandlung seiner Kraft zurück, sondern die Kraft Gottes ist immer unwandelbar und benutzt seine Energieen soviel, als sie will. Denn nicht wirkt Gott, wie die Potenzen, die an dem Wirken ihre Existenz haben und die da ihre Existenz einbüssen, wenn die Energie aufhört, wie das Feuer und der Schnee. Denn wenn Gott so wirken würde, so würde er nicht sowohl um dessen

willen wirken, was werden soll, als vielmehr seiner eigenen
Existenz wegen, sofern er zu existieren aufhören würde, wenn
er aufhören würde, zu wirken. Ist dies aber absurd, so ist es
auch absurd zu behaupten, die Kraft Gottes werde durch Zurückziehung der Energie wandelbar oder sein Wesen werde erschüttert,
sofern es verschiedene Arten von Energieen in verschiedener
Weise hervorbringe. Und wie Gott, indem er uns zuerst als
Kinder, dann als Jünglinge, dann als Greise schafft, dies nicht
infolge einer Wandlung seiner Kraft thut, noch so, dass seine
Energie dabei Schaden leidet oder sein Wesen erschüttert wird
— er vermindert unsre Lebensalter, die sich voneinander durch
die Verschiedenheit der Zeiten nach Massgabe des Früheren und
Späteren unterscheiden —, sondern dies von ihm geschieht infolge der Activierung und Zurückziehung seiner Energie, so hat
auch seine Energie nicht vermöge der Wandlung seiner Kraft
einen Anfang und ein Ende, sondern durch Activierung und
Zurückziehung. Denn wenn Gott nach Zurückziehung der Energie sich der quiescierten Energie nicht mehr bedienen könnte,
würde man mit Recht von einer Vernichtung der Energie sprechen;
wenn er aber stets dieselbe Energie, so oft er will, zu activieren
vermag, so wird die Energie Gottes, wenn er sie zurückzieht,
nicht vernichtet. Ist nämlich die Kraft nicht vernichtet, so ist
es unmöglich, dass die Energie vernichtet ist. Denn die Vernichtung der Energie und die Zurückziehung der Energie sind verschiedene Dinge, und die Welten würden, wenn Gott nicht die
weltschaffende Energie zurückzöge, unendlich an Zahl werden
infolge der unaufhörlichen Energie. Nun aber, da nur eine
Welt geworden ist, zeigt das geschaffene Werk, dass die Energie
welche die Welt geschaffen hat, selbst abgeschlossen ist.

    S. „Er bleibt also derselbe und hat deshalb nichts Zeitliches.
Er schafft also die Welt, sofern er sie stets ordnet; die Welt
aber wird, sofern sie stets bewahrt wird; sofern sie aber immer
ist, ist eben diese Welt ungeworden." Hat Gott nichts Zeitliches,
so hat er auch nicht das Schaffen; denn dieses ist zeitlich. Und
wenn Gott die Welt schafft, ohne ihre Essenz hervorzubringen,
so schafft er die Welt nicht; denn die Welt ist ohne die Essenz
nicht die Welt. Hat aber die Welt eine ungeschaffene Essenz,
so ist sie notwendig auch unbewahrt; denn wessen sie nicht
bedarf, damit sie ihrer Essenz nach werde, dessen bedarf sie

auch nicht, damit sie durch dasselbe bewahrt werde; denn die
Natur des Ungewordenen verbietet es, dass es etwas von ausserhalb empfängt. Und wenn durchweg nur entweder die Behauptung oder die Verneinung wahr ist, wie kann der Responsor in
Bezug auf das Werden der Welt beides aussagen, die Behauptung und die Verneinung, indem er erklärt, die Welt sei geworden
und ungeworden? Weiter aber, wenn. wie der Responsor in der
dritten Antwort[1]) gesagt hat, „Gott ungeworden seiend, auf ungewordene Weise alles schafft, sodass es nicht wird, sondern
coexistiert“ — so steht es doch so, dass alles, was coexistiert.
bereits dadurch in Kraft erhalten wird, dass das in Kraft bleibt, mit
dem es coexistiert, und keiner anderen Bewahrung bedarf als dass
jenes sich wohlbefinde (denn wenn jenes sich wohlbefindet, bleibt
es selbst auch in Kraft). Dann aber ergiebt sich, dass. wenn es
sich um eine Bewahrung handelt, welche das Wohlsein aufrecht
erhält, nicht sowohl das Coexistierende dieser Bewahrung bedarf,
sondern das Existierende, an welchem das Coexistierende haftet.
Ist dem aber so, so bedarf nicht die Welt, die da mit Gott coexistiert, der Bewahrung, sondern Gott selbst, mit dem die Welt
coexistiert. Ist dieses aber absurd, so ist auch die Behauptung
absurd, dass die Welt mit Gott coexistiere. Man muss daher
sagen, dass die Welt durch den Willen Gottes existiere, und
durch den Willen Gottes bleibt sie dieselbe, wenn auch nicht
für immer. In gleicher Weise beharren die Dinge, die an der
Existenz eines Wesens mit ihrer Existenz haften, vermöge der
Beharrung jenes und nicht durch ihre eigene. Z. B. an der
Zusammenordnung der Linien haften die Winkel mit ihrer Existenz, und solange jene bestehen bleibt, bleiben auch die Winkel
bestehen, wird sie aber vernichtet, so werden auch sie vernichtet,
und wenn es sich darum handelt, die Winkel zu conservieren,
so muss man die Zusammensetzung der Linien bewahren [schützen],
nicht die Winkel an sich, sondern die Zusammensetzung der
Linien an sich, die Winkel nur per accidens. Diese Betrachtung
muss man auch auf die Welt anwenden und zusehen, ob sie in
ungewordener Weise mit Gott coexistiert, wie der Responsor
behauptet.

----

1) Hier sieht man, dass dem Verfasser alle fünf Antworten des Responsors schon bei der Widerlegung der ersten vorgelegen haben.

III. Dritte christliche Frage an die Hellenen:

Wenn Gott schafft, weil er ist, nicht weil er will, wie das Feuer wärmt, weil es ist — wie ist Gott, während er doch selbst ein Einiges ist und ein Einfaches und von einer Form, der Schöpfer verschiedener Essenzen?

Hellenische Antwort an die Christen:

Man muss nicht glauben, dass, wie in uns Sein und Wollen etwas Verschiedenes ist, so auch in Gott, sondern in Gott sind Sein und Wollen, gegenüber gestellt, dasselbe. Denn was er ist, das will er auch, und was er will, ist er, und es ist keine Unterschiedenheit in Gott, weil Gott von sich selbst hervorgebracht ist. Also ist auch die Unterschiedenheit von Sein und Wollen in Bezug auf Gott aufzuheben. Aber man muss nicht glauben, dass Gott durch sein Sein ebenso schafft, wie das Feuer wärmt; denn das Feuer hat die Wärme zwar auf wesenhafte Weise, aber doch als accidentelle, bei Gott aber tritt nichts hinzu, weder in wesenhafter noch in accidenteller Weise. Da nun ihm nichts hinzutritt, das Sein aber und das Wollen in Gott zusammenfällt, so ist er einfach und von einer Form und schafft das Seiende in ungewordener Weise. Denn wie wir sehen, dass das Erzeugte wiederum Erzeugtes schafft (wie ja jeder Mensch gezeugt entstanden ist und selbst zeugt), und durchweg alles, was durch Zeugung gezeugt worden ist, Gezeugtes schafft und zwar aus sich heraus schafft, ebenso schafft auch Gott, der ungeworden ist, alles auf ungewordene Weise, so dass es nicht wird, sondern mit ihm coexistiert, und vermöge der Unendlichkeit seiner Kraft schafft er Verschiedenes. Lasst uns doch nicht Gott auf menschliche Weise betrachten! Gott schafft nicht so, wie man von uns das Schaffen aussagt. Wir machen das, was wir machen, erst so und dann anders; vermöge seiner unsagbaren und überragenden Kraft aber schafft Gott alles in zeitloser Weise und vollendet alles, und eben indem er ist, schafft er auch das Seiende, und er hat nicht, wie wir, nötig zuerst etwas werden zu lassen, und es dann zu vollenden und so in ein späteres [zweites] Stadium des Schaffens einzutreten, da in ihm kein Früher und kein

Später ist.[1]) Wir sehen nun, dass auch die Natur eben durch ihre Existenz schafft und unaufhörlich den generellen Wandel bewirkt, wie wir auch bei dem Gerinnen der Milch die Gerinnung, wie sie die Milch trifft, als generelle sehen. In noch viel höherem Masse müssen wir glauben, dass Gott generell und zeitlos schafft, und dass er selbst ein Einiges ist, aber durch die Unendlichkeit seiner Kraft das Verschiedene hervorbringt. das da durchaus von sich selbst hervorgebracht ist.

Widerlegung der nicht richtig gegebenen Antwort.

1. „Man muss", sagt der Responsor „nicht glauben, dass wie in uns Sein und Wollen etwas Verschiedenes ist, so auch in Gott, sondern in Gott sind Sein und Wollen, gegenüber gestellt, dasselbe. Denn was er ist, das will er auch, und was er will, ist er, und es ist keine Unterschiedenheit in Gott, weil Gott von sich selbst hervorgebracht ist. Also ist auch die Unterschiedenheit von Sein und Wollen in Bezug auf Gott aufzuheben." Da Gott Essenz hat, damit er sei, Willen aber, damit er schaffe, so hebt der, welcher den Unterschied von Essenz und Willen aufhebt, auch das Sein und Schaffen Gottes auf. d. h. das Sein Gottes und das Schaffen dessen, was nicht ist. Dass aber die Essenz und der Wille Gottes etwas Verschiedenes sind, ergiebt sich auch aus der Darlegung des Responsors; denn er hat bemerkt: „Was er ist, das will er auch, und was er will, ist er." Er hat in die Essenz den Willen und in den Willen die Essenz convertiert. Eine Conversio ist aber unmöglich, wenn nicht die zu convertierenden Grössen, sei es begrifflich, sei es ihrer Zahl nach, etwas Verschiedenes sind; das, was der Zahl nach ein Einiges ist, kann dem Begriffe nach etwas Unterschiedliches sein, wie z. B. die gerade Linie in ihrem Sein der Zahl nach etwas Einiges ist, dem Begriff nach aber, in Hinsicht auf die Gradheit und als Linie, etwas Unterschiedliches. Unterscheidet sich die Natur Gottes in Hinsicht auf die Essenz und den Willen nicht ebenso? Wenn die Hyparchie und die Enhyparchie etwas Verschiedenes sind, und der Essenz Gottes die Hyparchie zukommt, der Wille

---

aber seine Hyparchie an der Essenz hat, so sind die Essenz und
der Wille Gottes etwas Verschiedenes. Wenn der Wille Gottes
aus der Essenz stammt, die Essenz aber nicht aus dem Willen, so
sind die Essenz und der Wille Gottes etwas Verschiedenes. Die
Essenz Gottes kann niemals aufhören Essenz zu sein, der Wille
Gottes aber kann beschliessen, nicht zu wollen; z. B.: Gott
wollte eine Sonne schaffen, eine zweite Sonne wollte er nicht
schaffen, weil, wie es dem Seienden nützlich war, dass eine
Sonne sei, so es dem Seienden nicht nützlich war, dass eine
zweite Sonne werde; er wollte nun das Nützliche, aber das nicht
Nützliche wollte er nicht. Ist dem so, so sind die Essenz und
der Wille Gottes etwas Verschiedenes. Wenn Gott das, was er
ist, auch will, so ist offenbar, dass sein Sein gewollt ist und
nicht Wille. Wie soll nun der Wille dasselbe sein wie die Essenz,
da doch Gewolltes und Wille etwas Verschiedenes sind, ebenso
wie Empfundenes und Empfindung? Wenn Gott anfangslos und
ewig ist, so ist er auch weder durch sich selbst noch von einem
anderen hervorgebracht; denn wer durch sich selbst hervorgebracht ist, ist in keiner Hinsicht ewig und anfangslos. Der
Responsor hebt durch eine Behauptung den Unterschied der
Essenz und des Willens Gottes auf, durch eine andere richtet
er ihn auf. Jenes thut er, indem er sagte: „Man muss nicht
glauben, dass, wie in uns Sein und Wollen etwas Verschiedenes
ist, so auch in Gott." Dieses aber, indem er sagt: „Sondern sie
sind, gegenüber gestellt, dasselbe", und wiederum: „das Sein und
Wollen sind dasselbe in Gott." Denn wie das Verschiedene in der
Weise verschieden ist, dass eines von einem anderen verschieden
ist, so ist auch das, was identisch ist, in der Weise identisch,
dass eines mit einem anderen, gegenüber gestellt, identisch ist.
Ebenso verhält es sich mit dem, was ganz anders ist. Wenn
nun die Essenz Gottes und sein Wille identisch sind, so liegt
doch in dem „gegenüber gestellt" eine Zweiheit. Soll dem
nicht so sein und hebt man die Zweiheit auf, so hebt man
damit notwendig auch die Identität der Essenz Gottes und seines
Willens und das „gegenüber gestellt" auf. Wie das sich Bewegen die Energie der Bewegung ist, so ist auch das Wollen
die Energie des Willens, und derselbe Unterschied, der zwischen
der Kraft und der Energie besteht, besteht auch zwischen dem
Willen und dem Wollen. Es ist aber unmöglich, dass das Wollen

zwar vom Willen zu unterscheiden ist, nicht aber vom Wollenden.
Wenn es aber auf keine Weise angeht, dass das Wollen und der
Wille und der Wollende identisch sind, so ist offenbar, dass der,
welcher den Unterschied zwischen Gott und dem Wollen aufhebt,
auch den Unterschied zwischen dem Wirkenden und der Energie
aufhebt; das aber ist absurd. Wenn das Hypostatische und das
Anhypostatische etwas Verschiedenes ist und Gott hypostatisch
ist, der Wille aber anhypostatisch, so ist offenbar, dass der,
welcher den Unterschied zwischen Gott und dem Willen aufhebt,
entweder das Hypostatische aufhebt oder das Anhypostatische.
Wenn, wie der Gegner annimmt, Gott das, was er ist, auch will,
und was er will, ist, so ist offenbar, dass .....[1]) Also ist Gott
nicht, was er will. Wenn das Schaffen Sache des Willens Gottes
ist, so ist offenbar, dass, wie sich das Schaffen an sich von dem
Schaffen der Qualitäten und Quantitäten und dem Schaffen in
der Zeit unterscheidet, so auch das Sein von dem Wollen.

2. „Aber man muss nicht glauben, dass Gott durch sein Sein
ebenso schafft, wie das Feuer wärmt; denn das Feuer hat die
Wärme zwar auf wesenhafte Weise, aber doch als accidentelle; bei
Gott aber tritt nichts hinzu, weder in wesenhafter noch in accidenteller Weise. Da nun ihm nichts hinzutritt, das Sein aber
und das Wollen in Gott zusammenfällt, so ist er einfach und
von einer Form und schafft das Seiende in ungewordener Weise."
In Bezug auf die Frage, wie zu dem Feuer die Wärme hinzutritt,
mag der Responsor Behauptungen aufstellen, wie er will. Denn
nicht darum handelt es sich jetzt, wie ihm die Wärme hinzutritt,
sondern um die von keinem Willensact begleitete Energie, kraft
welcher es durch sein blosses Sein wirkt. Das Wollen ist entweder die Essenz oder haftet an der Essenz. Ist es Essenz, so
giebt es keinen Wollenden; haftet es aber an der Essenz, so ist
es etwas anderes als die Essenz; denn das Seiende und das an
dem Seienden Haftende sind nicht dasselbe. Wenn Gott vieles
will, aber selbst nicht vieles ist, so sind also in Gott das Sein
und das Wollen nicht identisch. Wenn Gott, was er schaffen

1) Der folgende Satz ist, wie er überliefert ist, unverständlich: δῆλον
ὅτι, εἰ μὴ βουληθείη θεὸς τὸ μὴ φθείρεσθαι τὴν ἐνέργειαν αὑτοῦ, παυσα-
μένης αὐτῆς οὐ φθείρεται βουληθέντος αὐτοῦ. Maranus und Otto haben
das οὐ vor βουληθέντος geschoben. Aber auch dann noch ist mir der
Satz nicht ganz klar.

will, schaffen kann, aber nicht alles, was er schaffen kann, auch schaffen will, so sind bei ihm das Sein und Wollen nicht identisch. Wenn Gott ein Einiges ist und einfach und von einer Form, aber vieles will und vieles nicht will — z. B. er will, dass es in Mannigfaltigkeit viele gebe, aber er will nicht, dass sie unendlich an Zahl seien —, so sind also in ihm das Sein und das Wollen nicht identisch. Wenn Gott das nicht schafft, was er [selbst] ist, wohl aber schafft, was er will, und die Welt schaffen will, so sind in ihm das Sein und das Wollen nicht identisch. Wenn es nicht auf ungewordene Weise Gewordenes giebt, so schafft auch Gott nicht auf ungewordene Weise Gewordenes; denn es ist unmöglich, dass Geschaffenes ungeworden sei. Wie die Lehre die Energie des Lehrers in dem Schüler ist, so ist auch die Schöpfung die Energie des Schaffenden in dem Geschaffenen; wer also das Werden bei dem Geschaffenen aufhebt, der hebt auch die Energie des Schaffenden bei der Schöpfung auf. Ohne Effect würde Gott als Schöpfer thätig sein, wenn doch kein Werdendes vorhanden wäre. Wenn Gott nicht schafft, ohne zu schaffen, so schafft er auch nicht, ohne dass etwas wird. Der Satz „Gott schafft" bejaht die Schöpfung: der Satz aber „Gott schafft, ohne zu schaffen" läuft auf eine Verneinung der Bejahung hinaus. „Ungeworden" und „Geschaffen" sind widerstreitende Begriffe. Wenn das durch Schöpfung Existierende ungeworden ist, so kann das, was seine Existenz nicht aus einer Schöpfung hat, nicht ungeworden sein. Die beiden Sätze: „Der Schaffende schuf, aber das Geschaffene ist nicht geworden" und: „Gott schafft das Ungewordene", bedeuten dasselbe. Wenn es richtig ist, zu sagen: „Gott schafft auf ungewordene Weise das Ungewordene", so ist es auch richtig zu sagen: „Das Ungewordene wird auf ungewordene Weise": denn aus innerer Notwendigkeit folgt dem „er schafft" das „es wird". Wenn aber die zweite Aussage absurd ist, so ist es auch die erste. Wenn das Werden etwas Zeitliches ist, so ist auch das Geschaffenwerden etwas Zeitliches; beides nämlich ist gleichwertig. Denn es ist unmöglich, dass, indem der Schaffende schafft, das, was geschaffen wird, nicht wird. Wenn auf ungewordene Weise nichts wird, so wird auch nichts geschaffen, ohne dass es wird; denn „Werden" und „Geschaffen werden", sind zwar wörtlich nicht dasselbe, wohl aber thatsächlich. Wenn Gott durch sein

Sein schafft, so schafft er, was er schafft, aus [innerem] Zwang, wenn er aber durch sein Wollen schafft, so schafft er frei. Indem er aber frei schafft, schafft er, soviel er will und was er will und wenn er will. Wenn Gott durch sein Sein schafft, so nützt ihm sein Wollen gar nichts, da er es doch niemals brauchen kann. Zwei sich widersprechende Sätze hat der Responsor in Bezug auf Gott behauptet: er nennt ihn den Schöpfer des Seienden und legt ihm doch ein Schaffen bei, bei welchem nichts wird. Wenn er nämlich auf ungewordene Weise schafft, das aber, was geschaffen wird, schlechterdings nicht wird — weder in gewordener noch in ungewordener Weise, weder in geschaffener noch in ungeschaffener Weise —, so schafft der Schaffende überhaupt nicht, da das, was geschaffen wird, nicht wird.

8. „Wie wir sehen", fährt er fort, „dass das Gezeugte wiederum Gezeugtes schafft (wie ja jeder Mensch gezeugt entstanden ist und selbst zeugt), und durchweg alles, was durch Zeugung gezeugt worden ist, Gezeugtes schafft, und zwar aus sich heraus schafft, ebenso schafft auch Gott, der ungeworden ist, alles auf ungewordene Weise, sodass es nicht wird, sondern mit ihm coexistiert, und vermöge der Unendlichkeit seiner Kraft schafft er Verschiedenes". Nun, wer hat den Menschen geschaffen, der, wie der Responsor gesagt hat, durch Zeugung geworden ist und, wie er selbst gezeugt ist, so auch durch Zeugung das Gezeugte schafft? Ist Gott der Schöpfer des Menschen, wie hat der Responsor nicht falsch geredet, indem er sagte: „Gott, der ungeworden ist, schafft auf ungewordene Weise Ungewordenes"? Ist Gott nicht der Schöpfer, wie greift Gott mit seiner Vorsehung, wenn er über die Menschen wacht, nicht in ein fremdes Gebiet ein, da er nicht der Schöpfer der Menschen ist? Ist es aber absurd, Gott nicht den Schöpfer der Menschen zu nennen, so ist es auch absurd, zu sagen, Gott schaffe auf ungewordene Weise Ungewordenes; siehe doch! er hat den Menschen geschaffen, der auf gezeugte Weise gezeugt ist. Wenn der Teil gezeugt ist, so ist auch notwendig das Ganze, zu dem der Teil gehört, gezeugt; ist aber der Mensch ein Teil der Welt und ist er nach dem Satze des Responsors durch Zeugung geworden, so ist auch die Welt geworden. Wenn Gott ungeworden ist und das Ungewordene schafft, wie trägt er nach gemeinem Sprachgebrauch den Namen des Ungewordenen, während dieser

Name ihn von niemandem unterscheidet? Wenn Gott das nicht
schafft, was er selbst ist — denn das ist unmöglich — vielmehr
schafft, was er selbst nicht ist, so schafft er, der Ungewordene.
Gewordenes. Nicht untersuchen wir zunächst, wie Gott schafft,
sondern, was er schafft; ist dieses gefunden, so ergiebt sich auch
das „Wie". Wenn Gott, ungeworden seiend, Ungewordenes auf
ungewordene Weise schafft, so schafft er auch, souverän seiend,
Souveränes auf souveräne Weise. Ist dies aber absurd, so auch
jenes. Von Grössen, die ohne zeitlichen Unterschied miteinander
coexistieren, kann keine die Schöpferin der anderen sein, oder sie
müssten sich gegenseitig geschaffen haben. Ist dies absurd, so ist
es auch absurd, zu sagen, Gott sei der Schöpfer von Dingen, die
ohne zeitlichen Unterschied mit ihm coexistieren. Wenn Gott
Unendliches schaffen kann — durch den Willen —, aber nicht
selbst ein Verschiedenes sein kann (denn er ist ein Einiges und
einfach und von einer Form), wohl aber Verschiedenes will, so
schafft er nicht dadurch, dass er ist, sondern dadurch, dass er
will. Wenn die Welt so mit Gott coexistiert, wie die Winkel
mit der Verbindung der Linien, so schafft Gott die Welt unter
Zwang und ohne Willen, per accidens und nicht durch sich
selbst; denn notwendigerweise und per accidens coexistieren die
Winkel mit der Verbindung der Linien. Der Schöpfer schafft
das, was nicht ist; denn das, was ist, bedarf eines Schöpfers
nicht. Ist dem so, so ist Gott nicht der Schöpfer dessen, was
mit ihm coexistiert, wie der Responsor behauptet. Gott hat
nicht ein Haus geschaffen, sondern er hat den Menschen geschaffen und hat ihm die Fähigkeit verliehen, ein Haus zu
machen. Weder die Schöpfung der Menschen noch die Verleihung
jener Fähigkeit wird in ungewordener Weise von Gott ausgeübt.
Zwei Regeln hat der Responsor aufgestellt, die eine in Bezug
auf die Schöpfung der Grössen, die ungezeugt sind und in un-
gezeugter Weise schaffen, die andere in Bezug auf die Schöpfung
der Grössen, die gezeugt sind und durch Zeugung schaffen.
Und jene, behauptet er, coexistieren mit ihren Schöpfern in un-
gezeugter Weise, diese aber sind zeitlich. Da demnach keine
ungezeugte Grösse in der Zeit schafft, so ist offenbar, dass die
gezeugten Grössen weder von dem Ungezeugten ihr Werden
empfangen haben noch empfangen konnten.

4. „Lasst uns doch nicht Gott auf menschliche Weise be-

trachten! Gott schafft nicht so, wie man von uns das Schaffen
aussagt. Wir machen das, was wir machen, erst so und dann
anders; vermöge seiner unsagbaren und überragenden Kraft aber
schafft Gott alles in zeitloser Weise und vollendet alles, und
eben indem er ist, schafft er auch das Seiende, und er hat nicht,
wie wir, nötig, zuerst etwas werden zu lassen, und es dann zu
vollenden und so in ein späteres [zweites] Stadium des Schaffens
einzutreten, da in ihm kein Früher und kein Später ist.[1]) Wir
verwandeln das Frühere in das Spätere, wenn wir etwas Besseres
gefunden haben, nicht so Gott, sondern, wie es gut ist, so schafft
er von Anfang an und verwandelt nicht das Frühere in das
Spätere. Denn hätte er von Anfang an beschlossen, das Frühere
in das Spätere zu verwandeln und hätte es nicht [sofort] gethan,
so läge entweder eine Schwäche seiner Kraft vor oder eine nachträgliche Entdeckung des Bessern. Beides trifft bei Gott nicht
zu, weder die Schwäche seiner Kraft, noch eine nachträgliche
Entdeckung eines Besseren gegenüber dem Früheren". Wenn
Gott alles schafft, während es doch nicht wird, sondern mit ihm
coexistiert, so ist es überflüssig, mit und neben seinem Sein das,
was ist, zu schaffen. Wie es überflüssig ist, wenn die Verbindung
der Linien bereits besteht, die Winkel zu schaffen, so ist es
überflüssig, wenn Gott nebst der Welt bereits besteht, die Welt
zu schaffen, da sie doch mit Gott coexistiert, wie der Responsor
behauptet. Wenn mit dem Sein Gottes auch die Welt ist, die
Welt aber stets in Bewegung ist, die Bewegung aber in der
Zeit ist, so ist auch Gott in der Zeit mit der Welt. Wenn
Gott, ungeworden seiend, auch auf ungewordene Weise Ungewordenes schafft — nicht das Werdende, sondern das mit ihm
Coexistierende —, so ist auch der Mensch ungezeugt, da er ein Teil
der Welt ist. Wie nennt ihn nun der Responsor gezeugt? Und
wenn Gott, ungeworden seiend, auch auf ungewordene Weise
Ungewordenes schafft, so ist offenbar, dass er auch, einfach
seiend, alles, was mit ihm coexistiert, als Einfaches schafft. Ist
dem aber so, so coexistiert die Welt nicht mit Gott, da sie als
Ganzes und in den Teilen zusammengesetzt ist. Wenn Gott
ein Einiges ist, das aber, was mit ihm coexistiert, nicht ein

---

1) Die nun folgenden Worte des Responsors sind oben in der zu-
sammenhängenden Darlegung (s. dort) ausgefallen.

Einiges ist, so coexistiert das, was geworden. ist, nicht mit ihm, der da ungeworden ist. Wenn Gott jenseits des Intelligiblen und Sinnlichen ist und nicht Grössen schafft, die jenseits dieser Bereiche sind, so schafft er, der ungeworden ist, nicht Ungewordenes. Wenn keine Grösse mit einer Grösse coexistieren kann, die jenseits ihres eigenen Bereichs liegt, wie kann die Welt mit Gott coexistieren, der jenseits von ihr liegt? Wenn das Zusammengesetzte unmöglich ungeworden sein kann, wie können der Himmel und die Sonne und die Welt ungeworden sein, da sie doch zusammengesetzt sind, sofern sie von anderswoher den Stoff haben und von anderswoher die Form?

5. „Wir sehen nun, dass auch die Natur eben durch ihre Existenz schafft und unaufhörlich den generellen Wandel bewirkt, wie wir auch bei dem Gerinnen der Milch die Gerinnung, wie sie die Milch trifft, als generelle sehen. In noch viel höherem Masse müssen wir glauben, dass Gott generell und zeitlos schafft, und dass er selbst ein Einiges ist, aber durch die Unendlichkeit seiner Kraft das Verschiedene hervorbringt, das da durchaus von sich selbst hervorgebracht ist.“ Die Natur bewirkt den Wandel als einen totalen, aber es geht dabei nicht eine Schöpfung von Essenz vor sich, sondern die Bewirkung eines Erleidens; denn die Gerinnung in der Milch ist ein Erleiden der Milch; eine Essenz schafft dabei die Natur in genereller Weise ganz und gar nicht. Wie hat sich also nicht der Responsor eines unzutreffenden Beispiels bedient, indem er die Wirkungsweise der Natur zur Klarstellung des zeitlosen Wirkens Gottes heranzog, während doch Gott der Schöpfer vieler und verschiedener Essenzen ist, die er, wenn er sie auch in genereller Weise schafft, doch nicht in zeitloser schafft? Denn das Generelle der Zeit ist das Atom. Über das, was von sich selbst hervorgebracht ist, herrscht der Wille Gottes nicht, sondern er herrscht über das, was er selbst hervorbringt. Herrscht aber dieser Wille über alles, so giebt es kein von sich selbst Hervorgebrachtes. Von sich selbst hervorgebracht nennt der Responsor sowohl Gott als die Welt. Aber wenn die Welt das ist und mit der Ursache ihres Seins coexistiert, so muss auch Gott, sofern er von sich selbst hervorgebracht ist, mit der Ursache seines Seins coexistieren. Ist dies aber absurd, so ist es auch absurd zu sagen, dass Gott und die Welt von sich selbst

hervorgebracht seien und ohne zeitliche Distanz miteinander coexistieren. Wenn Gott aus innerer Notwendigkeit von sich selbst hervorgebracht ist, die Welt aber, die mit ihm coexistiert, per accidens, wie ist die Behauptung nicht unrichtig, dass zu Gott nichts hinzutritt, wenn mit ihm doch, der da von sich selbst hervorgebracht ist, die von sich selbst hervorgebrachte Welt coexistiert? Wenn das, was aus physischer Notwendigkeit zu einem hinzutritt, ihm ungewollt hinzutritt, wie coexistiert die Welt, wenn sie aus physischer Notwendigkeit mit ihm coexistiert, nicht ohne seinen Willen per accidens mit ihm? Wenn bei Gott Sein und Wollen identisch sind, so ist offenbar, dass er in dem nicht ist, worin er nicht sein will. Wie kann nun die Welt mit ihm coexistieren, wenn er selbst nicht ist? Denn ohne seinen Willen coexistiert mit ihm die Welt. Wenn der Ungewordene auf ungewordene Weise Ungewordenes schafft, so ist offenbar, dass auch der Nichtzusammengesetzte auf nicht zusammengesetzte Weise Nichtzusammengesetztes schafft. Ist aber dieses unrichtig, so auch jenes; denn die Welt ist zusammengesetzt. Wenn Gott nicht auf göttliche Weise Götter schafft, wie schafft der Ungewordene auf ungewordene Weise Ungewordenes? Denn nicht er coexistiert mit sich selbst, sondern ein anderer. Ein anderes ist „Gott" und ein anderes „das Ungewordene"; durch jenes existiert er, durch dieses unterscheidet er sich von dem Gewordenen. Und indem er schafft, existiert er . . . . .[1]) Wenn er aber auch das schafft, wovon er sich unterscheidet — aber per accidens und nicht aus seinem Wesen heraus — wie kann man behaupten, dass zu Gott, der per accidens schafft, nichts hinzutritt? Wenn die Welt so mit Gott coexistiert, wie mit der Kugel das Concave und Convexe coexistiert, so verursachen sich, wie hier, Gott und Welt gegenseitig. Wenn niemand das mit seinem Willen thut, was er auch ohne seinen Willen thun würde, wie kann Gott mit seinem Willen die Welt geschaffen haben, die er auch ohne diesen aus innerer Notwendigkeit geschaffen hätte? Wenn Gott seiner Essenz nach ein Einiges ist, unendlich aber seiner Kraft nach, das aber, was mit ihm coexistiert, weder ein Einiges ist der Essenz nach, noch unendlich der Kraft nach, so coexistiert es nicht mit ihm. Gott ist immer vollkommen,

---

1) Hier ist der Text verdorben.

immer kraftvoll, und in ihm ist kein Früher oder Später, in
seinen Werken aber ist beides. Wenn seine Werke zusammengesetzt sind, alles Zusammengesetzte aber aus Einfachem besteht,
so ist es auch unmöglich, dass das Einfache mit dem Zusammengesetzten coexistiert; denn das Einfache ist zuerst und dann folgt
das Zusammengesetzte. Wie Gott nicht der Schwäche seiner
Kraft geziehen werden kann, weil er nicht mehrere Welten geschaffen hat, sondern nach der Erschaffung einer Welt mit dem
Schaffen aufgehört hat, so kann Gott auch nicht der Unvollkommenheit seiner Kraft geziehen werden, weil er nicht zusammen
mit seinem Sein die Welt geschaffen hat, sondern als er wollte.
In nichts unterscheidet sich das von sich selbst Hervorgebrachte
von dem aus sich selbst Gewordenen; ist aber sowohl Gott als
die Welt von sich selbst hervorgebracht, so sind sie auch beide
aus sich selbst geworden. Wenn, wie wir das sehen, die Gerinnung
in genereller Weise zu der Milch hinzukommt, und so auch in
genereller Weise zu der Welt das Sein hinzukommt, so ist die Welt
geworden und ist aus dem Zustande des Nichtseins in den des
Seins versetzt worden; denn das „Hinzukommen" bekundet das
„Gewordensein". Wenn Gott und Welt von sich selbst hervorgebracht sind, so ist das sich selbst Hervorbringen beider der
Anfang des Seins beider. Wie sollen nun Gott und die Welt
anfangslos und ewig sein, da sie doch an ihrem sich selbst
Hervorbringen den Anfang ihres Seins haben? Das „Sichselbst-
hervorbringen" bedeutet das Hervorbringen dessen, was von sich
selbst hervorgebracht wird. Da aber alles, was hervorgebracht
wird, entweder durch „in die Erscheinung treten" hervorgebracht
wird, nämlich durch Ortsveränderung, oder durch „in die Existenz treten" hervorgebracht wird, nämlich kraft einer Schöpfung,
die es aus dem Nichtsein ins Sein führt, da ferner beides auf
Gott nicht zutrifft, so ist offenbar, dass der Responsor fälsch-
licherweise Gott „von sich selbst hervorgebracht" genannt hat;
denn das von sich selbst Hervorgebrachte unterscheidet sich von
dem von einem anderen Hervorgebrachten durch die totale Selbst-
hervorbringung doch nicht wirklich. Wenn es unmöglich ist,
dass das Ungewordene geschaffen ist, so ist es unmöglich, dass
die Welt ungeworden ist und Gott ihr Schöpfer. Wenn sich
aber die Welt von Gott durch das Geschaffensein unterscheidet,
so unterscheidet sie sich notwendigerweise auch durch das

Gewordensein; denn geschaffen ist die Welt, ungeschaffen aber Gott. Wenn der, welcher durch physische Notwendigkeit mit dem Ungewordenen coexistiert, ungeschaffen ist, wie ist die Behauptung nicht falsch: „Gott schuf die Welt als geschaffene", da sie doch nach der Meinung des Responsors ungeschaffen und ungeworden ist? Wenn die Welt von sich selbst hervorgebracht ist und nicht geschaffen, so ist sie notwendigerweise auch von sich selbst geschaffen; denn von dem von sich selbst Hervorgebrachten unterscheidet sich das von sich selbst Gewordene und von sich selbst Geschaffene in nichts. Sind nun Gott und Welt von sich selbst hervorgebracht, so sind sie von sich selbst geworden und von sich selbst geschaffen. Ist dies absurd, so ist es auch absurd, den anfangslosen und ewigen Gott „von sich selbst hervorgebracht" zu nennen, die geschaffene Welt aber „ungeworden und von sich selbst hervorgebracht". Ist die Welt von sich selbst hervorgebracht, so ist sie nicht von Gott hervorgebracht; ist sie dies aber nicht, so hat sie Gott nicht hervorgebracht. Wie also hat der Responsor nicht Falsches und Ungereimtes behauptet, wenn er sagte, Gott sei der Hervorbringende, die Welt aber sei von sich selbst hervorgebracht? „In noch viel höherem Masse", so lauteten seine Worte, „müssen wir glauben, dass Gott generell und zeitlos schafft, und dass er selbst ein Einiges ist, aber durch die Unendlichkeit seiner Kraft das Verschiedene hervorbringt, das da durchaus von sich selbst hervorgebracht ist." Und wenn „Schaffen" gleichwertig ist mit „Schaffen werden", wie kann der, welcher in Bezug auf Gott das „Schaffen werden" aufhebt, da es etwas Zukünftiges bedeutet, nun doch das „Schaffen" in Bezug auf Gott constatieren, während es doch genau so etwas Zeitliches ist? Wenn aber „Schaffen" mit der Bedeutung der Zukunft auch die Bedeutung der Vergangenheit enthält, wie sind nicht in dem Wirken Gottes alle Teile der Zeit enthalten?

IV. Vierte christliche Frage an die Hellenen:

Wenn das, was früher nicht war, später aber war, unmöglich mit dem, was immer war, mitewig ist, wie ist die Welt, wenn sie geworden ist, mitewig bei Gott?

Hellenische Antwort an die Christen:

Dass das Zeitliche (und zeitlich ist, was einst nicht war,
später aber war) unmöglich ewig und mitewig mit dem immer
Seienden sein kann, ist offenbar. Dass aber auch von dieser
Erwägung aus die Welt sich als ungeworden erweist, auch dieses
ist jedwedem offenbar. Wollte aber einer sagen, dass einige von
den Alten die Welt geworden nennen, so möchte man, wenn man
ihre Worte leichthin betrachtet, mit Recht die, welche dies behaupten, tadeln. Wenn man aber genau die Tiefe des von ihnen
Behaupteten betrachtet, so findet man, dass sie „genau“ und
völlig klar die Welt vielmehr ungeworden genannt haben. Denn
da sie die vorbildliche und die schöpferische Ursache als ungeworden bezeichnet haben, so erklären sie damit offenbar und
deutlich auch die Welt, die beider Schöpfung ist, für ungeworden.
Denn die Alten haben nachgewiesen, dass das, was als Relationsbegriffe bezeichnet wird, zusammen der Natur nach existiert.
Da nun Abbild und Vorbild und Vorbild und Abbild und
Schöpfung und Schöpfer und Schöpfer und Schöpfung Relationsbegriffe sind, so existieren sie zusammen der Natur nach. Wenn
nun der Schöpfer ungeworden und das Vorbild ungeworden, so
ist auch die Welt ungeworden, die da das Abbild des Vorbilds
und die Schöpfung des Schöpfers ist. Dass aber die Relationsbegriffe zusammen der Natur nach existieren, ist deutlich von
allen angenommen und zur Aussage gebracht und lässt sich
leicht aus der Sache selbst erkennen. Denn Rechts und Links
gehören zu den Relationsbegriffen. Wie nun Rechts unmöglich
existieren kann ohne Links und umgekehrt, so kann auch der
Schöpfer nicht existieren ohne die Schöpfung noch die Schöpfung
ohne den Schöpfer. Ist also der Schöpfer ungeworden, so auch
die Schöpfung. Wollte aber jemand behaupten, dass zuerst der
Schöpfer gewesen ist, später aber die Schöpfung, so gerät er in
eine neue Absurdität. Er sagt damit nämlich, dass der Schöpfer
der Potenz und nicht der Energie nach Schöpfer sei (d. h. aber,
er behauptet, Gott sei unvollkommen), und muss doch dabei die
Coexistenz der Schöpfung mit dem Schöpfer eingestehen, da sie,
wie der Schöpfer, der Potenz nach existiert, und die Relationsbegriffe ja stets zusammen existieren. Existiert somit der Schöpfer

der Potenz nach, so existiert auch die Schöpfung der Potenz
nach; existiert jener aber der Energie nach und ist vollkommen, so auch die Schöpfung. Also muss es jedem klar sein,
dass mit dem Schöpfer, sofern er Schöpfer ist, die Schöpfung
coexistiert.

Widerlegung der nicht richtig gegebenen Antwort:

1. Überzeugt, bereits in seinen früheren Antworten den
Beweis für das Ungewordensein der Welt geliefert zu haben,
verheisst der Responsor in der vorliegenden Antwort einen neuen
Beweis für diese Behauptung, und doch hat er in den früheren
Antworten weder aus klaren und anerkannten Thatsachen das
Ungewordensein der Welt behauptet noch diese These durch
eine wirkliche Beweisführung sichergestellt, sondern er hat lediglich willkürlich das, was ihm so scheint, zur Aussage gebracht.
In seiner diesmaligen Antwort versucht er wiederum, das Ungewordensein der Welt zu zeigen und führt zunächst die Alten an,
die die Welt geworden genannt haben. Er sagte, dass sie
gerechter Tadel treffen würde bei dieser ihrer Behauptung, hätten
sie nicht ihre eigenen Worte, in denen sie das Gewordensein der
Welt behauptet haben, durch andere Aussagen selbst widerlegt.
Indessen das befreit sie doch nicht von gerechtem Tadel, sondern
setzt sie demselben erst vollends aus; denn sie haben das Werden
der Welt zugleich bejaht und verneint und sich somit in ihren
Worten selbst widersprochen. Soviel, um zu beweisen, dass der
Responsor Unrecht daran gethan hat, sich auf Aussagen, die sich
widersprechen, zu berufen, um für das Ungewordensein der Welt
einen haltbaren Beweis zu bringen. Wir aber wollen die Aussagen jener Alten prüfen, in denen sie, wie der Responsor behauptet, das Ungewordensein der Welt nachgewiesen haben
sollen.

2. „Dass aber auch von dieser Erwägung aus", sagt er, „die
Welt sich als ungeworden erweist, auch dieses ist jedwedem
offenbar. Wollte aber einer sagen, dass einige von den Alten die
Welt geworden nennen, so möchte man, wenn man ihre Worte
leichthin betrachtet, mit Recht die, welche dies behaupten, tadeln.
Wenn man aber genau die Tiefe des von ihnen Behaupteten betrachtet, so findet man, dass sie „genau" und völlig klar die

Welt vielmehr ungeworden genannt haben. Denn da sie die
vorbildliche und die schöpferische Ursache als ungeworden bezeichnet haben, so erklären sie damit offenbar und deutlich auch
die Welt, die beider Schöpfung ist, für ungeworden". Wenn
die Alten behauptet haben, die Welt sei geworden und diese
Behauptung, „leichthin betrachtet", unverändert bleibt, tiefer
aber betrachtet sich in das Gegenteil verwandelt — warum hat
der Responsor beide Betrachtungsweisen, die oberflächliche und
die tiefere, nicht auch auf die vorbildliche und die schöpferische
Ursache angewendet und nun behauptet, dass nach dieser die
Welt, die die Alten als ungeworden bezeichnet haben, vielmehr
als geworden erscheine, und sie somit ein gerechter Tadel [als
hätten sie sich widersprochen] nicht treffe ¹)? Ist es aber widersinnig, so zu verfahren, so folgt, dass man die Aussagen der
Alten aus der Natur der Sache beurteilen muss, nicht aber durch
wechselnde Betrachtungen in ihr Gegenteil verwandeln darf.
Ist das Vorbild ein anderes und das, was nach dem Vorbild
geworden ist, ein anderes (denn jenes ist einfach, dieses aber
zusammengesetzt), so ist das also Verschiedene notwendigerweise
auch der Zeit nach verschieden; das der Zeit nach Verschiedene
aber — Früheres und Späteres — kann nicht seiner Natur nach
gleichzeitig sein; also kann das Vorbild und das, was nach dem
Vorbild geworden ist, nicht der Natur nach gleichzeitig sein.
Der Responsor nennt die Welt das eine Mal die gemeinsame
Schöpfung der vorbildlichen und der schöpferischen Ursache,
indem er sagt: „Offenbar ist auch die Welt, die beider Schöpfung u.s.w."; das andere Mal aber nennt er die Welt die Schöpf-
fung der schöpferischen Ursache und das Abbild der vorbildlichen.
Daraus ergiebt sich, dass die Welt als Abbild keine Relation
zum Schöpfer hat und als Schöpfung keine Relation zum Vorbild. Ist dem so, so ist es nicht richtig, die Welt die Schöpfung
beider zu nennen. Wenn der Schöpfer die Welt durch das
Vorbild schafft, so schafft er sie wollend; schafft er sie aber durch
seine Existenz, so ist das Vorbild überflüssig, da die Existenz
Gottes zur Schöpfung des Geschaffenen genügt, und der Wille
fällt aus; denn nicht geschieht vermöge des Willens, was auch

---

1) Der Text ist hier verderbt; ich habe corrigiert, wie es der Sinn
erforderte.

ohne den Willen des Schaffenden geschehen würde. So steht es mit allen, die durch ihre Existenz schaffen. Gott selbst ist ungeworden, das Vorbild aber hat er aus seinem Geiste gezeugt, die Welt aber hat er aus dem Stoff nach dem Vorbild geschaffen. Aber wenn, wie der Responsor behauptet, auch die Welt deshalb ungeworden ist, weil sie die Schöpfung des ungewordenen Schöpfers ist, so ist auch das Vorbild ungeworden, weil es das Erzeugnis des ungewordenen Schöpfers ist. Ist es aber absurd, das Erzeugnis ungeworden zu nennen, so ist es ebenso absurd, das Gewordene ungeworden zu nennen. Muss, weil der Schöpfer ungeworden ist, auch die Schöpfung ungeworden sein, so muss in analoger Weise die Schöpfung auch ungeschaffen sein; denn der Schöpfer ist ungeschaffen. Ist dies aber absurd, so ist es auch absurd, die Welt ungeworden zu nennen. Das Geschaffene unterscheidet sich von dem Gewordenen nur dem Worte, nicht aber der Sache nach. Daher — d. h. um dieser Gleichheit willen — kann man sie einfach vertauschen: ist etwas geworden, so ist es notwendig auch geschaffen; ist es geschaffen, so ist es notwendig auch geworden. Da es nun unmöglich ist, dass die Welt ungeworden und geworden ist (denn durchweg gilt die Regel, dass entweder die Bejahung oder die Verneinung wahr ist), wie kann sie also geschaffen und ungeworden sein? Das, was in zwei Dingen existiert, nimmt notwendig an dem Zeitbegriff teil, wie z. B. das Vorbild sowohl in Gott als in dem Stoffe ist, und zwar in Gott ungeschaffen, in dem Stoff aber geschaffen; nicht aber ist die Welt in Gott, sondern das Vorbild der Welt — die Welt ist vielmehr in dem Stoffe. Ist hier nun der Zeitbegriff wirksam und ebenso der Ortsbegriff, so ist notwendig auch das Frühere und das Spätere gegeben; ist dieses aber hier gegeben, so hat das Gleichewige hier keine Stelle.

3. „Denn die Alten haben nachgewiesen, dass das, was als Relationsbegriffe bezeichnet wird, zusammen der Natur nach existiert. Da nun Abbild und Vorbild und Vorbild und Abbild und Schöpfung und Schöpfer und Schöpfer und Schöpfung Relationsbegriffe sind, so existieren sie zusammen der Natur nach. Wenn nun der Schöpfer ungeworden und das Vorbild ungeworden, so ist auch die Welt ungeworden, die da das Abbild des Vorbilds und die Schöpfung des Schöpfers ist." Eben die Alten, welche die Coexistenz der Relationsbegriffe mit der Natur nach-

gewiesen haben, haben auch das Wesen des Abbilds erklärt.
„Abbild ist das, was durch Nachahmung entstanden ist." Ist
nun nach dem Responsor die Welt ungeworden, so kommt ihr
offenbar der Name „Abbild" nicht zu — weder der Name noch
die Sache —; denn in den Bereich des Ungewordenen gehörend
kann die Welt unmöglich unter den Begriff des Abbilds fallen.
Wer das Geschöpf ungeworden nennt, da sein Schöpfer ungeworden ist, muss das Geschöpf auch ungeschaffen nennen, da
sein Schöpfer ungeschaffen ist; denn kraft innerer Notwendigkeit
entsprechen sich das Ungewordene und das Ungeschaffene und
umgekehrt. Ist dies aber absurd, so ist es auch absurd, das
Geschöpf ungeworden zu nennen. Wenn die Relationsbegriffe
der Natur nach zusammen existieren und desshalb notwendig,
wie der Responsor meint. das Geschöpf mitungeworden mit
dem Schöpfer ist, dann muss auch in analoger Weise das Gewordene mitungeworden mit dem Ungewordenen genannt werden;
denn Relationsbegriffe sind auch sie; denn das Ungewordene
gehört zum Gewordenen, und das Gewordene zum Ungewordenen.
Wenn aber, so lange das Gewordene noch nicht existiert, das
Ungewordene potentiell ungeworden ist, es aber der Energie
nach ungeworden ist, wenn das Gewordene ins Dasein tritt, so
muss man notwendig ebendasselbe von dem Schöpfer und der
Schöpfung und dem Vorbild und dem Abbild gelten lassen;
auch ist dabei nichts Ungereimtes. Denn eben die Natur, welche
der zwischen dem Schöpfer und der Schöpfung bestehende Relationsbegriff besitzt, hat auch der Relationsbegriff, der zwischen
dem Gewordenen und Ungewordenen obwaltet. Zu diesen Begriffen
gehört auch das Frühere und Spätere; denn jenes steht zu diesem
und dieses zu jenem in Relation, und sie coexistieren, sowohl
wenn sie potentiell sind, als auch wenn sie in den Zustand der
Energie übergegangen sind. Ist aber, wie der Responsor meint,
die Schöpfung mitungeworden mit dem ungewordenen Schöpfer,
da sie in Relation zu ihm steht und der Natur nach coexistiert,
so muss in analoger Weise auch das Gewordene mitungeworden
mit dem ungewordenen Gott sein. Zuerst ist nun Gott, später
aber das Gewordene, und, als Relationsbegriffe, coexistieren der
Natur nach das Frühere und das Spätere. Wenn es aber[1]) un-

---

1) Hier folgt noch der Zwischensatz: χωρὶς τοῦ ποτὲ μὲν δυνάμει,
ποτὲ δὲ ἐνεργείᾳ, den ich nicht verstehe.

möglich ist, dass das Erste und das Spätere der Natur nach coexistieren, so kann auch die Schöpfung nicht mitewig mit dem Schöpfer sein, und das Abbild nicht mitewig mit dem Vorbild.

4. „Dass aber die Relationsbegriffe zusammen der Natur nach existieren, ist deutlich von allen angenommen und zur Aussage gebracht und lässt sich leicht aus der Sache selbst erkennen. Denn Rechts und Links gehören zu den Relationsbegriffen. Wie nun Rechts unmöglich existieren kann ohne Links und umgekehrt, so kann auch der Schöpfer nicht existieren ohne die Schöpfung noch die Schöpfung ohne den Schöpfer. Ist also der Schöpfer ungeworden, so auch die Schöpfung." Wenn, wie Rechts und Links in Bezug auf dieselbe Substanz in dem ganzen Bereich zu einander in Relation stehen, so auch der Schöpfer und die Schöpfung in Bezug auf dieselbe Substanz in dem ganzen Bereich zu einander in Relation stehen würden, so wäre das Beispiel am Platze, dessen sich der Responsor bedient hat, um den Beweis für die These zu versuchen, die Schöpfung sei mitungeworden mit dem Schöpfer. Wenn aber zwar Rechts und Links in Bezug auf dieselbe Substanz in dem ganzen Bereich zu einander in Relation stehen, so es sich aber nicht mit dem Schöpfer und der Schöpfung verhält, so hat sich der Responsor offenbar eines unzutreffenden Beispiels bedient, sofern es sich zu dem Wesen der Sache, die es zu beweisen galt, disparat verhält. Unter den Relationsbegriffen giebt es solche, die ein Possessivverhältnis ausdrücken, z. B. der Vater heisst der Vater des Sohnes, und der Sohn heisst der Sohn des Vaters; aber es giebt auch solche Relationsbegriffe, bei denen kein Possessivverhältnis obwaltet, z. B. das Grade und das Gebogene; sie haben das gemein, dass von beiden einmal der potentielle und dann wieder der energische Zustand ausgesagt werden kann; andere Relationsbegriffe bleiben stetig entweder in dem potentiellen, oder in dem energischen Zustande, wie das Concave und das Convexe, wieder andere sind stets im Zustande der Energie, wie das Obere und das Untere. Da diese Unterschiede unter den Relationsbegriffen bestehen, so müssen wir, wenn wir die Schwierigkeit eines Problems durch Relationsbegriffe lösen wollen, zuerst untersuchen, in welche Kategorie von Relationsbegriffen der fragliche Begriff gehört, und sodann hiernach die Analogie bestimmen, die zwischen dem gewählten Beispiel und dem Begriff, der untersucht werden soll,

obwaltet. Verfahren wir nicht so, so wird das Beispiel ungehörig
sein, und die Schwierigkeit bleibt ungelöst. Wenn der Schöpfer
und die Schöpfung zu der possessiven Kategorie der Relationsbegriffe gehören — denn die Schöpfung ist des Schöpfers und
der Schöpfer ist der Schöpfung —, der Responsor aber, um das
Mitungewordensein des Gewordenen mit dem Ungewordenen durch
ein Beispiel zu erweisen, einen Relationsbegriff erwählte, bei
welchem das Possessivverhältnis nicht stattfindet — denn Rechts
verhält sich nicht possesivisch zu Links und Links nicht possesivisch zu Rechts —, so ist offenbar, dass er sich eines ungehöri-
gen Beispiels bedient hat, da es keine Analogie besitzt zur Natur
des Problems, um das es sich handelt, und daher auch zur Lösung der Schwierigkeit der zu untersuchenden Frage ungeeig-
net ist.

5. „Wollte aber jemand behaupten, dass zuerst der Schöpfer
gewesen ist, später aber die Schöpfung, so gerät er in eine neue
Absurdität. Er sagt damit nämlich, dass der Schöpfer der Potenz und nicht der Energie nach Schöpfer sei (d. h. aber, er
behauptet, Gott sei unvollkommen), und muss doch dabei die
Coexistenz der Schöpfung mit dem Schöpfer eingestehen, da sie,
wie der Schöpfer, der Potenz nach existiert, und die Relationsbegriffe ja stets zusammen existieren. Existiert somit der Schöpfer
der Potenz nach, so existiert auch die Schöpfung der Potenz
nach; existiert jener aber der Energie nach und ist vollkommen,
so auch die Schöpfung. Also muss es jedem klar sein, dass mit
dem Schöpfer, sofern er Schöpfer ist, die Schöpfung coexistiert.“
Wenn Gott, wie er als Schöpfer zur Schöpfung die Relationsbe-
ziehung, so auch als Ungewordener zum Gewordenen dieselbe
Beziehung hat, und wenn er zu dem Späteren als der Erste in
Beziehung steht, und wenn er nichts Unvollkommenes hat weder
in seinem Ungewordensein noch in seiner Stellung als Erster
(denn es ist schlechterdings unmöglich, Gott als Ungewordenen
oder als Ersten unvollkommen desshalb zu nennen, weil er
beides einst potentiell war, nämlich ungeworden und der Erste)
— so kann Gott unmöglich unvollkommen sein, weil er früher
nur] der Potenz nach Schöpfer gewesen ist. Wird er aber als
Unvollkommener verleumdet, weil er zuerst der Potenz, dann der
Energie nach Schöpfer ist, so muss man ihn folgerecht auch
desshalb als unvollkommen verleumden, weil er zuerst potentiell

ungeworden und der Erste gewesen ist, später aber erst der
Energie nach. Ist es aber absurd, Gott wegen der Unvollkommenheit seines Ungewordenseins und seiner Stellung als Erster zu
verleumden, so ist es auch absurd, ihn wegen der Unvollkommenheit seiner schöpferischen Kraft zu verleumden, dass er nämlich
nicht zugleich mit seiner eigenen Existenz die Welt geschaffen
habe, sondern erst später, nämlich dann, als er wollte. Denn
wer in einer Relation unvollkommen ist, müsste notwendig
auch in allen übrigen Relationen in gleicher Weise unvollkommen sein.

V. Fünfte christliche Frage an die Hellenen:

Wenn der Himmel ungeworden ist und Gott ungeworden
ist und Gott in dem Himmel wohnt, wie erscheint Gott, da er
bewohnt, was nicht sein eigen ist, nicht geschändet? Denn der
Himmel, den er nicht geschaffen hat, ist auch nicht sein Eigentum.

Hellenische Antwort an die Christen:

Dass Gott ungeschaffen ist und der Himmel ebenfalls, ergiebt sich deutlich aus dem, was wir bisher in Kürze ausgeführt
haben, aber auch aus den trefflichen Beweisführungen vieler
Gelehrten. Dass aber die Behauptung, Gott wohne im Himmel,
nicht zutreffend ist, wollen wir nun erkennen. Zunächst steht
fest, dass die Wohnung zum Schutz des Bewohners da ist.
Hieraus ergiebt sich, dass, wenn die Welt die Wohnung, Gott
aber der Bewohner ist, die Welt Gott schützt, Gott somit von
der Welt geschützt wird — das aber ist völlig absurd. Weiter
aber: das Grössere umschliesst das Geringere, das Geringere aber
wird von dem Grösseren umschlossen. Es wird also das Be-
wohnende von der Wohnung umschlossen; das Haus umschliesst
demgemäss Gott, und Gott erscheint also nach dieser Betrachtung als eine Grösse geringerer Ordnung, die Schöpfung aber
als eine vorzüglichere. Weiter aber: das, was umschlossen wird,
befindet sich in einem Raum, alles in einem Raume Befindliche
aber ist ein Körper; also ist auch Gott, wenn er in einem Raume
ist, ein Körper. Wie nun kann ein kleinerer Körper, wenn er

umschlossen wird, den grösseren Körper umschliessen? Das ist
eine Absurdität. Dass aber das, was sich in einem Raume befindet, von seiner Wohnstätte umschlossen wird, muss jeder einsehen, auch wenn er sich die Augen absichtlich verschliesst.
Wie steht es nun wirklich? — wirst du sagen —, wie kann
Homer den Himmel die Wohnung des Schöpfers nennen? Nun,
er erblickte überall über die Welt hin die Ausstrahlung Gottes
und nannte die Welt die Wohnung Gottes, sofern sie das Gefäss jeglicher Thätigkeit und Schöpfung Gottes ist. In besonderer Weise aber nennt man den Himmel so, weil es allgemein
anerkannt ist, dass er der ganzen Welt Spitze und ihr er-
habenster Teil ist.

Widerlegung der nicht richtig gegebenen Antwort:

Zu sagen, Gott sei Schöpfer, aber die Welt sei ungeschaffen
(denn das Ungeschaffene bedeutet genau dasselbe wie das Ungewordene, und, was gleichbedeutend ist, kann beliebig vertauscht
werden), und zu sagen, der ungeschaffene Gott mache Ungeschaffe-
nes (das ist gleichbedeutend mit dem Satze, der ungewordene
Gott mache auf ungewordene Weise Ungewordenes), und zu
sagen, Gott sei ewig, mitewig aber sei die Welt, und beide seien
aus dem Nichtsein zum Sein durch sich selbst hervorgebracht
worden (denn das „Aus sich selbst hervorgebracht sein“, von Gott
und von der Welt ausgesagt, bedeutet dasselbe), und zu sagen,
die Welt sei aus sich selbst hervorgebracht und werde doch von
einem anderen bewahrt (denn „von Gott bewahrt werden“ ist
gleich „von einem anderen bewahrt werden“; denn ein anderes
ist die Welt und ein anderes Gott, der die Welt bewahrt. die,
wenn sie aus sich selbst hervorgebracht ist, auch von sich selbst
bewahrt sein muss), und zu sagen, Gott und die Welt seien ungeworden und von sich selbst geworden (denn das „Aus sich
selbst hervorgebracht sein“, von Gott und der Welt ausgesagt, bedeutet das „Von sich selbst Gewordene“), und zu sagen „Gott,
der das, was wir sehen, geschaffen hat“ und wiederum „Er schuf
es nicht“ (denn zeitlich ist beides, wie das „er schuf“ so auch
das „er hat geschaffen“), und zu sagen, die Welt coexistiere von
Ewigkeit her ohne zeitliche Differenz mit Gott (sie, die doch
aus dem Stoff und der Form in Weise eines Werdens durch

Zusammensetzung vom Schöpfer das Sein empfangen hat) und zu sagen, die Welt sei unvergänglich und vergänglich, unvergänglich, sofern sie existiert, vergänglich, sofern sie bewahrt wird, und zu sagen, die Welt wird (das aber, was wird, ist zeitlich, und was zeitlich ist, ist vergänglich), und zu sagen, die Welt sei das Gefäss jeglicher Thätigkeit und Schöpfung Gottes, und Gott sei nicht der Schöpfer vergänglicher Dinge (denn Gott schafft nach der Meinung des Responsors nichts Zeitliches, alles Gewordene und Zeitliche aber ist, [auch] nach ihm immer vergänglich) — alle diese und die ihnen gleichartigen Behauptungen werden nicht von Männern aufgestellt, die gemäss der Kenntnis der Natur der Dinge in lichtvoller Darlegung die Lehren von Gott und von der Welt begründen, sondern von verwegenen Menschen, die gemäss ihrer Dreistigkeit ihre Meinungen über Gott und die Welt lediglich ponieren.

2. Den Satz aber, Gott wohne im Himmel, zu schmähen, da eine solche Wohnung Gott nicht zieme, ist Sache von Menschen, die für absurdes Gerede keine Empfindung haben; denn einem üblen Wort liegt stets ein übler Begriff zu Grunde. Wir aber haben in unserer Frage nicht den Modus des Wohnens Gottes im Himmel statuiert, den der Responsor geschmäht hat, sondern „Wenn der Himmel ungeworden ist, so ist er nicht Gottes, und die, welche sagen, Gott wohne in ihm, sagen das Gott zur Schmach, da er in dem Himmel wohnen soll, der nicht sein Eigentum ist". Haus aber und Thron Gottes nennen wir den Himmel, nicht als ob Gott desselben zur Wohnung oder als Sitzplatz bedürfte, er, der doch unbegrenzt ist und schlechterdings nichts bedarf, sondern damit wir nicht den Himmel, von der Grösse seiner Existenz und dem Unvergänglichen seines Wesens gefesselt, für Gott oder für gleichwertig mit Gott halten, darum nennen wir ihn Haus und Thron Gottes und scheiden ihn durch diese Bezeichnungen von jeder wesenhaften Gemeinschaft mit Gott und von allen Wesensbezeichnungen Gottes. Denn wie das Haus und der Thron später sind als der Schöpfer, so ist auch der Himmel später als Gott, als Gewordener gegenüber dem Ungewordenen. Und wenn wir den Himmel jetzt unvergänglich nennen, so nennen wir ihn nicht in demselben Sinne wie Gott unvergänglich; denn Gott besitzt in ungeschaffener Weise aus seinem Wesen heraus und von Ewigkeit her das

Unvergängliche, der Himmel aber besitzt auf geschaffene Weise
aus dem göttlichen Willen das Unvergängliche zum Nutzen dessen,
was hienieden ist, und wenn er diesen Nutzen erfüllt haben
wird, wird er in eine andere Form von Unvergänglichkeit verwandelt. Denn Gott, der ihm die Grösse seiner Ausgestaltung
verliehen hat — soviel, als er ihm verleihen wollte, nicht als er
konnte; denn er hätte ihn noch viel grösser schaffen können, als
er ist —, hat selbst für jetzt verordnet, dass der Himmel in seiner
eigenen Grenze[1]) in Unvergänglichkeit verharre, bis zu dem
Zeitpunkt, in welchem das Seiende in den besseren Zustand verwandelt werden soll, wie der Glaube der Orthodoxen verheisst,
die da, wie auch der Responsor bezeugt hat, aus der Lehre Gottes,
der sich ihnen kundgethan hat, Gott kennen gelernt haben.

---

1) Oder: „durch seine [nämlich Gottes] eigene Anordnung“?

IV. Aus der „Widerlegung einiger aristotelischer Lehren".

Unter dem, was die Menschen zur Verehrung Gottes mit menschlichem Eifer Rühmliches thun, ist Gott nichts so angenehm als mit allen Kräften zu eifern, die Menschen besser zu machen. Da ich nun sehe, dass diese Willigkeit in Euch, mein ausgezeichneter Presbyter Paulus, mit heller Flamme brennt, so habe ich gerne Eurem Auftrage entsprochen und habe eine kleine Auswahl aus den hellenischen Lehren über Gott und die Schöpfung hergestellt, nicht auf dass Du etwas Wahres aus ihnen lernest — wie könnte das der, der von oben die durch die Propheten vermittelte Wissenschaft besitzt, wie sie von Gott selbst, dem, Schöpfer der Schöpfung stammt? — sondern, damit Du erkennest, dass die Hellenen wohl behauptet haben, sie hätten ihre Lehren auf Grund der mit strengen Beweisen operierenden Wissenschaft gewonnen, dass sie aber in Wahrheit lediglich durch Vermutungen das, was ihnen so schien. fixiert haben. Unter den Theologen und Kosmologen haben die einen von Gott selbst, dem Schöpfer der Schöpfung, die Lehre über Gott und die Schöpfung durch die Propheten empfangen — durch die Propheten, die Gott zuerst durch göttliche Krafthaten, die durch sie geschehen, als glaubwürdige Männer dargethan, und denen er sodann die Wissenschaft in Bezug auf solche Dinge mitgeteilt hat, die ihren Schülern dunkel waren —, die anderen aber, welche dem von den Propheten Dargelegten den Glauben verweigerten, haben es den eigenen Gedanken überlassen, die Gotteserkenntnis aufzufinden. Und nach der Lehre jener, die auf Grund göttlicher Belehrung den Unterschied von Gott und der Schöpfung erkannt haben [1]), ist ein Gott, der nach

---

1) Text: *Κατ' ἐκείνους μὲν τοὺς ἐκ διδασκαλίας θεοῦ καὶ κτίσεως ἐγνωκότας τὴν διαφοράν.* Wahrscheinlich *ἐκ διδασκαλίας θεοῦ θεοῦ.*

den beiden Modis des Ungewordenseins ungeworden ist, neben welchem weder vorher noch nachher ein Gott oder mehrere gewesen sind, der da niemanden hat, der mit ihm gleichewig oder ihn bedingend oder ihm entgegengesetzt wäre, der sein Wesen als unvergängliches besitzt und seine Energie als ungehemmte. der der Schöpfer der ganzen Welt ist, die da den Anfang ihres Seins und ihrer Beschaffenheit und der Art ihres Beharrens an seinem Willen hat. Einige Teile der Welt nämlich beharren in Unvergänglichkeit, wie der Himmel und die himmlischen Wesen und die unsichtbaren Mächte, andere aber befinden sich im Werden und Vergehen, wie die Lebewesen und Pflanzen auf der Erde. Und wie das, was geworden ist, nicht geworden wäre, hätte Er nicht geboten „Es werde“, so würde es auch nicht beharren, wenn er nicht das Gebot gegeben hätte, nämlich den unvergänglichen Dingen, „dass sie in Ewigkeit stehen sollen“, den im Werden und Vergehen aber befindlichen „Wachset und mehret euch und füllet die Erde“. Um aber seine göttliche Macht zu erweisen und zu zeigen, dass er nicht dem Gesetz der Natur unterworfen sei, sondern durch seinen Willen das, was ihm beliebt, wirke, hat er am Anfang einen Teil der werdenden und vergehenden Dinge aus der Erde und dem Wasser geschaffen, indem er gebot: „Die Erde lasse hervorgehen lebendige Seelen nach ihrer Art und Pflanzen, die den Samen in sich selber haben und fruchtbringende Bäume“, und wiederum: „Das Wasser lasse hervorgehen lebendige Seelen nach ihrer Art“, einen anderen Teil aber — das, was aus den Werdeprincipien entsteht —, hat er aus dem Samen hervorgehen lassen. Und hierüber haben alle von Gott zu allen Menschen gesandten Propheten stets dieselbe Einsicht gehabt, und keine Meinungsverschiedenheit ist unter ihnen gewesen. Bei denen aber, die den Worten der Propheten den Glauben versagten und nach ihrem eigenen Vermuten über Gott und die Schöpfung das, was ihnen so schien, feststellten, herrschen die grössten Meinungsverschiedenheiten und Selbstwidersprüche in den Lehren über das Seiende und seinen Anfang in Bezug auf die Substanz, die Zahl, die Bewegung und das Ende, wie ich an dem ersten Buche der „Physikalischen Vorlesung“ des Aristoteles zeige und dabei aufweise, wie er in keinem Stücke, bezüglich dessen, was er zu bestimmen sich vorgenommen hat, das Wahre getroffen hat.

An die Hellenen.

1. Die Natur, die das Natürliche schafft, existiert nicht und schafft nicht, wenn sie nicht zuvor von dem causiert wird, der nicht wie die Natur schafft.

2. Nicht ohne weiteres kommen jedem gewordenen und vergänglichem Ding in seinem Werden die vier Zeiten zu — der Anfang und der Fortschritt, die volle Entfaltung und das Welken —, sondern nur den Dingen, die ihr Dasein der Natur oder der Kunst verdanken.

3. Es ist nicht so, dass mit den Namen, die wir Gott geben, ihm auch alles das zukommen müsse, was in diesen unseren Bezeichnungen als Consequenz enthalten ist. Gott wird u. a. „Wahrheit“ und „gut“ genannt, und der Wahrheit steht die Lüge gegenüber, dem Guten das Böse; aber Gott steht nichts gegenüber. Plato hat dies nicht beachtet und hat die Lehre aufgestellt, Gott stehe etwas gegenüber, nämlich ein notwendiges und ewiges Böse.

4. Es giebt kein Seiendes, das nicht ein bestimmtes Seiendes wäre, wie es keinen Körper giebt, der nicht ein bestimmter Körper wäre. Hat nun die Materie kein bestimmtes Sein, so hat sie überhaupt kein Sein; denn das Sein ist von dem bestimmten Sein nicht zu trennen.

5. Die Natur und die Kunst schaffen, was sie schaffen, aus den Substanzen, wie die Natur den Menschen aus dem Samen schafft und aus dem Menschen den Samen; Substanzen aber sind beide, der Same und der Mensch. Ebenso schaffen auch die Künste aus dem Erz die Bildsäule und aus den Balken das Haus; Substanzen aber sind beide, das Erz und die Balken. Ist nun die Materie keine Substanz, wer ist es, der aus ihr das geschaffen hat, was aus ihr geworden ist, da doch die Materie sowohl als die Kunst unfähig sind, etwas aus Nicht-Substanz zu schaffen?

6. Wenn es, wie Aristoteles behauptet, einen Körper giebt, der weder schwer noch leicht noch eines von den vier Elementen ist noch aus ihnen stammt, so ist offenbar, dass es, wenn sich dies so verhält, einen Körper giebt, der sowohl an sich als auch im erleidenden Zustande weder warm noch kalt ist; denn was, sei es an sich, sei es im erleidenden Zustand, warm oder kalt ist, ist

entweder eines der vier Elemente oder stammt aus ihnen. Giebt es aber keinen Körper, der weder an sich noch im erleidenden Zustande warm oder kalt ist, so giebt es auch keinen Körper, der weder schwer noch leicht ist und der weder eines der vier Elemente ist noch aus ihnen stammt. Wie kann nun Aristoteles den Äther warm nennen um der Bewegung des himmlischen Körpers und der sich an diesem bewegenden Körper willen? Denn die Körper, die da durch Bewegung wärmen, werden zuerst selbst erwärmt, bevor sie anderes erwärmen [1]); werden sie aber erwärmt, so ist offenbar, dass dies durch ein Erleiden geschieht; wenn aber durch ein Erleiden, dann in Form einer Veränderung; wenn in Form einer Veränderung, dann in Form einer Verwandlung; wenn in Form einer Verwandlung, dann aber in Form eines Übergangs aus einem conträren Zustande. Dem Kalten aber conträr ist das Warme; also gehen sie aus dem Kalten in das Warme über. Da es nun aber keinen Körper giebt, der sich aus dem Kalten in das Warme durch ein Erleiden verwandelt, ohne eines der vier Elemente zu sein oder aus ihnen zu stammen, so kann der himmlische Körper kein anderes Element neben den vier Elementen sein; denn er wird erwärmt durch ein Erleiden, indem er sich aus dem Kalten in das Warme verwandelt.

7. Wenn die durch Bewegung erwärmten Körper durch die wachsende Bewegung noch mehr erwärmt werden, wie wird die Sonne — wenn sie nach Aristoteles ein Körper ist, der nicht an sich, sondern durch die Bewegung warm ist — nicht durch die wachsende Bewegung stärker erwärmt und wärmt selbst stärker, sondern behält stets trotz der Ungleichheit der Bewegung die gleiche Wärme?

8. Wenn nach Aristoteles das Wesen der Substanz sich darin ausdrückt, dass sie abwechselnd der entgegengesetzten Zustände fähig ist, wie kann derselbe Aristoteles wieder behaupten, die Materie sei keine Substanz, während sie doch abwechselnd der

---

1) So nach dem überlieferten Text (τὰ γὰρ ταῖς κινήσεσι θερμαίνοντα σώματα πρὸ τῶν θερμαινομένων ὑπ᾽ αὐτῶν θερμαίνεται); allein das passt nicht gut in den Zusammenhang. Wahrscheinlich ist (vgl. § 7) mit Arcerius und Sylburg πρός für πρό zu lesen und zu übersetzen: „Denn die Körper, die da durch Bewegung wärmen, werden von den Körpern, die sie erwärmen, selbst wiederum erwärmt“.

entgegengesetzten Zustände fähig ist, der Negation und des positiven Vermögens?

9. Wenn, wer des bestimmten Seins ermangelt, auch des Seins überhaupt ermangelt, wie kann Aristoteles behaupten, es sei unmöglich, dass aus dem überhaupt nicht Seienden etwas wird, da doch nach ihm die Materie beides ermangelt, des Seins und des bestimmten Seins?

10. Wenn aus dem überhaupt nicht Seienden nichts wird, so folgt, dass aus dem Seienden etwas wird. Wenn dies die Materie ist, wie kann die Behauptung des Aristoteles, die Materie sei nicht-seiend, wahr sein?

11. Wenn die Materie nicht Veränderung erleidet, so kann aus ihr nichts werden. Aber wenn alles, was eine Veränderung erleidet, aus einem Bestimmten in ein anderes Bestimmtes sich verändert und die Materie kein Bestimmtes ist, so kann sie keine Veränderung erleiden. Also kann auch aus ihr nichts werden.

12. Wenn die Verwandlung nicht der Übergang in etwas Disparates ist, sondern in das Conträre — z. B. bei der Qualität findet kein Übergang aus dem Weissen in das Grosse, sondern in das Schwarze statt —, in welcher Beziehung vermag sich die Materie bei dem Werden der aus ihr hervorgehenden Substanzen zu verwandeln, da sie doch nichts hat, das sich verwandeln könnte?

13. Wenn in derselben Weise, wie in dem Lebendigen das Lebewesen und in dem Farbigen die Farbe, so auch in dem Materiellen die Materie sich verhält, wie kommt es, dass zwar mit der Vernichtung des Lebendigen und des Farbigen auch das Leben und die Farbe vernichtet wird, nicht aber mit der Vernichtung des Materiellen auch die Materie? Wird aber zusammen mit dem Materiellen auch die Materie vernichtet, wie kann die Materie schon vor dem Materiellen existieren?

14. Wenn nur das, was ist, „nicht haben“ und „haben“ kann, so liegt auf der Hand, dass das, was überhaupt nicht ist, weder etwas nicht haben noch haben kann. Wie kann daher der Materie das „nicht haben“ zukommen, während sie doch nicht zu dem Seienden gehört?

15. Wenn es unmöglich ist, dass ein und dasselbe Ding in ein und derselben Situation beide Bewegungsarten hat, die nach der Natur und die wider die Natur, wie bewegt sich die Sonne

nach der Natur von Ost nach West, wider die Natur aber von West nach Ost, um der Kugelgestalt willen? Denn es ist unmöglich, das ein und dasselbe in einer und derselben Situation die entgegengesetzten Bewegungsarten als ihm natürlich zukommende habe.

16. Wäre die Sonne nicht, so wäre das Auge überflüssig, und umgekehrt. Da nun das eine um des anderen willen nötig ist, so sind sie beide geworden; denn das Ungewordene ist nicht um eines anderen willen ungeworden, sondern lediglich um seiner selbst willen, ja nicht einmal um seiner selbst willen; denn das Ursachlose ist eben ursachlos.

17. Wenn es unmöglich ist, dass unter Voraussetzung der Existenz der Zeit das, was wird, zwar als verursachtes wird. nicht aber in zeitlicher Weise, wie können die Hellenen behaupten, dass die Welt als verursachte geworden sei, jedoch nicht in zeitlicher Weise.

18. Wenn es unmöglich ist, dass die Welt ist ohne das Jahr, wie kann sie ewig und ungeworden sein, da doch das Jahr nicht ewig ist, sondern das Sein an dem Umlauf von vielen Tagen hat?

19. Wenn das Jahr geworden ist, wie kann das, was im Jahre ist, ewig und ungeworden sein?

Schlussausführung.

In dem bunten Gewirre der „Antworten an die Orthodoxen" treten doch leitende Gedanken mit grosser Kraft und Klarheit hervor. Schon rein äusserlich lässt sich das erweisen. Den breitesten Raum nehmen die Auseinandersetzungen mit dem Hellenismus ein. Hierher gehören nicht nur die Quästionen unter diesem Stichwort (16—18. 29. 34. 38. 41. 43. 55. 68. 73. 86. 91. 93. 110. 121. 136. 159. 161), sondern vor allem die Quästionen, welche Fragen der Theodice (10. 23. 24. 42. 46. 49. 64. 71. 84. 85. 90. 91. 95. 113. 122. 124. 125. 133. 134. 140. 144—146. 148—150. 154) und der Christodice (30. 32. 33. 71. 78. 100. 116. 123. 127. 128. 141. 152. 153 u. sonst) behandeln, ferner die Abschnitte, in denen die Physik des Aristoteles und verwandte Aufstellungen bekämpft werden (9. 10. 60. 70. 72. 73. 76. 77. 81. 104—106), ja auch die zahlreichen Bibel-Quästionen müssen zu einem beträchtlichen Teile hierher gezogen werden. Man erkennt, dass das apologetische Interesse das vornehmste ist, welches unseren Verfasser bewegt hat. Erst 50 Jahre waren vergangen, seitdem Konstantin im Orient das Christentum toleriert und privilegiert hatte: in dieser kurzen Zeit war die heidnische Welt noch lange nicht erobert. Die „hellenische" Weltanschauung herrschte noch in weitesten Kreisen und bedrohte die Kirche — wenn auch nicht mehr mit Gewalt, so doch durch ihr Dasein und durch Einwürfe der verschiedensten Art. Der christliche Lehrer hat somit keine höhere Pflicht, als dieser Weltanschauung und ihren Angriffen mit geistigen Waffen entgegenzutreten und seine Schüler mit Argumenten, Beweisen und Antikritiken auszustatten. Unsre Schrift enthält ein bedeutendes Arsenal solcher. Wer studieren will, auf welcher Stufe sich ein halbes Jahrhundert nach Konstantin der geistige Kampf

zwischen Christentum und Hellenismus im Orient befand, und
mit welchen Mitteln im Orient gestritten wurde, der muss diese
Quästionen in die Hand nehmen. Er lernt hier zugleich, in
welchem Umfange der Kampf eine schulmässige, „wissenschaftliche“ Form erlangt hatte, er lernt, wie vieles den beiden Gegnern
gemeinsam gewesen ist, und er hört einen besonnenen und mass-
vollen Lehrer sprechen. Nicht wenige hier einschlagende Quästionen beleuchten auch in vorzüglicher Weise das intime Leben
des Tages und zeigen, in welchem Umfange heidnische Denk-
gewohnheiten, Sitte und Unsitte unter den Christen selbst im
Schwange gingen.¹)

Sehr enge mit dem apologetischen Interesse verbunden ist
das ethische, welches der Verfasser bekundet, und zwar das
ethische Interesse im Sinne der anerschaffenen, unverlierbaren
und verpflichtenden Willensfreiheit. Es ist die alte, von den
Apologeten des 2. Jahrhunderts her bekannte Position, aber in
einem Umfange behauptet, wie sie im 4. Jahrhundert im Orient
nur die antiochenischen Lehrer behauptet haben. Man vergleiche die Ausführungen über das Fatum (43. 44. 71. 81. 147.
161) und die zahlreichen Quästionen über Sünde, Busse und
Ethisches (18. 23. 24. 31. 38. 47. 49. 50. 59. 85. 90. 108. 109.
114. 115. 133. 136. 145. 147. 150. 155—157). Überall erscheint
der freie Wille als der Schlüssel, um die Rätsel des Lebens zu
lösen, und als das Mittel, um die Antinomieen zu beseitigen und
die christliche Lehre zu rechtfertigen. Was aber an Problemen
dann noch übrig bleibt, wird mittelst der Theorie der beiden
Katastasen beseitigt, bez. mittelst der Lehre von der zweiten,
durch die Auferstehung inaugurierten Katastase (s. die zahlreichen Quästionen zu diesem Punkte: 21. 22. 26. 58. 66. 74. 86.
87. 88. 95. 97. 104. 105. 106. 120—123. 131. 133. 134. 139. 143.
147). Durch die Gotteslehre, und die Lehren vom freien Willen
und der Auferstehung grenzt sich das Christentum von dem
Hellenismus ab. Ist unser Verfasser in dieser Haltung mit
Theodor von Mopsveste und den Pelagianern einig, so muss man
die Q. 38. 47. 50. 108. 112. 115. studieren, um zu erkennen, dass
ihn doch von den letzteren gewisse tiefere Erkenntnisse scheiden.

------

1) Vgl. hier besonders das über die Dämonen (Q. 53—55. 65. 93. 94.
118. 136) Ausgeführte und Q. 29. 34. 41. 68. 94. 20. 111.

Den Unterschied von „Gesetz“ und „Evangelium“ hat er in beachtenswerter Weise zum Ausdruck gebracht und sich in Q. 112 sogar zu einer Höhe der Erkenntnis aufgeschwungen, die frappiert: „Das Gesetz kann ohne die gehörige methodische Ordnung seiner Teile nicht gelernt werden, aber das Evangelium ist frei von methodischem Zwang, und daher können seine Lehren auch ohne methodische Ordnung angeeignet werden.“

Diese Erkenntnis ist dem Verfasser um so mehr anzurechnen, als er selbst ein hervorragender „Methodiker“ ist. Überall zeigt er sich als ein streng geschulter Logiker und Dialektiker, und zwar ist es die Schule des Aristoteles, durch die er gegangen ist. Vermittelst der Definition und des Syllogismus werden schwierige Probleme bearbeitet und gelöst. Die einzelnen Redegattungen, Tropen etc. werden streng auseinander gehalten; man vergleiche das über Allegorie (25. 37), Typus (78. 148. 154), Parabel (30. 74. 105. 146. 156), Historia (74), Analogie (3. 122. 146), Anaphora (25), Antideixis (7), Kataphasis und Apophasis (148), Physis und Thesis (S. 129) Bemerkte sowie die logischen Ausführungen in Q. 1. 3. 9. 11. 42. 46. 77. 84. 85. 89. 102. 104. 110. 114. 115. 120. 124. 125. 128. 133. 141. 149. 151—153. 157—161 und die Unterscheidung der ennoematischen und noetischen Wahrnehmung (88. 89). In dieser Formalistik scheint Diodor hin und her auch die mittelalterlichen Scholastiker zu anticipieren, was bei der ihnen gemeinsamen aristotelischen Wurzel nicht auffallend ist. Am bemerkenswertesten in dieser Hinsicht ist die Q. 110, in welcher in Bezug auf die Opfer bereits die Vorstellung von der „acceptatio“ auftaucht: δῆλον ὅτι ἡ μὲν θυσία τὴν πρώτην τάξιν ἔσχεν ἀπὸ τῆς εὐδοκίας τοῦ ταύτην οὕτως προσδεξαμένου und μὴ οὖν ἀπὸ τῆς φύσεως τοῦ προσαγομένου, ἀλλ᾽ ἀπὸ τῆς διαθέσεως τοῦ προσδεχομένου κρῖναι δεῖ τῆς θυσίας τὴν τάξιν καὶ τοῦ θεοῦ τὴν τιμήν, vgl. auch die ethische Casuistik in Q. 31. 37. 59. 82. 109 u. sonst. Eine sehr nüchterne, hin und her geradezu rationalistische Hermeneutik in Bezug auf den Offenbarungscodex unterstützt diese ganze Haltung. Beispiele finden sich in sehr vielen Quästionen.

Von aller Mystik ist Diodor frei, und daher sind Dutzende seiner Ausführungen indirekte oder direkte Proteste gegen den Platonismus. Aber die Trinitätslehre und Christologie, wie sie auf platonischem Boden erwachsen ist, muss er natürlich als

orthodoxer Nicäner vertreten. Indessen die neuorthodoxe Gestalt,
in welcher er dies thut, lässt dem logischen Denken einen
grösseren Spielraum. Es wird nützlich sein, die von ihm ge-
brauchten trinitarischen Formeln zusammenzustellen:

Q. 1: εἷς ἐστιν ὁ θεὸς τῇ συνυπάρξει τῶν θείων τριῶν
ὑποστάσεων [also die Dreiheit ist der Ausgangspunkt und logisch
das Primäre, die Einheit ist das Secundäre und kommt durch
συνύπαρξις zu stande], τῶν διαφερουσῶν ἀλλήλων οὐ τῇ οὐσίᾳ,
ἀλλὰ τοῖς τῆς ὑπάρξεως τρόποις.

Q. 1: ἡ ταὐτότης τῆς οὐσίας [aber „Usie“ ist hier keineswegs ein concretes Einiges; denn Diodor sagt, dass auch Adam,
Eva und Seth, eine Usie besassen und sich in den τρόποι τῆς
ὑπάρξεως unterschieden haben; er steht also, wie alle Neuorthodoxen, dem Tritheismus und nicht dem Sabellianismus nahe].

Q. 3: ὁ θεὸς τὴν ἐκ δύο προσώπων ὁμοουσίων νοουμένων
καὶ ἑνὸς προσώπου ἰδιαζούσης οὐσίας ἐκ τοῦ προχείρου ὑπόνοιαν
διδόντος — τοῦ πνεύματος φημὶ τοῦ ἁγίου — τὴν σύνθεσιν ἔχει
[dass hier die Lehre vom h. Geist noch nicht ganz sicher ist,
darauf wurde bereits oben S. 27 f. hingewiesen].

Q. 3: εἷς τοίνυν ἐστὶν ὁ θεός, ἡ τριὰς [sie bildet den Ausgangspunkt, s. o.] τῇ μονάδι τῆς οὐσίας, χωρὶς πάσης κατὰ
τοῦτο διαιρέσεώς τε καὶ διακρίσεως. διαφορὰ δέ ἐστιν ἐν μὲν
τῇ ἁγίᾳ τριάδι κατὰ τοὺς τρόπους τῆς τῶν ὑποστάσεων
ὑπάρξεως.

In Q. 4 tritt in der Ablehnung der μία ὑπόστασις τριώνυμος,
τριπρόσωπος der neuorthodoxe Standpunkt besonders deutlich
hervor: τὴν ὑπόστασιν, ἣν καλοῦμεν πατέρα, οὐκέτι τὴν αὐτὴν
ὑπόστασιν καλοῦμεν καὶ υἱόν, ἀλλ᾽ ἄλλην· τὴν γὰρ τριάδα
τῶν ὀνομάτων τῆς τριάδος λέγομεν εἶναι τῶν ὑποστάσεων. οὐχὶ τῆς μονάδος αὐτῶν. διὸ εἷς ἐστιν ὁ θεὸς τῷ
ἑνὶ καὶ ἀδιαιρέτῳ τῆς οὐσίας, τρία δὲ τὰ πρόσωπα τῇ διαιρέσει
τῶν ὑποστάσεων.

Q. 7: ἡ ὁμοούσιος [?] τριάς ... αἱ θεῖαι ὑποστάσεις εἰσὶ
τρεῖς ὧν τὰ ἰδικὰ διῃρημένως ὑπάρχει ἑκάστῃ.

Q. 57: ἡ ὁμότιμος τριάς.

In Bezug auf die Christologie ist die scharfe Unterscheidung
zweier Naturen am bemerkenswertesten. Bereits in Q. 7 heisst
es von Christus, dass die h. Schrift κατὰ τὸν λόγον τῆς ἀντιδείξεως
περὶ ἑνὸς καὶ τοῦ αὐτοῦ προσώπου ποιεῖ ἀδιαιρέτως τὴν διήγησιν

τῶν ἑκάστῃ φύσει διῃρημένως ἁρμοττόντων. Man wird schwerlich in der Zeit Diodors einen zweiten Kirchenlehrer nennen können, der so bestimmt zwischen den beiden Naturen und wiederum zwischen den Naturen und dem ἕν καὶ τὸ αὐτὸν πρόσωπον unterscheidet. Noch charakteristischer aber ist die 8. Quästio, in welcher die Lehre von der doppelten Sohnschaft Christi klar und in einer für die Folgezeit anstössigen Weise formulirt ist. Dem εἷς κύριος Ἰησοῦς Χριστός kommt (1) die ἄθετος υἱότης, (2) die τιθεμένη υἱότης zu; er ist einerseits ewiger Sohn, andererseits zum Sohn angenommen, also adoptierter Knecht (er hat τὴν τοῦ δούλου μορφήν). Hieraus folgt die scharfe Unterscheidung zweier Naturen. Mit grosser Emphase kämpft Diodor dagegen, als könne man die in der h. Schrift klar bezeugte doppelte Sohnschaft doch auf e i n e Natur zurückführen: εἰ γὰρ μὴ κατ' ἄλλην φύσιν υἱὸς ἄθετος ὁ Χριστὸς καὶ κατ' ἄλλην θετός, ἀλλὰ κατὰ τὴν αὐτὴν φύσιν ἐστὶν ἄθετος ὁ υἱὸς καὶ θετὸς ὁ Χριστός, ἀνάγκη τὸν θεὸν λόγον κατὰ τὴν ἀντιδιαστολὴν τοῦ ἀληθῶς καὶ κυρίως καὶ ὄντως καὶ τοῦ μήτε ἀληθῶς μήτε κυρίως μήτε ὄντως νοεῖν υἱόν· εἰ δὲ τοῦτο προδήλως ἄτοπον, ἀδιάβλητος ἄρα ἡ τῶν φύσεων ἀντιδιαστολὴ ἐπὶ τῇ δυάδι αὐτῶν, ὡς ταύτης οὖσα κατασκευαστική (s. auch das Folgende, wo rund von der δυὰς υἱῶν die Rede ist, übrigens auch jeder φύσις ihr besonderes πρόσωπον beigelegt zu sein scheint). Die Abhängigkeit dieser Theorie von Paul von Samosata schimmert noch immer durch; auffallend aber, weil bisher nicht bekannt, ist, dass man in Antiochien schon um 370 so kräftig gegen die Formel μία φύσις gekämpft hat. Es erklärt sich das nicht nur aus dem Gegensatz gegen Apollinaris; das Motiv ist ein stärkeres und ein älteres. — Dass die Lehre von der Maria streng in den Schranken „der heiligen Jungfrau" gehalten ist, und das „θεοτόκος" hier keine Stätte hat, ist selbstverständlich. Was die Orthodoxie bereits der nächsten Folgezeit hier vermisst hat, zeigen die Interpolationen in H.

Charakteristisch und lehrreich aber andrerseits ist es, dass dieser consequente Vertreter der Zwei-Naturen-Lehre es für selbstverständlich hält, dass der Herr nicht infolge seiner Naturbeschaffenheit gehungert, gedurstet, gebetet u.s.w., sondern dass er dies alles f r e i w i l l i g auf sich genommen hat (Q. 116: „Wie der Herr gehungert und gedurstet und sich abgemüht, geweint und

geschwitzt hat, obgleich er nichts davon, seiner übergrossen Kraft wegen, hätte auszuhalten gebraucht, wie
er aber, um seine menschliche Natur erkennbar zu machen (!),
freiwillig die Schwachheiten seiner Natur auf sich genommen
hat, so auch aus demselben Grunde das Beten"). Hier sieht man .
deutlich, dass der Vorstellungscomplex, der im 6. Jahrh. zum
Aphthartodoketismus geführt hat, uralt und der orthodoxe gewesen ist, da er doch sogar von einem Antiochener vertreten
wird. Man wird sich daher darüber nicht wundern können, dass
im 6. Jahrh. in einzelnen Fällen die chalcedonensischen Theologen
in Bezug auf die Eigenschaften der menschlichen Natur Christi
abergläubischer erscheinen als die monophysitischen. Die beiden
Probleme — eine oder zwei Naturen; Eigenschaften der Mensch-
heit Christi — stehen sich eben selbständig gegenüber: man
·kann Antiochener sein und dabei Aphthartodoket.

Der Verfasser fühlt sich selbst als Vertreter der vollsten
Orthodoxie und zieht die schärfste Scheidelinie gegen die Häresie, d. h. vor allem gegen den Arianismus (s. 16. 18. 19. 20. 27.
32. 111. 143.) Es ist dasselbe Selbstbewusstsein, wie es Nestorius
und Theodoret zur Schau getragen haben, und es ist die nämliche
unerbittliche Härte gegen die Häretiker, wie sie Chrysostomus
besessen hat. Diese supranaturalen Rationalisten — denn das
sind Diodor und die Antiochener — haben sich, nachdem sie die
orthodoxe Trinitätslehre heruntergeschluckt, mit dem Bewusstsein
erfüllt, dass nun ihre Orthodoxie omnibus numeris absoluta sei,
und dass sie die Kämpfe des Herrn gegen die Häresie zu führen
haben. Aber man gewinnt doch Respect vor diesem Diodor, der
sich unter der Herrschaft des arianischen Valens so rückhaltlos
wider den Arianismus ausspricht und die Sache „der kleinen
Zahl" wider den grossen Haufen der falschen Christen führt.
Das schwere Problem, dass Gott, gleich nachdem er das Heidentum endlich ins Unrecht gesetzt hat, nun doch nicht die Orthodoxie, sondern die Häresie in der Welt herrschen lässt, weiss
Diodor freilich nicht anders zu lösen als durch die Vertröstung
auf die zukünftige Katastase bez. durch eine Steigerung welt-
flüchtiger Gedanken. Das noch schwerere Problem, dass in den
Kirchen der Häretiker Wunder geschehen (20. 111), wird an der
einen Stelle durch die superstitiöse Auskunft beseitigt, dass die
Wunder an den Reliquien haften, an der anderen durch die ver-

ständige Erwägung, dass Wunderthun kein sicheres Zeichen der Frömmigkeit ist (s. über heidnische Wunder Q. 34. 36. 41. 55. 65. 93).

Schliesslich ist noch auf die grosse Anzahl von Quästionen hinzuweisen, in denen Cultisches, Cermonielles u. s. w. zur Sprache kommt, und die eine Fundgrube für die kirchliche Archäologie des 4. Jahrh. darstellen. Verwiesen sei auf Q. 20 (Krankenheilungen. Exorcismen, Öl-hervorsprudelung in den Kirchen), 27 (Frage der Ketzertaufe und -ordination [1]), 69 (über Paten), 28. 33. 116. 147 (Fragen das Gebet betreffend), 63 (über Hosanna und Hallelujah), 27. 154 (über die solenne Ölsalbung), 67. 118 (über Gesänge in den Kirchen und Instrumentalmusik), 126 (über das Knieebeugen im Gottesdienst), 95. 110. 130. 138 (über Opfer), 129 (über die Orientierung nach Osten beim Gebet). 38. 111 (über die Märtyrergebeine), 31. 37. 46—48 (über Verunreinigungen), 160 (über Blutgenuss), 40. 142. 158 (über Engel).

Wissenschaftlich — das Wort im strengen Sinne genommen — bedeutender als die Responsiones ad Orthodoxos sind die Quaestiones Christianae ad Gentiles. Wir haben es hier, wie schon S. 47 kurz gezeigt worden ist, nicht mit einer Fiction zu thun, sondern mit einem wirklichen, litterarisch geführten Streit zwischen Diodor als christlichem Philosophen und einem heidnischen Philosophen. Leider ist die Notiz in Confut. I, 1 zu kurz, um uns ein deutliches Bild der äusseren Situation zu geben. Die christliche Partei scheint die herausfordernde gewesen zu sein; sie hat fünf verfängliche Streitfragen aufgestellt, auf welche der heidnische Philosoph antworten sollte. Dieser antwortete kurz und bündig, aber doch nicht aphoristisch und gab diese seine Responsio schriftlich ab. Diodor unterzog sie einer genauen Kritik, indem er Satz für Satz die heidnischen Thesen zu widerlegen versuchte. Dadurch ist seine Antwort sieben- bis achtmal umfangreicher geworden als die Ausführungen des Gegners. Es handelt sich um nichts Geringeres als um den Gegensatz des christlichen und des „heidnischen" Gottesbegriffs, bez. um das Verhältnis Gottes und der Welt; denn der Gegensatz der beiden Religionsphilosophen

---

[1] Es ist beachtenswert, dass Diodor die Wiederholung der Taufe nicht zulässt.

wurzelt in der Frage, ob Gott im vollen Sinne Schöpfer und die Welt demnach geworden ist oder ob die Gottheit und die Welt Relationsbegriffe sind und daher die Welt, wie Gott, ewig und ungeworden ist. Das letztere ist die Meinung des heidnischen Philosophen; doch will er die Begriffe „Schöpfer" und „Schöpfung" deshalb nicht ausschliessen (*Ποιεῖ τοίνυν ὁ θεὸς τὸν κόσμον, τάττων αὐτον ἀεί, καὶ ὁ κόσμος τῷ μὲν ἀεὶ φρουρεῖθαι, γίνεται τῷ δὲ ἀεὶ εἶναι ὁ αὐτὸς ἀγένητος ὑπάρχει.* s. Resp. II, 1 fin.). Nach ihm schafft und wirkt Gott, wie die Natur schafft und wirkt (esse u. velle fallen zusammen), und es erscheint ihm daher absurd, Gott und Schöpfung zu trennen; indem Gott ist, ist auch die Schöpfung. Diodor aber, der der christlichen Betrachtung folgt, beurteilt die Welt als eine willkürliche Hervorbringung Gottes, die auch nicht sein könnte, daher zeitlich ist, u. s. w. Bei ihm ist der Gottesbegriff so ausschliesslich von dem sublimierten historisch-ethischen Religionsgefühl aus gewonnen, dass die „Welt" für die Fassung des Gottesbegriffs nichts mehr bedeutet. Da aber bei dieser Betrachtung von der anderen Seite die Gefahr droht, dass Gott nun in die Zeit verflochten erscheint, seine Unveränderlichkeit verliert und damit erst recht in die Endlichlichkeit versinkt, so muss Diodor mit grosser Energie des Denkens die Eigenschaften eines souveränen absoluten Geistes ans Licht stellen, der so erhaben ist, dass sein Wollen und Handeln in der Zeit ihn selbst doch nicht in die Zeit verflicht. [1]

So verschieden die beiden Gegner sind, so gewahrt man doch, wie nahe sie sich stehen. Die meisten Ausführungen des „heidnischen" Philosophen könnte auch Origenes geschrieben haben, und dieser „heidnische" Philosoph hat ohne Zweifel einen gewissen Respect vor der orthodoxen Lehre und citiert sie beifällig (im Gegensatz zum Manichäismus), wo er mit ihr zusammentrifft. Fragt man. in welcher Schule man diesen „Heiden" mit seiner aristotelischen, aber zugleich platonisch beeinflussten Gottes- und Weltlehre und seiner milden Haltung zu suchen habe, so wüsste ich eine Schule nicht zu nennen, wohl aber einen Philosophen,

---

1) Ausserdem ist es, wie in den Responsiones ad Orthodoxos, der Freiheitsgedanke bez. die Selbstbeschränkung, die sich Gott durch Erschaffung freier Geister auferlegt hat, welche zur Lösung der drückendsten Probleme herbeigezogen wird.

der nach meiner Kenntnis jede Zeile dieser fünf Responsionen geschrieben haben könnte — Themistius[1]). Themistius ist ein genauer Zeitgenosse Diodors und wirkte ebenfalls in Antiochien; die bedeutende, wenn auch ephemere Rolle, die er als eklektischer Religionsphilosoph und Commentator des Aristoteles sowie als liberaler Vermittler im Zeitalter des Valens gespielt hat, ist bekannt. Ich will nicht behaupten, dass er der Gegner Diodors in unseren Quästionen ist — das Material ist zu schmal, um eine Entscheidung zuzulassen —, aber dass ein Mann wie Themistius in dem „Heiden" zu erkennen ist, scheint mir gewiss.[2])

Mit den Quaestiones Christianae ad Gentiles hängen die Quaestiones Gentilium ad Christianos so enge zusammen, dass das Urteil, welches man über jene fällt, sofort auch für diese gültig ist. Es ist derselbe Gegner, mit dem es Diodor hier und dort zu thun hat, also Themistius oder ein Gesinnungsgenosse desselben. Auch die Controverse ist im Grunde in beiden Schriften dieselbe, nur sind die Fragepunkte zahlreicher und mannigfaltiger. In den Antworten zeigt hier aber Diodor eine so erstaunliche Virtuosität der Dialektik und einen solchen Reichtum formalistischer Gesichtspunkte, dass seine kleine Schrift mit den scharfsinnigsten Erwägungen mittelalterlicher Scholastiker zu rivalisieren vermag.[3]) In der That, hier haben wir — in Antiochien und im 4. Jahrhundert — bereits einen christlichen Scholastiker primi ordinis, der sich nur darin von seinen abendländischen, 900 Jahre später auftretenden Collegen zu seinem Vorteil unterscheidet, dass er die „Offenbarung" und die „übernatürliche Erkenntnis" in seine rein rationalen Ausführungen nicht einmischt, sondern auf dem Boden stehen bleibt, auf dem er allein Aussicht hat, seinen heidnischen Gegner zu überzeugen. Es geschieht das natürlich lediglich des polemischen Zwecks wegen; an und für sich ist Diodor wie alle christlichen Denker davon überzeugt, dass der,

---

1) Vgl. über ihn Zeller, Die Philosophie der Griechen III, 2³ S. 739 ff.

2) Man vgl. die interessante Mitteilung des Sokrates (h. e. IV, 32) über einen Vortrag, den Themistius zu Antiochien dem Valens zu Gunsten der Duldung der Orthodoxen gehalten hat.

3) Man vgl. besonders die 48 Erwägungen über die Auferstehung, welche die zweite Hälfte des Schriftchens füllen.

welcher bei den Propheten in die Schule gegangen ist, menschlicher Weisheit nicht mehr bedarf.

Rund und klar spricht er diese Überzeugung in der Vorrede zu der vierten Schrift aus, über die uns noch einige Worte gestattet sein mögen — der Confutatio dogmatum quorundam Aristotelicorum.[1] Dieses auf Anregung eines Presbyters Paulus geschriebene Werk handelt auf Grund excerpierter Sätze des Aristoteles (s. o. S. 52) wiederum von den hellenischen Lehren „περὶ ϑεοῦ καὶ κτίσεως" und sucht sie zu widerlegen. Es gehört also schon seinem Thema nach enge mit den beiden eben besprochenen Quästionen-Werken zusammen und offenbart fast in jeder Zeile der Refutationen denselben Verfasser. Diodor sucht zu zeigen, dass die aristotelischen Sätze teils in sich widerspruchsvoll sind, teils untereinander streiten. Zuerst kritisiert er die drei aristotelischen Principien, materia, forma und privatio, und bespricht in diesem Zusammenhang auch den „Zufall" und die „Bewegung". Dann behandelt er die aristotelischen Lehren vom Unendlichen und vom Ort, hierauf die von der Zeit und der Bewegung, sodann die vom Himmel und den Gestirnen und endlich die von den Elementen. In 19 kurzen angehängten Thesen setzt er sich noch weiter mit aristotelischen Sätzen auseinander, streift aber auch Platonisches. Auch hier besteht die gegründete Vermutung, dass Themistius bez. ein Schüler desselben der eigentliche Gegner ist.

Ich weiss keinen christlichen Philosophen des Altertums, der es sich so sauer hat werden lassen, die Hauptthesen der aristotelischen Philosophie wirklich zu durchdringen und zu widerlegen, wie der Verfasser dieser Schrift, d. h. Diodor. „Er bemüht sich", sagt Gass, a. a. O. S. 133 mit Recht, „durch wirkliches Eindringen in die Dialektik Widersprüche in den Bestimmungen nachzuweisen". Vornehmlich liegt ihm daran, die Haltlosigkeit des Begriffs der Materie darzuthun, und es gelingt seinem Scharfsinn wirklich, die schwachen Punkte aufzudecken. Sein Dilemma (wenn die Materie etwas so Leeres ist, wie es nach einigen Prädicaten erscheint, so ist sie vom Nichts nicht eben verschieden, ist sie aber etwas so Reales, wie es nach anderen

---

[1] Praef. init.

Prädicaten den Anschein hat, so ist sie nicht ewig, sondern gehört selbst zu der Vielheit der endlichen Dinge) ist scharfsinnig
aufgestellt. Die Virtuosität der formalistischen Dialektik ist in
dieser Schrift aber womöglich noch grösser und — ermüdender
als in den Quaestiones Gentilium ad Christianos, ein unerschöpf-
liches Aufgebot von Syllogismen, die Mehrzahl in der eintönigen
Form des εἰ — πῶς gegeben, um so die Ungereimtheit der aristotelischen These ans Licht zu stellen. Und doch ist der Verfasser
selbst Aristoteliker: von dem grossen Meister hat er die Kunst
der Begriffszergliederung gelernt und nicht nur sie, sondern auch
die rationale Betrachtung der Welt. Ich habe diese Schrift, abgesehen vom Anfang und vom Schluss, nicht übersetzt, weil sie
ganz und gar ins Gebiet der Philosophie fällt; aber es scheint
mir keine unwürdige Aufgabe für einen Historiker der Philosophie zu sein, sie genau zu prüfen und die Körner aus der
dialektischen Spreu auszulesen. Solche sind in nicht geringer
Zahl vorhanden; ausserdem aber — wie zahlreich sind die Schriften aus dem Altertum, die den aristotelischen Grundbegriffen so
energisch zu Leibe gehen, wie es Diodor hier in dieser Schrift
gethan hat?

Anhang.

Die Expositio rectae fidei.

Diese Schrift, von deren Überlieferung ich in den Texten und Unters. I, 1, 2 S. 164 ff. gehandelt habe, ist durch eben diese Überlieferung enge mit den vier besprochenen Schriften verbunden. Schon Leontius kennt sie als Werk Justins, und unter einem anderen Namen ist die viel gelesene Schrift überhaupt nicht bekannt. Die Unterschiebung ist also spätestens um 500 erfolgt, d. h. in derselben Zeit, in der wir die Unterschiebung unsrer vier Schriften vermutet haben (s. oben S. 43). Dass die Nestorianer die Werke Diodors mit Unterdrückung seines Namens verbreitet haben, hat das Altertum gewusst (s. oben S. 38). Von vier pseudojustinischen Schriften steht es fest, dass sie zu der Gruppe dieser Diodor-Schriften gehören. Sollte nicht auch die fünfte pseudojustinische Schrift hierher zu rechnen sein?

Die beiden Hypothesen, welche bisher über den wahren Verfasser des Werkes aufgestellt sind, sehen von Diodor ab, aber — merkwürdig! — wenn man sie ausgleicht, führen sie auf ihn. Jablonski will Theodor von Mopsvestia als Verfasser erkennen[1], Dräseke Apollinaris von Laodicea.[2] Lernt man von jenem, dass ein sehr hervorragender antiochenischer Theologe die Schrift verfasst hat, von diesem, dass sie noch dem 4. Jahrhundert angehört, so wird man auf Diodor geführt. Es ist doch auffallend, dass die Kritik, die von den Ergebnissen der Untersuchung der vier anderen pseudojustinischen Schriften nichts ahnte, dem Diodor, freilich in gebrochener Linie, so nahe gekommen ist.

---

1) Im Thesaur. epistol. Lacroz. I p. 193 ff.; vgl. gegen diese Hypothese Fritzsche, De Theodori Mops. vita et scriptis p. 121 f.

2) Ztschr. f. KGesch. (1884) S. 1 ff.

Ich gedenke nicht, die Expositio rectae fidei hier einer abschliessenden Kritik zu unterziehen. Die Schrift ist zu bedeutend, um in Kürze erledigt werden zu können, und zu einer alle Momente gleichmässig berücksichtigenden Prüfung fehlt mir die Zeit. Aber ich werde eine Reihe von Argumenten geltend machen, die für die Abfassung durch Diodor ins Gewicht fallen. Natürlich halte ich mich dabei an die längere der beiden Ausgaben der Schrift; denn dass die kürzere die spätere ist, konnte nur ein blinder Litterarkritiker verkennen. [1]

Dass die Schrift „nestorianisch" d. h. antiochenisch ist, haben Jablonski und Fritzsche klar gezeigt. muss sich jedem aufmerksamen Leser aufdrängen und ist von Dräseke nicht widerlegt worden. Allerdings können die Formeln chalcedonensisch verstanden werden. und Fritzsche sagt (p. 122), „erat ille nestoriana [antiochena] formula initiatus, fortasse scholae antiochenae discipulus, qui a contentionum strepitu aliquatenus remotus libello suo paci consulere studuit, itaque etiam atque etiam inculcat, quam reconditum sit incarnationis mysterium atque ab eorum temeritate abhorret, qui illud prorsus perspexisse sibi videntur". Die Beobachtung ist richtig: es ist ein „milder" Nestorianismus. den der Verf. vertritt. Aber ob die Erklärung dieser Thatsache — der Verf. sei ein friedfertiger Mann — die richtige ist? Die „Milde" erklärt sich auch dann, und dann noch besser, wenn man annimmt. es habe damals überhaupt noch keine „nestorianische" Controverse gegeben. d. h. wenn man (mit Dräseke) die Schrift dem 4. Jahrhundert zuweist. Ein friedfertiger Nestorianismus in der 2. Hälfte des 5. Jahrhunderts ist an sich eine unwahrscheinliche Grösse! Gegen die Deutung auf das 4. Jahrhundert führt man besonders eine Stelle an (c. 15); sie soll sich gegen Monophysiten richten, und damit sei die Abfassung nicht vor c. 450 erwiesen. Ich gestehe, dass ich mich

---

1) Dräseke ist dieser Meinung. Dass das Motiv der Verkürzung ebenso undurchsichtig ist wie das der Erweiterung, dient der Verirrung zur Entschuldigung; aber dass es sich nur um eine Verkürzung handeln kann. lehrt die Gleichartigkeit der angeblichen Interpolationen mit dem übrigen Text. Diese Gleichartigkeit erstreckt sich auf die kleinsten Details und die eigentümlichsten Ausdrücke. Da die gestrichenen Abschnitte zur Not wirklich entbehrt werden können, so ist die Streichung innerhalb der wortreichen Schrift leichter zu verstehen als die Hinzufügung.

früher auch durch diese Stelle habe täuschen lassen, weil mir noch unbekannt war, in welchem Umfange Apollinaris die monophysitische These und Terminologie vorweggenommen hat. Jetzt aber ist diese Thatsache anerkannt. und aus Q. S der Quaest. et Resp. wissen wir, wie energisch bereits Diodor gegen die μία φύσις (d. h. gegen Apollinaris) gekämpft hat (s. o.). Somit steht nichts im Wege, die incriminierten Sätze nicht auf die Monophysiten, sondern auf die Apollinaristen zu deuten;[1]) ja jene Deutung ist ganz unwahrscheinlich; denn warum gebraucht unser Verfasser niemals die chalcedonensische Formel oder verrät auch nur. dass er sie kennt, wenn er doch nach dem Chalcedonense schrieb? Warum bekämpft er nur die Monophysiten, nicht aber die Nestorianer? War er aber, wie am Tage liegt, ein Antiochener, warum zeigt er keine Kenntnis der Theologie Cyrills und keine Kenntnis der grossen Streitigkeiten und warum verschweigt er es, wie nahe er dem Chalcedonense steht? Alle diese Fragen erscheinen mit einem Schlage gelöst. wenn man ihn ins 4. Jahrhundert rückt.

Gehört aber unsere Schrift in das 4. Jahrhundert.[2]) stammt

---

1) Sie lauten: *Εἴπατε ἡμῖν οἱ τὸν χριστιανισμὸν πρεσβεύειν σχηματιζόμενοι, οἱ ἐπ' ἀναιρέσει τῶν δύο φύσεων τὰ τοιαῦτα καὶ ζητοῦντες καὶ προϊσχόμενοι, οἱ τὰ τῆς κράσεως καὶ συγχύσεως καὶ τῆς ἀπὸ σώματος εἰς θεότητα μεταβολῆς καὶ τὰς τοιαύτας ἐπαπορήσεις πραγματευόμενοι, οἱ ποτὲ μὲν σάρκα τὸν λόγον γεγενῆσθαι λέγοντες, ποτὲ δὲ τὴν σάρκα εἰς λόγον οὐσιωθῆναι. καὶ διὰ τὰς τοιαύτας τοῦ νοὸς ὑμῶν παρατροπὰς μηδὲ ὁτιοῦν φρονεῖτε δῆλοι καθιστάμενοι.*

2) Aus mehr als einer Stelle des Buchs, namentlich aber aus c. 9 (p. 32 ed. Otto) scheint mir deutlich hervorzugehen, dass der Verfasser die (neuorthodoxen) Formeln der Trinitätslehre in dieser speciellen Fassung als neugeprägte vorträgt und sich wohl bewusst ist, dass sie noch die Schule verraten und keineswegs allgemein bekannt sind. C. 9 — also am Schluss des ersten Teils der Schrift — heisst es: *Οὕτως ἐν τῇ τριάδι τὴν μονάδα νοοῦμεν καὶ ἐν τῇ μονάδι τὴν τριάδα γνωρίζομεν. ταῦτα χωρήσαντες καὶ τοῦτο τὸ μέτρον παρὰ τοῦ κυρίου τῆς γνώσεως λαβόντες τοῖς υἱέσι τῆς ἐκκλησίας τὸ καταληφθὲν ἐκτιθέμεθα, οὕτω μὲν φρονεῖν παρακαλοῦντες, ἕως ἂν τελεωτέραν τῆς γνώσεως τὴν ἔκλαμψιν δέξωνται ... οὐ γάρ τι κομψὸν ἢ ὑπέρογκον ἢ μεγαλαυχίας ἔχον ἀπόδειξιν ἐφαντάσθημεν. ὅσον δὲ εὐσεβὲς μᾶλλον καὶ πρέπον τῇ ἀληθεῖ γνώσει κατὰ δύναμιν συλλέξαντες τῆς μιᾶς θεότητος τὴν ἐν τελείαις τρισὶν ὑποστάσεσιν γνῶσιν ἐξεθέμεθα.* Schrieb man im 5. Jahrh. so zaghaft über die Trinität?

sie von einem hervorragenden Antiocheuer, der sich seiner vollen Orthodoxie noch unbefangen bewusst ist, und hat sie dasselbe Geschick in der Überlieferung der Kirche erlebt. wie die vier anderen pseudojustinischen, in Wahrheit dem Diodor zugehörigen Schriften, so ist die Frage geradezu geboten, ob nicht auch sie dem Diodor zuzuweisen ist. Hier treten nun folgende Erwägungen ein.

1) Diodor hat (s. das Schriftenverzeichnis) eine Schrift geschrieben: Περὶ τοῦ εἷς θεὸς ἐν τριάδι. Man kann unserer Schrift keinen besseren Titel vorsetzen.[1]) Wenn sie in ihrem zweiten Teile das Mysterium der Incarnation behandelt, so widerspricht das jenem Titel keineswegs; denn es ist für das 4. Jahrh. im Unterschied von dem 5. charakteristisch, dass das christologische Problem noch ganz in dem trinitarischen eingebettet erscheint und mit ihm zusammen behandelt wird.

2) Die trinitarischen Formeln im einzelnen zeigen eine frappante Übereinstimmung mit denen der Quaest. et Resp. 1—7.

Exposit.

2. Ἕνα τοίνυν θεὸν σέβειν (παιδευόμεθα) ... εἰς οὖν ταῖς ἀληθείαις ἐστὶν ὁ τῶν ἁπάντων θεός, ἐν πατρὶ καὶ υἱῷ καὶ πνεύματι ἁγίῳ γνωριζόμενος. ... 3. τὸ μὲν ἀγέννητον καὶ γεννητὸν καὶ ἐκπορευτὸν οὐκ οὐσίας ὀνόματα, ἀλλὰ τρόποι ὑπάρξεως, οἱ δὲ τῆς ὑπάρξεως τρόποι τοῖς ὀνόμασι χαρακτηρίζονται τούτοις. ἡ δὲ τῆς οὐσίας δήλωσις τῇ „θεὸς“ ὀνομασίᾳ σημαίνεται. ὡς εἶναι μὲν τὴν διαφορὰν τῷ πατρὶ πρὸς τὸν υἱὸν καὶ τὸ

Quaest. et Rup.

1. Εἷς ἐστιν ὁ θεὸς τῇ συνυπάρξει τῶν θείων τριῶν ὑποστάσεων, τῶν διαφερουσῶν ἀλλήλων οὐ τῇ οὐσίᾳ. ἀλλὰ τοῖς τῆς ὑπάρξεως τρόποις· ἡ διαφορὰ δὲ τῶν τῆς ὑπάρξεως τρόπων οὐ διαιρεῖ τὸ ἓν τῆς οὐσίας (folgt eine von Adam her genommene Analogie) ...... ἐν τοῖς διαφόροις τῆς ὑπάρξεως τρόποις μένει ὁ τῆς οὐσίας λόγος εἷς ... ἐπὶ τοῦ θεοῦ τῇ ταυτότητι τῆς τῶν προσώπων οὐσίας εἷς θεὸς πεπίστευται ὁ πατὴρ καὶ ὁ υἱὸς

---

1) Man vgl. besonders die Ausführungen und Formeln in c. 2. 7. 9. Der handschriftliche Titel unserer Schrift ist schwankend, unsicher und daher schwerlich ursprünglich (s. Ottos Ausgabe).

πνεῦμα κατὰ τὸν τῆς ὑπ-
άρξεως τρόπον. τὸ δὲ
ταὐτὸν κατὰ τὸν τῆς οὐ-
σίας λόγον (folgt eine von
Adam hergenommene Analogie);
... ὥστε τὸ ἀγέννητον καὶ τῆς
ὑπάρξεως ὁ τρόπος ἀλλήλων
εἰσὶν γνωριστικά, τῆς δὲ οὐσίας τὸ „θεὸς" δηλωτι-
κόν.... 7. οὐ γὰρ ἄλλο τι τῆς
συντάξεως ὁ λόγος παρίστησιν
ἀλλ᾽ ἢ πατρὸς καὶ υἱοῦ καὶ
ἁγίου πνεύματος τὸ τῆς οὐσίας ταὐτόν ... ἕνα τοίνυν
θεὸν προσῆκεν ὁμολογεῖν, ἐν
πατρὶ καὶ υἱῷ καὶ ἁγίῳ πνεύματι γνωριζόμενον, ᾗ μὲν πατὴρ καὶ υἱὸς καὶ ἅγιον πνεῦμα,
τῆς μιᾶς θεότητος τὰς ὑποστάσεις γνωρίζοντας, ᾗ δὲ
θεός, τὸ κατ᾽ οὐσίαν κοινὸν
τῶν ὑποστάσεων νοοῦντας.
Μονὰς γὰρ ἐν τριάδι νο-
εῖται, καὶ τριὰς ἐν μονάδι
γνωρίζεται.... 9. τὸ τῆς
οὐσίας ταὐτόν ... οὕτως
συναΐδιον πατρί, οὕτως τὴν
οὐσίαν ταὐτόν ... οὕτως
ἐν τῇ τριάδι τὴν μονάδα
νοοῦμεν, καὶ ἐν τῇ μονάδι
τὴν τριάδα γνωρίζομεν ...
τῆς μιᾶς θεότητος τὴν ἐν
τελείαις τρισὶν ὑποστάσε-
σιν γνῶσιν ἐξεθέμεθα.

καὶ τὸ ἅγιον πνεῦμα ... 3. εἰς
τοίνυν ἐστὶν ὁ θεός, ἡ τριὰς τῇ μονάδι τῆς οὐσίας,
διαφορὰ δέ ἐστιν ἐν μὲν τῇ
ἁγίᾳ τριάδι κατὰ τοὺς
τρόπους τῆς τῶν ὑποστά-
σεων ὑπάρξεως .... 4. αἱ
τρεῖς ὑποστάσεις ἰδιάζουσιν
ὀνόμασίν εἰσι τρεῖς. τὴν γὰρ
τριάδα τῶν ὀνομάτων τῆς
τριάδος λέγομεν εἶναι τῶν
ὑποστάσεων, οὐχὶ τῆς μο-
νάδος αὐτῶν .... 5. τὸ μὲν
„θεὸς" τῆς οὐσίας ἐστὶ δη-
λωτικόν.

3) Der christologische Abschnitt der Expositio ist wie ein
Commentar zu Q. 7 u. 8, so genau stimmt er mit dessen Grund-
gedanken überein. Nicht nur die ἐνοίκησις (bez. ἐν ναῷ) findet
sich hier und dort neben der ἕνωσις (s. Expos. 5. [10]. [15].
[17] u. Q. 7), sondern die energische Hervorhebung der Zwei-

Naturen-Lehre im Gegensatz zur Ein-Naturen-Lehre ist ganz gleichartig. Dabei wird in beiden Schriften neben den δύο φύσεις das ἓν καὶ τὸ αὐτὸ πρόσωπον scharf betont.[1]

Zu den Ausführungen λόγος = φῶς und dem Einwurf: εἰ δὲ λέγεις μοι ὅτι καὶ πρὸ τῆς τοῦ ἡλίου γενέσεως ἡμέρα καὶ νὺξ ἐγένετο vgl. die Behandlung desselben Einwurfs Q. 76.

4) Der Stil ist in beiden Schriften ein recht verschiedener: Die Expositio ist im erhabenen Stil geschrieben und stilistisch gründlich, ja bis zur Eleganz durchgearbeitet, die Quästionen und Responsionen sind hingeworfen; dennoch finden sich manche Übereinstimmungen.

a) Q. 7 τῷ θεῷ λόγῳ κατὰ τὸν τρόπον τῆς ἀντιδείξεως τὰ τῆς οἰκονομίας προσάπτομεν ... κατὰ τὸν λόγον τῆς ἀντιδείξεως περὶ ἑνὸς καὶ τοῦ αὐτοῦ προσώπου ποιεῖ, Expos. 3: ὡς εἶναι μὲν τὴν διαφορὰν κατὰ τὸν τῆς ὑπάρξεως τρόπον, τὸ δὲ ταὐτὸν κατὰ τὸν τῆς οὐσίας λόγον.

b) Die Redeform ἐπειδὴ—διὰ τοῦτο ist in den QQ. häufig (s. o. S. 51); sie findet sich auch Expos. 9.

c) Diodors beliebteste Form, seinen Gegner zu widerlegen, ist die, ihn durch einen Syllogismus ad absurdum zu führen (εἰ—πῶς). In dem einzigen polemischen Abschnitt der Expositio (c. 15), wo die Apollinaristen widerlegt werden, verfährt der Verfasser der Expositio genau ebenso.

Die angeführten Beobachtungen genügen m. E., um die Hypothese, auch die Expositio sei ein Werk Diodors, wahrscheinlich zu machen.[2] Bewiesen ist diese Annahme noch nicht, und

---

1) Auch die Lehre von der Maria bez. die gebrauchte Terminologie ist in beiden Schriften dieselbe. — In welchem Masse aber der Verfasser der Expositio Antiochener, ja Schüler des Paul von Samosata ist, zeigt der Schluss der Schrift: Hier ist II Tim. 4, 7 f. auf den Logos (Christus) angewendet! Ἡμεῖς δὲ τοῦ Χριστοῦ προάγοντος τὸν ἐπινίκιον ᾄδωμεν· „Τὸν ἀγῶνα τὸν καλόν“, βοῶντες, „ὦ λόγε, ἠγώνισαι, τὸν δρόμον τετέλεκας, τὴν πίστιν τετήρηκας, λοιπὸν ἀπόκειταί σοι ὁ τῆς δικαιοσύνης στέφανος“. Und diese Schrift soll im 5. Jahrhundert geschrieben sein!

2) Merkwürdig, dass die Expositio wie die Quaest. et Resp. eine verkürzende Bearbeitung erfahren hat (s. oben S. 3 ff. über das Verhältnis des Cod. P zum Cod. H). Diese Bearbeitungen müssen auf ihre Motive untersucht werden; ich gestehe, dass ich den Schlüssel zur Lösung dieses Problems nicht gefunden habe.

man wird mit der Zustimmung um so vorsichtiger sein müssen.
als die Entscheidung von weittragendster Bedeutung ist. Die
Expositio ist nämlich teils an sich teils durch die Vermittelung
des Leontius ein sehr einflussreiches Buch geworden: sie hat.
als ein Werk des gefeierten Justin geltend, durch die Klarheit
ihrer Darlegungen die orthodoxe Christologie des 6. Jahrhunderts, d. h. die definitive Christologie. ganz wesentlich bestimmt.
Dürfen wir sie nun auf Diodor zurückführen, so erscheint der
Einfluss der antiochenischen Lehre bez. der Lehre des Diodor
auf die Bildung der Orthodoxie bedeutend grösser als man bisher angenommen hat.

Index zu den Quaestiones et Responsiones.[1])

Acceptatio 110.

Aegyptische Religion und Wissenschaft 35. 46.

Allegorie 25. 57.

Analogie 3. 122. 146.

Anaphora 25.

Anathema und Katathema 132.

Antideixis 7.

Antidiastole 153.

Antiochenische Christologie 8.

Apokryphes Citat 125.

Apollonius 34.

Apostolische Tradition 126. 129.

Arianismus s. Häresie.

Aristotelismus, Bekämpfung desselben s. unter „Welt“.

Asketen s. Mönchtum.

Auferstehung und jenseitiges Leben 21. 22. 26. 58. 66. 74. 87. 88. 97. 104. 106. 120—123. 131. 133. 134. 139.

Auferstehung Jesu 116. 119. 127. 128.

Beelzebub 94.

Begräbnis Jesu 154.

Beschneidung 113.

Blutgenuss 160.

Bücher, profane 139.

Casuistik, ethische 31. 37. 59. 82. 100. 110 u. sonst.

Cherubim 142.

Christodice 30. 32. 33. 71. 78. 100. 116. 123. 127. 128. 141. 152. 153 u. sonst.

Christologie 7. 8. 11. 15. 71. 116. 157.

Christus, der δεσπότης 14. 15. 30. 32. 52. 90. 94. 97. 113. 116. 121. 127. 128. 141. 143. 153.

Clemens Romanus 86.

Cultisches, Gebet, Ceremonielles 20. 27. 28. 33. 37. 38. 40. 46—48. 63. 67. 69. 95. 110. 111. 116. 118. 126. 129. 130. 138. 147. 154. 155. 160.

Dämonen 53—55. 65. 93. 94. 118. 136.

David 90. 115.

Dialektik und Syllogistik, Eristik und Sophistik 1. 3. 8. 9. 11. 42. 46. 77. 84. 85. 89. 102. 104. 110. 114. 115. 120. 124. 125. 128. 133. 141. 146. 148. 149. 151—153. 156—161.

Divination aus dem Glieder-Zittern 29.

Ehefrau, geistliche 121.

Elias 96.

Elisa 92. 96.

Emmanuel 152.

Engellehre 40. 142. 158.

Ethik s. Sünde.

Evangelium (Gnade), über das Gesetz erhaben 38. 47. 50. 108. 112. 115.

Ezechias 43.

Fatum 43. 44. 71. 81. 147. 161.

Fellkleider im Paradies 62.

Firmung 154.

Freier Wille s. Sünde.

Furcht und Liebe 109.

Gebet 28. 33. 116. 129. 147.

---

1) Die Ziffern beziehen sich auf die Nummern der einzelnen Abschnitte (Nr. 1—161 auf S. 69—160).